Cómo enseñar la Biblia con creatividad

Barry Shafer

Cómo enseñar la Biblia con creatividad

Barry Shafer

La misión de Editorial Vida es ser la compañía líder en satisfacerlas necesidades de las personas con recursos cuyo contenido glorifique al Señor Jesucristo y promueva principios bíblicos.

CÓMO ENSEÑAR LA BIBLIA CON CREATIVIDAD
Edición en español publicada por
Editorial Vida – 2012
Miami, Florida

© **2012 por Barry Shafer**

Publicado en inglés bajo el título:
Unleashing God's Word in Youth Ministry
© 2008 por Barry Shafer
Published by permission of Zondervan, Grand Rapids, Michigan 49530

Traducción: *Howard Andruejol*
Edición: *Virginia Himitian*
Diseño interior: *Luvagraphics.com*

RESERVADOS TODOS LOS DERECHOS. A MENOS QUE SE INDIQUE LO CONTRARIO, EL TEXTO BÍBLICO SE TOMÓ DE LA SANTA BIBLIA NUEVA VERSIÓN INTERNACIONAL. © 1999 POR BÍBLICA INTERNACIONAL.

ISBN: 978-0-8297-5973-0

CATEGORÍA: Ministerio cristiano / Jóvenes.

IMPRESO EN ESTADOS UNIDOS DE AMÉRICA
PRINTED IN THE UNITED STATES OF AMERICA

13 14 15 ❖ 5 4 3

Para Dana

Nada de esto podría haber ocurrido sin ti.

Muchas gracias a:

Mis padres, Miles y Bonnie, que vivieron Deuteronomio 6 frente a mi hermana, Beck, y a mí. Al ver las Escrituras grabadas en el umbral de la puerta de sus vidas, comprendí que es posible entender la Palabra de Dios, explorarla y confiar en ella.

Los jóvenes de corazones blandos y oídos abiertos (Salmo 95:7-8) que han sido parte de mi vida, Marcie, Sarah (y Sara), Tim, Joel, Gretchen, Karen, Mike, Shawn, Brian, Missy, Amanda, Emily, Wes, Angie, Stephanie (y Stefanie), Jen, Adam, Darryl, Betsy, Chuch, Sue, y muchos más que han explorado y aplicado con nosotros las cosas maravillosas de la Palabra de Dios.

Los amigos y los que sostienen a InWord Resources, incluyendo a la extraordinaria administradora Kathi Wright. Tu ánimo y aliento han contribuido a preparar la tierra para que haya un tiempo de estudio bíblico con sentido en el ministerio juvenil.

El equipo de Youth Specialties [Especialidades Juveniles]: Dave Urbanski (Urb), por su experiencia editando, un verdadero don que ha hecho de este libro un mejor libro; Jay Howver, por darle voz a la vital necesidad de profundizar la fe de nuestros jóvenes con la Palabra de Dios; y Roni Meek, que con tanta gracia mantuvo este proyecto en orden.

Mi grupo de consejeros sabios que me animan con tanta gentileza: Jim Burns, Rich Van Pelt, Jim Hancock, Chap Clark, Steve y Lois Rabey, Duffy Robbins, Dick y Jeanne Capin, Kurt y Lori Salierno, y la persona que se arriesgó hace muchos años al contratar a un pastor de jóvenes inexperto, Vernon Maddox.

Mi porrista de por vida, mi suegra, Sue Buchanan.

Los líderes de jóvenes como tú por decir «sí» a la labor sagrada de derramar sus vidas en las vidas de los adolescentes.

Contenido

Parte uno
La búsqueda que Dios hace de nosotros

Capítulo 1
¿Hecho para durar?

Pues ustedes han nacido de nuevo, no de simiente perecedera, sino de simiente imperecedera, mediante la palabra de Dios que vive y permanece. 1 Pedro 1:23

Ellos estuvieron en la presencia de Dios y tuvieron que informar acerca de lo que vieron ahí. Eran profetas y no escribas, porque los escribas nos dicen lo que han leído, pero el profeta habla de lo que ha visto. A.W. Tozer, *The pursuit of God* [La búsqueda de Dios]

¿Qué estás haciendo en tu ministerio juvenil que vaya a permanecer aún cuando tú ya no estés?

Yo recuerdo la primera vez que se me ocurrió esa pregunta. No sé de dónde vino o si oí a alguien formularla. Tal vez estaba en un libro, o posiblemente la escuché en alguna capacitación. Pero me hizo enderezar en mi silla y recapacitar.

Observando al grupo de jóvenes que yo dirigía en mi iglesia empecé a medir, a evaluar, y a llevar cuentas de lo «duradero» de nuestros grandes esfuerzos. La agenda tenía todos los elementos: ministerio relacional en las secundarias, viajes misioneros, retiros, y por supuesto, actividades divertidas como viajes para esquiar o jugar a los bolos con pollos congelados.

Pero en el análisis final, cualquier impacto duradero parecía medirse únicamente por meses, y no por décadas.

Lo que yo no sabía era que esa pregunta: *¿Qué estás haciendo en tu ministerio juvenil que vaya a permanecer aún cuando tú ya no estés?*, sería la primera de una serie de convicciones que se agruparían para llevarme a una época de preparación que convergiría en el lugar en el que Dios estaba despertando los corazones de los jóvenes a mi alrededor.

Fue una coincidencia asombrosa.

Y fue así como pasó.

Antes de que Dana y yo no casáramos, yo ya llevaba aproximadamente tres años trabajando a tiempo completo en el ministerio. No mucho tiempo después de nuestra boda decidimos emprender la aventura personal de estudiar las Escrituras. Desde que me convertí a Cristo siendo un preadolescente, he tenido una gran curiosidad por la Biblia. A los catorce años gasté el dinero que con mucho trabajo había ahorrado (dinero que estaba destinado a mi bicicleta de 10 velocidades, la mejor de los años 70) en una Biblia con cubierta de cuero (la mejor Biblia para un adolescente en los años 70). Yo simplemente tenía que tenerla.

Experimenté con diferentes enfoques y hasta inventé mi propio sistema de código de colores para marcar temas de la Biblia y resaltar los versículos relevantes. Eso me llevó a una aproximación más adecuada a las Escrituras en mis primeros años de adulto. Pero solo era el comienzo.

Así que en mis tempranos treinta y siendo nuevo en el ministerio a tiempo completo, sabía que quería tomar con mayor seriedad la Palabra. Dana aportó un tremendo amor por la Palabra y un increíble trasfondo de estudio de la Palabra a esta combinación. Al irse fundiendo nuestras vidas y nuestros enfoques en cuanto al estudio de las Escrituras, empecé a darme cuenta de que las Escrituras podían tener una profundidad que nunca había descubierto. Pero eso exigía más que la simple lectura de un determinado pasaje con una consulta rápida a un comentario.

Lo comparo a buscar rocas profundas en una porción enorme de tierra. Uno empieza a excavar y va descubriendo capa por capa, en lugar de hacer un montón de agujeros por todos lados. Ese es el valor que yo encontraba al profundizar. Fui descubriendo capa por capa, comparando Escritura con Escritura, en lugar de hacer la excavación rápida de un agujero utilizando un comentario. Claro, hacer un agujero con un taladro me hubiera simplificado el trabajo, pero seguramente hubiera perdido mucho en el proceso.

Fascinado por lo que estaba aprendiendo y por la manera en que eso iba cambiando mi relación con Dios, me di cuenta de que siempre quería más. Hasta empecé a levantarme muy temprano en la mañana para estudiar la Biblia. Yo que siempre había dicho: «Puedo trabajar en cualquier cosa siempre y cuando no tenga que estar en pie antes de las 9:00 de la mañana».

Mi santuario, poco usual, era un lugar llamado White Castle, en el que encontraba gran quietud (y debo añadir que también delicioso café), ya que casi nadie acudía a ese sitio para el desayuno. Fue allí donde empecé a encontrar lo que tanto buscaba al estudiar la Biblia, lo que describe A.W. Tozer en *The Pursuit of God* como la diferencia entre un escriba y un profeta. El escriba, dice Tozer, lee las experiencias de otras personas con Dios y se las cuenta a otros; el profeta entra a la presencia de Dios y les cuenta a los demás lo que ha visto.

De alguna forma, poco a poco, sentía que estaba cambiando de rumbo: y la diferencia resultaba poderosa.

A medida que las Escrituras empezaban a enraizarse en más áreas de mi vida, yo empezaba a comprender mucho mejor las palabras que aquellos que habían escrito la Biblia habían usado para describirla. *Perdurable. Eterna. Constante. Inmortal.* Palabras que tenían un sentido de tiempo, que resultaban demasiadas como para enumerar, que le acreditaban a la Biblia los resultados que yo esperaba ver en mi ministerio juvenil.

Clic.

La luz se encendió.

Discipulado de esponja seca

¿Cómo funcionaría eso? ¿Cómo ayudaría a mis jóvenes a experimentar de primera mano lo impactante que resultaba la Biblia, o a descubrir todos los beneficios que nos proporcionan las Escrituras y nos llevan a tener una fe profunda y eterna?

Debía ser algo más que decirles: «Este libro es eterno; deben leerlo».

Tenía que ser algo más que engatusarlos para que se acercaran a las Escrituras. Debía haber otra cosa que no fuera simplemente memorizarla. Tendría que llevarlos a algo más que leer un versículo y preguntarse: «¿Qué significa esto para ti?». ¿No habíamos tenido suficiente de eso ya? Era preciso lograr más de lo que estábamos logrando en la Escuela Dominical, en el programa de discipulado y, a decir verdad, en cualquier programa ministerial.

La forma en que me lo planteaba era que debía existir algo así como un proceso metabólico en sus vidas capaz de absorber cada palabra eterna de las Escrituras.

Imaginemos una cosa como dejar caer una esponja totalmente seca en un balde de agua. Así era como debería ser.

Más que un caramelo

Decidí echarle un vistazo al programa de discipulado que estábamos llevando a cabo, y medirlo según el nuevo estándar de impacto duradero.

No le fue muy bien.

Así que, ansioso por realizar cambios, un día en mi oficina abrí un archivo en mi escritorio titulado *Estudio Bíblico*.

Excepto por una fotocopia solitaria que contenía un ejercicio sumamente básico, el archivo estaba vacío. Evidentemente tenía un largo camino por recorrer.

Pero no tan lejano como me lo esperaba.

Ya había sido sorprendido por las Escrituras en mi tiempo a solas con la Palabra. Unas simples herramientas puestas en práctica habían hecho milagros (y sí, hablo de milagros) como convertirme en alguien «madrugador».

Posiblemente también podrían ayudar a nuestros jóvenes. No necesariamente a ser «madrugadores» (eso sería pedir más que un milagro), pero sí a profundizar un poco más allá de la superficie y empezar a descubrir lo perdurable de la Palabra de Dios.

Así que decidí extender una invitación a todo nuestro ministerio juvenil. Decía algo así: «Este verano tendremos un estudio bíblico en nuestra casa. Los miércoles de 4 a 6 de la tarde. Trae tu Biblia. No cuentes con pizza o comida, no habrá actividades rompe-hielo ni juegos. Estudiaremos Colosenses. A los padres les hacemos una advertencia: Si su hijo no quiere asistir, no lo obligue».

Doce jóvenes confirmaron. *Doce.*

Yo estaba intrigado por ese número tan significativo para un nuevo esfuerzo de discipulado.

Mientras los jóvenes entraban a nuestra casa y la sala se empezaba a llenar, sentí en esos jóvenes un nivel de expectativa que nunca había visto antes. Se lo podía palpar. Habíamos lanzado un mensaje desafiante y era obvio que nuestros jóvenes respondían a él.

Dana y yo les entregamos todo el libro de Colosenses impreso en hojas A4. Y luego nos lanzamos. Armados con aquellas herramientas del estudio inductivo que había funcionado tan bien con nosotros (hablaré de esto más adelante), les dimos a los jóvenes instrucciones acerca de qué cosas buscar en Colosenses y les enseñamos cómo marcarlas una vez que las hubieran encontrado. Luego los mandamos a diferentes partes de la casa para tener un mini-retiro con las Escrituras.

Pasados unos minutos, los ayudamos a procesar la información que ellos habían encontrado en las Escrituras. Les hicimos algunas preguntas muy simples, como: «¿Qué encontraron?», «¿Qué más vieron?», «¿Qué te dice esto acerca de Dios (o de ti mismo)?» y «¿Qué tienes que hacer ahora?».

Al pasar las semanas, fuimos haciendo algunas observaciones excepcionales:

- Cada sesión terminaba con una ráfaga de preguntas sobre Dios, Jesús, la Biblia, o teología. Algunos de los interrogantes tenían que ver con lo que ellos mismos habían descubierto en Colosenses. Otros no. Resultaba obvio que nuestros jóvenes estaban encontrando respuestas en Colosenses que no esperaban hallar. Así que empezaron a presentar todos los cuestionamientos para los que no tenían respuesta aún. Las discusiones se volvieron profundas, intensas. Mucho más profundas de lo que habíamos previsto.

- Muchos de nuestros jóvenes estaban experimentando un renacimiento delante de nuestros ojos. Aun aquellos jóvenes que tenían un déficit importante en cuanto a poder mantener la atención lograban permanecer interesados. Había algo especial en estudiar las Escrituras en vez de solo leerlas o escucharlas. Eso los mantenía conectados. (Que quede registrado, yo estaba seguro de que tenía que lidiar con un alto grado de déficit de atención en mi ministerio juvenil; por supuesto, posiblemente todos creemos que ese es el caso en nuestros ministerios).

- Dana y yo empezamos a notar que no se producía una disminución en la asistencia que normalmente teníamos. Nuestro grupo de doce crecía; es más, cuatro meses más tarde ya éramos el doble.

Sabíamos que algo estaba sucediendo en ellos porque los que por alguna razón no podían asistir mandaban a pedir copias de lo que habíamos entregado y hasta grababan las sesiones.

Frenético festín

No piensen ni por un minuto que eso se trató de una experiencia única con un grupo de jóvenes superespirituales. Para nosotros ellos eran los mejores jóvenes. Pero sucedía lo mismo que con los doce discípulos originales: lo más extraordinario era que fueran simplemente personas comunes.

Nosotros estábamos en una iglesia mediana, dentro de una ciudad mediana (que, aunque no lo crean, se llama Middletown) en el medio del Medio-Este. Los jóvenes que asistían representaban a hogares de la clase media americana: profesionales y semiprofesionales de cuello blanco. Y entre ellos se daba una gran variedad en términos de iniciativa espiritual. Algunos eran cristianos muy comprometidos y otros no tanto.

Para no extenderme mucho, señalaré que Dios ya había estado moviéndose en la vida de estos jóvenes. Ellos se encontraban hambrientos. Y Dana y yo solo estábamos allí para ayudarlos a saciar su hambre.

Lo que no habíamos previsto era que tendríamos un frenético festín.

Metabolismo

Ese estudio bíblico de verano cambió todo el terreno de nuestro ministerio juvenil. Una vez que el ciclo escolar comenzó, dividimos ese grupo en dos (los primeros años de la secundaria por un lado, y los años superiores por el otro). Después de eso nuestro ministerio nunca volvió a ser el mismo.

El estudio bíblico intencional se convirtió en más que cualquier otro programa de nuestro ministerio. Era el corazón de todo lo que realizábamos con nuestros jóvenes, lo que los mantenía a ellos y a nosotros en torno a lo que Dios estaba haciendo a nuestro alrededor.

Ahora, más de una década después, esos mismos jóvenes son maestros, abogados, pastores, enfermeras y misioneros. Son personas a las que admiramos por su fe, que impactan a sus familias, iglesias y campos de influencia. Seguimos oyendo testimonios sobre cómo aquel pasaje que estudiamos durante su adolescencia los sigue instruyendo, o cómo aquella verdad continúa acompañándolos hasta el día de hoy.

A pesar de que parecía que el grupo en general estaba comprometido, muchas veces nos preguntábamos si en realidad escuchaban. ¿Sería que entendían? Pero la promesa de Dios se cumplió. Lo que sucedió en esos años nos superó, y permanecerá aún por mucho tiempo más.

Se metabolizó.

Como nota al pie, después de que nosotros dejamos ese ministerio de jóvenes en particular, ellos siguieron creciendo espontáneamente, continúan con un fuerte compromiso en la búsqueda de Dios, y prosiguen con los estudios bíblicos. De hecho, el ministerio actualmente atrae a más de cien jóvenes por semana (en una iglesia de menos de quinientos miembros), y más del setenta y cinco por ciento de esos jóvenes participan de un grupo de estudio bíblico.

Por si necesitas pruebas, Dios ha llenado las Escrituras de promesas para aquellos que lo buscan sinceramente; no por casualidad o por accidente, sino intencionalmente y con diligencia. Consideremos Hebreos 11:6: «En realidad, sin fe es imposible agradar a Dios, ya que cualquiera que se acerca a Dios tiene que creer que él existe *y que recompensa a quienes lo buscan*».

Dios quiere que absorbamos las Escrituras en nuestras vidas. De hecho, Dios usó la analogía del metabolismo en diferentes ocasiones, instruyendo tanto a Ezequiel como a Juan a que «comieran» su Palabra (Ezequiel 3:1-3; Apocalipsis 10:9-11). Si hacemos menos que eso no lograremos que los ingredientes activos de la Palabra permeen nuestros componentes espirituales.

Si la Palabra de Dios está diseñada para ser metabolizada, ¿por qué nuestros mejores intentos de enseñanza y discipulado terminan siendo nada más que una simple cobertura que al final se diluye?

La lección más grande que aprendí a partir de la pregunta *¿Qué estás haciendo en tu ministerio juvenil que vaya a permanecer aún cuando tú ya no estés?* fue que esa era la forma en la que Dios satisfacía el hambre que él mismo había puesto en los jóvenes a los que ministrábamos. Si yo hubiese estado distraído como Marta, y absorbido por las tantas actividades que trae y requiere el ministerio, hubiera perdido la oportunidad de unirme a lo que Dios quería hacer en ese ministerio.

De hecho, en mis veinte y tantos años de hacer y observar el ministerio juvenil, he aprendido que Dios constantemente pone hambre y busca ayuda para desatar un frenético festín.

Nos hemos deslizado hacia un analfabetismo bíblico

Muchos de los observadores del discipulado moderno han notado la declinación de los estudios bíblicos en los ministerios juveniles. Chap Clark, un muy reconocido autor y maestro en el ministerio juvenil, recientemente compartió conmigo esto: «Una de las bendiciones y maldiciones de tener tres décadas de estar en medio de los ministerios juveniles es que uno experimenta de primera mano aquello en lo que estamos avanzando y aquello en lo que estamos retrocediendo. Estoy convencido de que la única área de suma importancia en la que estamos perdiendo terreno con los jóvenes es en nuestro compromiso y habilidad para cimentarlos en la Palabra de Dios».

La iglesia de hoy, incluyendo tanto a la generación de los adultos como a la de los jóvenes, está en una era de analfabetismo excesivo. Y esto trae consecuencias.

Se ha estimado que entre el 64% y 94% de los jóvenes adolescentes abandonan la fe después de dejar nuestro ministerio juvenil[1]. De hecho, el concilio de Family Life de la Iglesia Bautista, ha informado que el 88% de los jóvenes criados en hogares evangélicos deja de asistir a la iglesia a la edad de 18 años[2].

Algunos regresan. Muchos no lo hacen. Y otros regresan con cicatrices que llevarán toda la vida.

El Grupo Barna ha estado rastreando algunos datos activamente por veinte y tantos años. En 2006 informó que de todos los jóvenes adultos, el 61% asistió a la iglesia durante sus años de adolescencia, pero que ahora está desconectado espiritualmente. Únicamente un 20% ha mantenido un nivel espiritual activo y consistente como en sus años de adolescencia[3].

¿Quién de nosotros no ha experimentado de primera mano el factor abandono de una forma u otra? Y lo que más duele es que la mayoría de las decisiones que se toman en cuanto a abandonar la fe, por lo general, se basan en alguna mala información.

Los jóvenes observan que el mundo de los creyentes adultos que los rodea opera de formas que son menos que verdaderas según la Palabra.

Han presenciado reuniones contenciosas en la iglesia, dirigidas por los mismos líderes que les han dicho en la Escuela Dominical que sean «siempre humildes y amables, pacientes, tolerantes unos con otros en amor» (Efesios 4:2).

Han memorizado que «si alguien se cree religioso pero no le pone freno a su lengua, se engaña a sí mismo, y su religión no sirve para nada» (Santiago 1:26), y sin embargo escuchan a los adultos maldecirse unos a otros.

O tal vez solo quieren otro día para dormir, pensando que la incredulidad tiene sus privilegios.

El punto es que la mayoría de las decisiones de abandonar la fe cristiana no tienen que ver con Dios, con Jesús o con lo que las Escrituras dicen sobre ambos, sino en la proyección tan pobre del cristianismo que alcanzan a ver.

¿Qué pasaría si pudiéramos implantar en los jóvenes un cuadro bíblico de Dios que resultara duradero? ¿Y si pudiéramos ayudarlos a tener un encuentro de primera mano con él, de tal forma que se les abriera el apetito?

Yo creo que la carrera hacia la puerta de salida disminuiría drásticamente.

Es difícil alejarse de cosas como la misericordia, la gracia y la redención, especialmente cuando se las imbuye de una nueva vitalidad y no van acompañadas por viejos clichés, de una forma en que únicamente la Palabra de Dios puede hacer.

¿Por qué abandonan?

En su revolucionario libro *Soul Searching: The Religious and Spiritual Lives of American Teenagers* [Examen de conciencia: La religión y la vida espiritual de los adolescentes estadounidenses], Christian Smith examina los factores que se relacionan con el abandonar, preguntándoles a jóvenes no religiosos que fueron criados dentro de tradiciones religiosas por qué ellos se volvieron antireligiosos. Observemos sus respuestas en la siguiente tabla[4]:

Razones por las que los jóvenes no religiosos criados en la religión deciden ser no religiosos, edades de 13 a 17 años.

(Los porcentajes posiblemente no sumen cien debido al redondeo)

Por escepticismo intelectual y falta de creencia	32%
No saben decir por qué	22%
Por falta de interés	13%
Simplemente dejaron de asistir a los servicios	12%
Por distracciones y problemas de la vida	10%
Porque no les gusta la religión	7%
Por falta de apoyo de parte de los padres	1%
Porque no tienen claridad o no tienen razón alguna	2%

Resulta muy interesante que todas las causas, excepto las últimas dos, podrían ser impactadas por medio de una eficaz aproximación a las Escrituras. La Palabra es capaz de combatir el escepticismo intelectual. Cuando el concepto de misericordia y perdón se entiende apropiadamente y se experimenta, siempre proporciona una razón para seguir a Cristo. Una búsqueda profunda del carácter de Dios y la forma en que trabaja, mantendrá interesado al que lo esté buscando.

Cuando los jóvenes se comprometen a investigar acerca de su fe, hacen descubrimientos personales, y si se les da la oportunidad de poner en práctica estos hallazgos, entonces se alejan cada vez más de querer abandonar una vida con Jesús.

¿Por qué entonces los ministerios juveniles, en general, hacen tan mal trabajo, produciendo discípulos que no permanecen?

La historia de Gretchen

Gretchen era una estudiante de escuela media que ayudaba como facilitadora de su club bíblico en la escuela. Cierta tarde, tuvo lugar una discusión bastante acalorada, y eso ocasionó que otro estudiante tomara la Biblia para responder.

Después de un momento de voltear de un lado a otro las páginas de la Biblia, el amigo de Gretchen miró al grupo y preguntó: «¿Alguien sabe cómo es que funciona esta cosa?».

Aquello provocó una larga pausa.

Nadie tenía ni la menor idea.

Gretchen era lo que llamaríamos una niña de la iglesia, que participó completamente de nuestros programas desde el primer día. Curioso por conocer su nivel personal de alfabetismo de las Escrituras, luego me tomé unos minutos para hacer algunos cálculos. Y procurando ser lo más acertado posible, descubrí que para el tiempo en que Gretchen llegó a la escuela secundaria, ya habría escuchado seiscientos sermones (para niños y adultos), había asistido más de seiscientas horas a la Escuela Dominical, y estando ya en los inicios de su séptimo año de escuela, ya habría escuchado treinta pláticas sobre la Biblia y tendría acumuladas unas veinte horas de discipulado.

Sin embargo, no fue capaz de ayudar a su amigo y a los otros creyentes de su grupo a navegar por la Biblia.

Recuperar el terreno perdido

La deficiencia número uno en el ministerio juvenil, como creo que la experiencia y la investigación lo han demostrado, es un buen estudio bíblico.

¿Podría existir algún vínculo entre la habilidad de una joven de «hacer funcionar esta cosa» y tener una fe perdurable en Cristo? Yo no puedo demostrarlo, pero me inclino por lo que las Escrituras dicen.

Uno puede ver este vínculo en pasajes como Proverbios 2:1-15, el Salmo 119 (cualquier porción que contenga 10 versículos), y en el famoso pasaje de Pablo en 2 Timoteo 3:14-17, especialmente cuando le ordena a Timoteo que sea un conocedor las Escrituras, que pueden hacerlo sabio y traerle salvación. También es posible percibir una conexión con las palabras de Jesús cuando explica que aquel que escucha y entiende «la Palabra» es el que producirá fruto extraordinario y en gran cantidad (Mateo 13:23).

Tú y yo nos hemos embarcado en una travesía en la que tenemos que reclamar el terreno perdido, terreno que la iglesia ha entregado por no tomar en serio la Palabra de Dios. El ministerio juvenil está lleno de oportunidades para recuperar el tiempo perdido.

Quizá tengas un grado académico importante en cuanto a estudios bíblicos o teología. O tal vez seas un voluntario con poca capacitación al que se le ha encomendado hacerse cargo de todo un ministerio juvenil, ¡solo por haber levantado la mano para preguntar dónde quedaba el baño!

No importa en qué punto te encuentres dentro del espectro del entrenamiento y la experiencia; solo piensa en cómo sería si encontraras un hambre genuina por la Palabra de Dios en tu ministerio juvenil.

Primero consideraremos el *por qué*. Luego atacaremos el *cómo*. Los capítulos 2 al 5 proveen motivación de parte de las Escrituras, la perspectiva bíblica de la enseñanza que lleva a que esta se metabolice. Los capítulos 6 y 7 comparten principios acerca de cómo implementar de una forma práctica esa perspectiva bíblica en nuestra búsqueda personal en las Escrituras (tiene que empezar por nosotros) y después en nuestro ministerio juvenil.

Pero antes de que te lances, piensa por un instante en los distintos momentos de los que tú sabes que han producido un impacto eterno. Te garantizo que de una u otra forma han tenido que ver con la Palabra de Dios.

En 2 Reyes 22 y 23, el rey Josías encontró el libro perdido de la ley e hizo cambios radicales para cumplirla. El resultado fue un avivamiento y Dios expresando su placer por Josías.

En 2 Crónicas 17, Josafat envía levitas y sacerdotes a través de la tierra para enseñar a la gente acerca de Dios, armados únicamente con el libro de la ley. ¿El resultado? Los enemigos de Judá le llevaron presentes a Josafat. Imagina eso: ¡Recibir regalos de parte de los enemigos!

A través de la historia mundial, los más grandes movimientos espirituales producidos por la Palabra de Dios han terminado siendo mencionados por la posteridad (como La Reforma) o se les ha dado un valor numérico (como El primer gran avivamiento). Traductores de la Biblia tales como John Wycliffe, Martin Lutero, y William Tyndale fueron los catalizadores para sacar al mundo de la Época Oscura y trasladarlo al Renacimiento, simplemente por traducir la Biblia al lenguaje común.

Lo que funciona a nivel macro también funciona en lo micro. La misma fuerza poderosa que ha lanzado La Reforma a nivel mundial puede producir una reforma en el corazón de tus jóvenes.

Todo lo que Dios necesita es una mínima conexión entre el hambre que él mismo crea y aquellos que ayudarán a saciarla.

¿Lo hacemos?

Capítulo 2
Prioridades

Entonces el Señor tu Dios te bendecirá con mucha prosperidad en todo el trabajo de tus manos y en el fruto de tu vientre, en las crías de tu ganado y en las cosechas de tus campos. El Señor se complacerá de nuevo en tu bienestar, así como se deleitó en la prosperidad de tus antepasados, siempre y cuando obedezcas al Señor tu Dios y cumplas sus mandamientos y preceptos, escritos en este libro de la ley, y te vuelvas al Señor tu Dios con todo tu corazón y con toda tu alma. Deuteronomio 30:9-10

Cada vez que enseñas lanzas un proceso que idealmente nunca terminará, generación tras generación. Howard Hendricks, *Enseñando para cambiar vidas*

Inténtalo como lo intenté yo, pero no pude sacarme de la cabeza la pregunta que nos presentó Gretchen.

La compartió con nuestro grupo durante una actividad que realizamos, en la que hubo comida, un supercampeonato de freesbee, y por supuesto nuestro tiempo devocional. Después de empacar los freesbees y todas nuestras cosas para irnos a casa, el mensaje principal de mi devocional ya se les había olvidado.

Pero la pregunta de Gretchen permaneció conmigo.

¡Quién sabe qué tema provocó la pregunta! Tal vez el club bíblico de Gretchen estaba debatiendo sobre algún caso de depresión de uno de sus amigos, o posiblemente sobre sexo. A lo mejor se trataba de un interrogante sobre el carácter de Dios. Obviamente la necesidad era lo suficientemente profunda como para empezar a buscar una respuesta. ¡Bravo por el chico que tomó la Biblia!

Pero se pierde mucho cuando nadie, ni uno solo, tiene idea de cómo comprender la Biblia. Según tengo entendido, los amigos de Gretchen hacían las preguntas correctas y buscaban respuestas precisamente a través del mejor recurso: la Palabra. Y el Dios de la Palabra estaba *ahí,* listo y dispuesto a responderles directamente, personalmente y de una forma que no solo contestase sus preguntas inmediatas sino que también satisficiera sus necesidades más íntimas. ¡Una oportunidad perdida!

Es por eso que el lunes por la mañana me encontraba en mi escritorio, acariciando la tapa de cuero de mi Biblia NVI y dándole vueltas en mi cabeza a una pregunta: ¿Será que hay alguien que sepa cómo es que funciona esta cosa?

Ordenando las prioridades

Acabo de darme cuenta de que las preguntas de los clubes bíblicos son realmente las preguntas que toda una generación se está haciendo. Posiblemente ahora más que nunca los adolescentes busquen tener una vida espiritual profunda. Y nos están procurando a nosotros para que los ayudemos «a saber cómo funciona una de estas cosas».

A veces no estoy totalmente seguro de que nosotros, los líderes juveniles, sepamos cómo. Y no estoy totalmente seguro de que estemos totalmente convencidos de que lo necesitamos.

El Search Institute encuestó a cuatrocientos líderes de jóvenes sobre las prioridades que tiene un ministerio juvenil moderno. Los encuestadores les pidieron a los encuestados que mencionaran por orden de prioridad dieciséis actividades tales como: «que los jóvenes sepan aplicar la fe en la toma de decisiones diariamente», «cultivar en los jóvenes un compromiso con su fe que perdure para toda la vida» y «proveer un lugar seguro y cariñoso»[5].

¿En qué lugar quedó el «enseñar las Escrituras» dentro del orden de prioridades? En el puesto trece, de entre los dieciséis sugeridos.

Desde la fecha en que se realizó esa encuesta ya ha pasado una década; se podían haber mejorado las prioridades. Pero datos recientes reflejan que tanto los jóvenes como los líderes juveniles no han movido ni un centímetro el orden de sus prioridades[6].De hecho, el estudio de la Biblia ha bajado aún más en la percepción del ministerio juvenil.

¿Qué hay en un nombre?

Me doy cuenta de que cuando deslicé el título *estudio bíblico* en la frase anterior, posiblemente los haya perdido. Diferentes imágenes vienen a la mente cuando los líderes juveniles oyen esas palabras. Desafortunadamente muchas de esas imágenes no son muy positivas.

Lo más probable es que tú hayas evocado algún estudio bíblico que te aburrió hasta las lágrimas cuando eras adolescente, o algún intento fallido en tu propio ministerio juvenil. Tal vez te imaginaste una hora y pico de debates al azar, a la que de alguna forma lograron llamarla estudio bíblico. A lo mejor, cuando piensas en un estudio bíblico presupones que lo tendrás todo bajo control si hay un tiempo de alabanza y otras actividades que giren alrededor de las Escrituras.

Aun es posible que las mismas palabras traigan consigo su propia connotación. Porque, ¿quién quiere *estudiar* fuera de la escuela?

Yo he experimentado con otras frases como *La experiencia bíblica o El viaje de la Palabra,* pero ninguna suena adecuada ni describe cabalmente aquello de lo que se trata. Así que por ahora estamos atorados con la expresión *estudio bíblico.* Tal vez seamos capaces de fusionarla con un nuevo set de imágenes mentales. Es más, tómate ahora mismo unos segundos para borrar cualquier recuerdo que tengas sobre los programas de *estudio bíblico* y los distintos enfoques y métodos que hayas usado en el pasado.

Comienza como sobre un lienzo en blanco. Y cuando escuches el concepto estudio bíblico, imagínate un nuevo y fresco abordaje que emocionará a Dios y que los jóvenes realmente disfrutarán. Un enfoque que capacite a los jóvenes para asimilar la Palabra de Dios en sus vidas.

Mientras tanto, hazte estas preguntas: ¿Mis jóvenes necesitan saber cómo usar «una de estas cosas»? ¿Será que el estudio bíblico tiene un lugar en la iglesia emergente? ¿Tendrá un espacio en la iglesia que está en declive?

Para tener una mejor perspectiva, como primera instancia consideremos el texto de Deuteronomio en el que Dios le dice a su pueblo lo que debe hacer con «una de estas cosas», o sea, la Palabra de Dios escrita en esa época para aquella generación.

Sesión de orientación

Te debes estar preguntando si eso desmotivó al pueblo de Israel. Acababan de recibir aliento y estaban equipados para moverse hacia la tierra prometida y poseer esa porción del mundo que toda una generación había estado aguardando.

Los tiempos de las tiendas de campaña y la vida de nómadas estaban por pasar a la historia. Ahora tendrían su propia tierra, cada familia su propio terrenito.

Finalmente el pueblo de Dios había pagado su deuda por la desobediencia de sus padres y sus abuelos. Estaban ansiosos por demostrarle a Dios que ellos no eran como sus padres y sus abuelos, que esta era una nueva generación y que estaban entrando a una nueva era.

Moisés tomó el micrófono, mientras la multitud se acercaba para escuchar las palabras que tanto ansiaba oír, como: «Caballeros enciendan sus motores. Pueblo de Israel, ¡es tiempo de moverse!».

Moisés aclaró la garganta, ajustó el micrófono, y dijo: «Ahora, israelitas, escuchen los preceptos y las normas que les enseñé» (Deuteronomio 4:1).

¿Hacer qué? La expectativa de la muchedumbre empezó a desinflarse, como cuando el aire se fuga de un globo que ha sido perforado. Como cuando los alumnos cuentan los segundos que faltan para que toque el timbre y la maestra dice: «Saquen una hoja».

Luego Moisés lanzó algo más: Deberán saber todos y cada uno de los decretos y leyes que estoy a punto de darles para poder vivir bien.

¿Vivir? ¿Dijo vivir?

Moisés los tenía en la palma de su mano. Esa gente había visto que la muerte era resultado de la desobediencia. Sus seres queridos, convertidos en cadáveres, habían quedado en el desierto. Tal vez valiera la pena escuchar las palabras de Moisés. A esa gente le *gustaba* la vida.

Cómo seguir a Dios

Moisés comenzó su sermón, según narra Deuteronomio, con un instructivo de cómo *no* seguir a Dios, llevando a esa generación a recordar la manera en que la desobediencia de sus padres había convertido un viaje bastante sencillo desde el Monte Sinaí hasta la tierra prometida, que debía llevarles unos cuantos días, en cuarenta años de caminar y vagar por el desierto. Lo que continuaba era la lección de cómo *sí* seguir a Dios, vigorizada con todas las posibles motivaciones de por qué hacerlo. Esa enseñanza abarca gran parte del libro de Deuteronomio. Y toda ella depende de una frase central: «Las palabras de esta ley, que están escritas en este libro» (Deuteronomio 28:58).

Entonces, ¿qué era lo que Dios había dicho sobre aquellas palabras? Y lo que resulta aún más importante, ¿de qué modo esas palabras, escritas tanto tiempo atrás, se relacionan en el día de hoy con el ministerio juvenil?

En la sesión de orientación previa a la entrada a la tierra prometida que Deuteronomio resume, Dios revela que su corazón, a través de todos los siglos, está puesto en su Palabra, en aquellas cosas que «están escritas en este libro».

Aprendemos cómo es la Palabra de Dios: *Justa* (Deuteronomio 4:8).

Aprendemos lo que hace: *Da vida, sabiduría y entendimiento. Las personas que la viven la hacen atractiva para las personas que no creen.* (Deuteronomio 4:6-7, 32:47)

Y aprendemos lo que Dios espera que hagamos con ella: *Atesorarla en nuestros corazones, seguirla, observarla cuidadosamente, guardarla y aprenderla* (Deuteronomio 4:1-10, 5:1).

Si Israel fallaba en cumplir con las instrucciones dadas por Dios y no usaba su Palabra como se los había ordenado, la nación no le sería útil a Dios.

Aquí es donde los ministerios juveniles modernos entran en escena. En esos decretos y leyes, diseñados para proveerle vida a Israel, la generación adulta recibió dos grandes responsabilidades con respecto a las generaciones más jóvenes:

1. Debía enseñarle a la siguiente generación los decretos de Dios (Deuteronomio 6:6-7).

2. Debía contarle a esa generación acerca de los caminos de Dios (Deuteronomio 4:9).

Enseñar a la siguiente generación

Moisés no perdió tiempo y enfatizó *por qué* la generación adulta debía enseñarle a la generación más joven los decretos de Dios: «Para que durante toda tu vida tú y tus hijos y tus nietos honren al Señor tu Dios cumpliendo todos los preceptos y mandamientos que te doy, y para que disfrutes de larga vida» (Deuteronomio 6:2).

Si acaso no prestaste mucha atención, vuelve a leer el versículo. Ese es un poderoso *por qué*, y se aplica a ti y a tus jóvenes tanto como se aplicó a Israel.

Dios también especificó la *manera* en que los adultos debían enseñar esos decretos. Dios no tenía en mente un devocional ocasional o una oracioncita rápida antes de comer. La Palabra de Dios debía estar *impresa* intencionalmente en el diseño de vida de cada uno de los que conformaban esa nueva generación (Deuteronomio 6:6-7). La palabra hebrea traducida como *inculcar* conlleva una acción repetitiva[7]. Pero los adultos debían primero grabar ellos mismos estas verdades en sus corazones para ser luego capaces de grabar en otros los preceptos de una forma creativa y asegurarse de que la repetición nunca se convirtiera en algo aburrido, seco o rancio (Deuteronomio 11:18).

La palabra hebrea traducida como *grábala* conlleva la idea de poner algo en un lugar especial con la idea de usarlo[8]. Como una forma de mantener estas cosas en sus corazones, los adultos debían pensar en ellas, meditar en ellas, y obedecerlas por convicción. Ellos debían exhibir conductas auténticas que declararan que esos decretos gobernaban sus vidas.

El plan de Dios era que la conducta de los israelitas adultos diera señales a la siguiente generación de que esos decretos resultaban vivos y reales, y que valía la pena vivir bajo ellos. Era la única forma en que la Palabra de Dios tuviera una oportunidad en la vida de los jóvenes de Israel. Y es la única forma en que tiene una oportunidad en la vida de los jóvenes de hoy.

Con la Palabra de Dios grabada en sus corazones, se le pidió a la generación adulta que utilizara todos los medios disponibles para asegurarse de que sus hijos absorbieran esas palabras también. Debían hablar de ellas. Amarrarlas. Escribirlas. Usarlas. Algunos hasta dirían, tatuárselas. Todo eso debía ocurrir durante las actividades cotidianas cada día: al sentarse, al caminar, al acostarse, al levantarse. Y los adultos tenían que utilizar todos los medios disponibles: los símbolos, las manos, la frente, los marcos de las puertas, las puertas (Deuteronomio 6:6-10, 11:18-21).

Dios le dijo a Israel que debía permitir que la generación más joven viera que la generación adulta estaba dispuesta a ir más allá para asegurarse que ellos conocieran y obedecieran lo que Dios les había dicho: «las palabras que están escritas en este libro».

Acomodar la baraja

Piensa por un momento en los Diez Mandamientos. ¿Cuál es el mandamiento dado exclusivamente a la generación más joven? El mandamiento 5: «Honra a tu padre y a tu madre» (Éxodo 20:12).

¿Recuerdas la promesa que conlleva este mandamiento? «Para que disfrutes de larga vida en la tierra que te da el Señor tu Dios».

Con el quinto mandamiento Dios les dio a los padres y a los adultos (importantes en la vida de los jóvenes) un mecanismo para asegurar el éxito en su responsabilidad para con la generación más joven. Dios instruyó a los adultos a que enseñaran los decretos en una forma auténtica para así poder demostrar que en verdad la Palabra de Dios impacta la vida. Y después les ordenó a los hijos, incluyendo a los adolescentes, que honraran y obedecieran a sus padres. No solamente porque es una buena idea y conduce a que haya hogares estables, sino porque los padres les enseñarían y ejemplificarían los decretos justos de Dios.

Con el quinto mandamiento en juego, los padres podían contar que habría corazones blandos en la generación más joven, corazones que recibirían y honrarían lo que sus padres les enseñaran.

Este es el punto: Si los adultos eran ejemplo y enseñaban el libro de la ley, y si los jóvenes honraban y obedecían lo que los adultos les enseñaban, ese pueblo reflejaría el carácter de Dios por caminar en los mandamientos de Dios. Y Dios tendría un pueblo que le sería útil. Y mientras Dios pudiera usar a esa gente, ellos podrían vivir y prosperar en la tierra por un largo, largo tiempo.

Contarles acerca del camino de Dios

En el futuro, cuando tu hijo te pregunte: «¿Qué significan los mandamientos, preceptos y normas que el Señor nuestro Dios les mandó?», le responderás: «En Egipto nosotros éramos esclavos del faraón, pero el Señor nos sacó de allá con gran despliegue de su fuerza. Ante nuestros propios ojos, el Señor realizó grandes señales y terribles prodigios en contra de Egipto, del faraón y de toda su familia. Y nos sacó de allá para conducirnos a la tierra que a nuestros antepasados había jurado que nos daría. El Señor nuestro Dios nos mandó temerle y obedecer estos preceptos, para que siempre nos vaya bien y sigamos con vida. Y así ha sido hasta hoy. Y si obedecemos fielmente todos estos mandamientos ante el Señor nuestro Dios, tal como nos lo ha ordenado, entonces seremos justos» (Deuteronomio 6:20-25).

La segunda gran responsabilidad que se les dio a los adultos fue que debían contarle acerca de los caminos de Dios a la siguiente generación, compartiendo un testimonio vívido de cómo Dios había trabajado en sus propias vidas.

¿Alguna vez fuiste consciente de lo que esta clase de enseñanza provocaría? Para empezar, haría surgir preguntas por parte de los jóvenes. Posiblemente surgieran cuando los hijos quisieran saber el significado de algo que los adultos les estaban enseñando sobre el libro de Dios (Deuteronomio 6:20). O cuando inquirieran el por qué de tan gracioso altar (Josué 4:6). O cuando quisieran conocer más sobre un sacrificio con olor raro (Éxodo 13:13-15).

Esas fueron algunas de las marcas que Dios colocó en la cultura de Israel, marcas que provocaban que la generación más joven despertara y se ubicara en los caminos de Dios. Los llevaba a preguntarse *¿por qué?*

Los adultos debían utilizar estos símbolos y las ocasiones para poder explicar todo lo que Dios había hecho por ellos, hablar de su poder, y así asegurarle a la siguiente generación que Dios haría lo mismo por ellos. A través de los adultos Dios les estaba mostrando lo que era la confianza. Dios descansaba en que ellos harían su parte: enseñar los estatutos, construir altares y ofrecer extraños sacrificios, de modo que todo eso despertara la curiosidad espiritual de los jóvenes.

Sin el beneficio implícito de que los jóvenes preguntaran el *por qué,* los padres tendrían que inventarse momentos para impartir esa información. Y como muchos de nosotros, para evitar las caras, la actitud tóxica y el sarcasmo de los adolescentes («aquí va otra vez mi papá con la misma cosa»), lo abandonarían.

Cuando un joven preguntaba sobre una estatua, o uno de los altares, o sobre los sacrificios, los adultos tenían que estar preparados. Con la Palabra grabada en sus corazones, ellos debían estar listos para transmitir toda la información acerca de lo que Dios había hecho por ellos. Y cuando la generación más joven escuchara acerca de la forma milagrosa en que Dios los había rescatado, su hambre espiritual se vería estimulada.

A su vez, eso produciría mucha más curiosidad. Luego, los adultos con toda confianza podrían *enseñar* los decretos. Y como lo harían desde lo profundo de sus corazones y con una convicción personal, los jóvenes absorberían esas enseñanzas en sus propias vidas, y Dios se sentiría complacido. Además, Dios recompensaría la obediencia con más demostraciones de su presencia, protección y poder, que no solo les proveería a los adultos más pruebas para exhibir ante los jóvenes, sino que le permitiría a la nueva generación experimentarlas de primera mano. Y, como podemos imaginar, todo eso generaría más curiosidad en los hijos.

¿Logras ver el ciclo que Dios tenía en mente?

¿Quién rompió el ciclo?

Aparentemente alguien dejó caer la pelota.

A pesar del continuo ciclo de enseñanza y de que debían poner a Dios en el lugar que le correspondía, el recordatorio del Antiguo Testamento nos revela lo miserablemente que Israel falló. Moisés le pasó el bastón de mando a Josué. Josué se lo pasó a… bueno, a un comité.

Bajo la dirección de Josué, Israel disfrutó la riqueza de los beneficios de obedecer mientras entraban a la tierra prometida. Pero cuando Josué murió, se levantó una generación que no solo no conocía a Dios sino que ni siquiera sabía lo que había hecho por Israel. Después los israelitas hicieron lo malo delante de Dios y sirvieron a dioses falsos, a los baales (Jueces 2:10-11).

31

Alguien podría decir que fueron los jóvenes rebeldes los que dejaron de honrar a sus padres. Pero mi instinto me dice que fueron los adultos los que dejaron de enseñar.

En algún punto del camino las realidades de Dios dejaron de ser reales, o relevantes, para la generación de los adultos. Sus sacrificios se convirtieron en rituales secos. Los encuentros con el Dios verdadero se volvieron cada vez menos frecuentes. Tuvieron pereza de cumplir con las dos responsabilidades que se les habían asignado con respecto a la próxima generación: enseñar los decretos de Dios y contarles acerca del camino de Dios. Sus explicaciones sobre el altar se volvieron irrelevantes, y sus enseñanzas eran solo lo que ya se sabían de memoria.

Ese bien podría haber sido el nacimiento del franelógrafo.

¿Qué fue lo que pasó? Las verdades insondables de Dios se convirtieron en lo mismo de siempre. Ya no había razón para que los jóvenes hicieran preguntas o tuvieran curiosidad sobre Dios.

Cuando los adultos abandonan su responsabilidad de enseñar los decretos de Dios, como si los decretos ya no significaran nada para ellos, y cuando se vuelve una rutina contar acerca de los caminos de Dios, lo que sucede a continuación es que su conducta ya no refleja esos decretos.

Y si la generación de jóvenes no ve que los caminos de Dios marcan una auténtica diferencia en la vida de los adultos y de su entorno, eso será todo lo que ellos necesiten para sospechar que no son los verdaderos.

Y allí es donde los baales comienzan a entrar en la consideración.

Vivir fuera de la tierra prometida

Desde nuestra perspectiva, es fácil mirar a Israel con un poco de incredulidad: ¿Cómo pudieron ignorar ese ciclo libre de fallas que les habría garantizado una vida plena en la tierra prometida?

De alguna forma sí lo ignoraron, e incrédulos o no, nosotros hacemos lo mismo hoy.

No es ningún secreto que muchos creyentes han dejado de hablar seriamente de las cosas «escritas en este libro». Habrás visto estadísticas que muestran que existe muy poca o ninguna diferencia entre la ética y conducta (mentir, hacer trampas, cometer adulterio) de un creyente y de un no creyente.

El encuestador George Barna hizo un descubrimiento aún más alarmante. Siguiendo la perspectiva bíblica de los adultos durante varios años, el Grupo Barna encontró que solamente la mitad de los adultos evangélicos contaban con una perspectiva global bíblica. Al presentarles una lista de los principios claves que constituyen la perspectiva global bíblica (como «La fuente para una verdad moral es la Biblia», «La Biblia es certera en todos los principios que enseña», y «Jesús vivió una vida sin pecado aquí en la tierra»), solo la mitad de los encuestados estuvieron de acuerdo con esas aseveraciones. Según Barna, solamente el 8% de los adultos protestantes tiene una verdadera perspectiva bíblica global[9].

No solamente la generación adulta de hoy ha dejado de seguir lo «escrito en este libro», sino que ha perdido contacto con todo lo que está en el libro. Otro ejemplo de cómo se ha declinado en los años recientes es este: según Barna, el versículo bíblico más reconocido entre los adultos cristianos es «Al que madruga Dios lo ayuda»[10].

Sin embargo, ese no es un versículo de la Biblia; es un dicho de *Poor Richard's Almanac* [Almanaque del pobre Richard].

En Norte América, el 39% de los adultos que son líderes activos en sus iglesias cree que Jesús pecó mientras vivía en la tierra[11]. Y el 37% cree que simplemente ser bueno lo ayuda a uno a ganar un lugar en el cielo[12]. Casi la mitad de los adultos creyentes, el 46%, está de acuerdo en que Satanás no es real, sino simplemente un símbolo del mal[13].

Vencer a los que se dan por vencidos

Siempre me desanimo cuando oigo a cristianos maduros evadir una pregunta diciendo: «Bueno, eso es algo que tendremos que averiguar cuando lleguemos al cielo», cuando en realidad Dios nos ha dado las respuestas en las Escrituras.

Algunas preguntas sí tendrán que esperar para recibir una respuesta, pero no tantas como pensamos.

Regresando a Deuteronomio, Dios le pidió a la generación adulta que reverenciara las cosas que él había «escrito en este libro», que las observara, que las guardara, que las imprimiera, que les diera un lugar de honor en sus corazones. Entonces esas cosas podrían ser traspasadas a la siguiente generación con autenticidad y pasión.

Así que volviendo a nuestra pregunta original acerca del lugar que tiene el estudio bíblico en los ministerios juveniles de hoy, ¿realmente resulta importante que los adolescentes sepan lo que está «escrito en este libro»?

Le importa a Dios, así que debería importarnos a nosotros.

No hay lugar en el que la búsqueda de las cosas «escritas en este libro» deba producirse más que en los salones del ministerio juvenil. Nuestros jóvenes apenas empiezan a experimentar con el pensamiento abstracto y las habilidades de aprendizaje. Ellos se están preguntando todos los *¿por qué?*, los *¿cómo?*, y los *¿para qué?*

Probablemente lo más importante que nos toca mencionar es que contamos con unos pocos años o meses para establecer en ellos fundamentos sólidos antes de que empiecen a navegar en su fe por todos los desafíos que les traerá el ser jóvenes adultos.

Toma este examen

En estos últimos años le hemos hecho este examen sorpresa a líderes juveniles alrededor de nuestro país (Estados Unidos). En entrenamientos para líderes a sueldo y para voluntarios (sin dejar de mencionar a aquellos líderes que tienen un salario que parece de voluntario), les hemos pedido que colocaran en orden cronológico a los siguientes personajes bíblicos:

Daniel _____

Noé _____

El rey Saúl _____

Abraham _____

Ester _____

Pablo _____

Moisés _____

Sansón _____

¿Por qué no lo intentas? Tómate unos dos minutos para colocar a estos fulanos en el orden en el que aparecen históricamente. (Como solía decir mi maestra de primaria: Si no puedes transmitir la información en dos minutos es porque no la sabes). Por cierto, no es un examen a libro abierto. Puedes revisar tus respuestas en el capítulo 3 y así ver como estás al lado de tus compañeros de ministerio.

La clase de enseñanza de la que hablamos obviamente debería darse en sus hogares para que tuvieran una aplicación directa del sermón de Moisés en Deuteronomio. Pero la dinámica de la familia moderna coloca una gran responsabilidad sobre los ministerios juveniles. Muchos de nuestros jóvenes tienen un padre de familia no cristiano. La mayoría de los padres, como diversas estadísticas lo demuestran, no tiene el suficiente conocimiento de las Escrituras como para enseñarlas.

Podemos ayudar a revertir esta tendencia cultivando una generación de futuros padres apasionados por las cosas «escritas en este libro», que sepa lo suficiente como para enseñarlo a sus hijos. Considera este dato revelador: en los próximos diez o quince años, todos los jóvenes que tienes actualmente bajo tu cuidado, se encontrarán inmersos en la paternidad o maternidad. Tus jóvenes son el camino para que se produzca un cambio.

También podemos animar a la generación de padres de hoy a que experimente de una forma personal las Escrituras y que le cuente a su familia acerca de los resultados que produce el vivir de acuerdo con las normas de Dios. Y también podemos crear nuevas formas de que los líderes juveniles y los padres de los adolescentes se unan para asumir *todas* las responsabilidades dadas a los adultos en Deuteronomio.

Por supuesto, no es un asunto de memorizar hechos o de proyectar las Escrituras en una pantalla gigante. Es un asunto de conocer a Dios. Tiene que ver con poner atención a aquello que para Dios es importante. Al buscar a Dios, lo que está escrito en la Palabra se convertirá en parte de nuestra vida, «grabada en nuestros corazones», para tomar prestada la frase de Moisés.

Dejémosles ver a nuestros jóvenes cómo nos esforzamos para facilitarles ese conocimiento y experiencia de la Palabra de Dios.

Ayudémosles a aprender cómo trabajar con «una de estas cosas».

Capítulo 3
Lo que ignoras puede lastimarte

Pues por falta de conocimiento mi pueblo ha sido destruido. Puesto que rechazaste el conocimiento, yo también te rechazo como mi sacerdote. Ya que te olvidaste de la ley de tu Dios, yo también me olvidaré de tus hijos. Oseas 4:6

Jesús dijo muy claro y sin lugar a dudas que es el conocimiento de la verdad lo que nos hará libres. Richard J. Foster, *Alabanza a la disciplina*

A veces me imagino a los antiguos profetas de Israel y de Judá como los pastores de jóvenes del Antiguo Testamento.

Ellos se mostraban apasionados con su mensaje, incluían muy buenas ilustraciones en sus lecciones, eran un poco raros, y nadie los escuchaba.

Se encontraban en una posición complicada.

Oseas fue uno de esos profetas. Y proporcionó una de las mejores ilustraciones para una lección que alcanza a todos los tiempos: Se casó con una prostituta. ¿Y cuál era el punto de esta ilustración? La nación de Israel había retozado con una prostituta en lugar de permanecer fiel a Dios.

De hecho, para cuando Oseas apareció en la escena, el comportamiento de Israel ya había alcanzado un punto que no tenía retorno. Oseas estaba profetizando que Dios muy pronto empezaría a descargar las maldiciones que se habían anunciado por primera vez cientos de años atrás en los primeros días de Moisés, registradas para nosotros en (lo adivinaste) Deuteronomio.

Israel pronto sería removido de la tierra. Asiria florecía en ese tiempo como el opresor en espera.

La relación de Israel con Dios se había degenerado hasta este punto: si había algo malo por hacer, lo hacían. No necesariamente porque fueran rebeldes, sino porque no sabían discernir entre el bien y el mal. Había muy poca o ninguna diferencia entre su estilo de vida y el estilo de vida de sus vecinos paganos.

¿Cómo pudieron caer tan bajo? Con todos los milagros que habían visto y con tantas advertencias de parte de los profetas, ¿cómo permanecieron en una desobediencia deliberada?

Los dedos de Oseas estaban tomando el pulso espiritual de Israel y su oído estaba sintonizado con la palabra del Señor. Él fue directo al meollo del problema: En toda la tierra no había conocimiento de Dios.

Israel era el pueblo de Dios solo de nombre pues andaba en completa ignorancia de la verdad y los caminos de Dios. Siglos de jueces y reyes, profetas y sacerdotes, milagros y bondades, victorias y derrotas, todo se resumía en una fatal deficiencia: *Falta de conocimiento*.

Un brillante defecto

¿Recuerdan el caso del fatal viaje de la nave Apolo 13? Como a ciento cincuenta mil kilómetros de la tierra, una explosión en uno de los tanques de oxígeno de la nave espacial convirtió la misión a la luna en una misión de rescate de los tres astronautas que estaban a bordo. Después de cinco días de comerse las uñas y de resolver problemas en el Control de Misión en Houston y con los astronautas a bordo, la tripulación finalmente llegó a salvo a casa. Fue uno de los momentos más emocionantes y tortuosos que enfrentó la NASA.

La investigación que siguió reveló que, como en muchas de las catástrofes de semejante magnitud, una serie de eventos habían contribuido a que se produjera ese problema. Sin embargo, el origen de la explosión era simple: no se había cambiado un termostato de 28 voltios para que fuera compatible con el nuevo sistema eléctrico de 65 voltios en la nave.

Billones de dólares, incontables horas y la ansiedad de todo un mundo que observaba, terminaban reduciéndose a un solo defecto, un componente, el equivalente a un fusible que se vende a $1.39 en una ferretería.

En los días de Oseas, el futuro del tesoro de Dios, la vasija de Dios en la misión global de redimir a toda la humanidad, giraba alrededor de una deficiencia. La saga de Israel, que comenzó con Abraham, tendría su clímax en destrucción. Y todo se resumía en... *la falta de conocimiento*.

Para un profeta menor, ese era un gran punto.

Pero, ¿cuál es la gran cuestión con el tema del conocimiento? ¿Acaso no es algo que nos vuelve arrogantes? De acuerdo con Pablo en 1 Corintios 8:1, eso es precisamente a lo que lleva el conocimiento cuando no va acompañado de amor.

Pero más tarde, en esa misma carta, Pablo escribe que la consecuencia de las acciones de Israel estaban registradas en las Escrituras como una advertencia para nosotros (1 Corintios 10:6). Las palabras de Oseas no eran viejos divagues para un pueblo antiguo, sino advertencias de vida o muerte que tenían el propósito de alentarlos para que entraran en acción.

Una deficiencia en el conocimiento bíblico, tarde o temprano, se manifestará en nuestra vida personal y en nuestro ministerio. Y esa falta de conocimiento puede tener consecuencias a largo plazo.

Sin misericordia

De acuerdo con Oseas, la primera desgracia que sufrió Israel por su falta de conocimiento fue una falta de integridad y compasión. «Ya no hay entre mi pueblo fidelidad ni amor, ni conocimiento de Dios» (Oseas 4:1).

La palabra traducida como *fidelidad* es la palabra hebrea *emeth*[14], que conlleva la idea de verdad y fidelidad entre personas; en una palabra, de integridad. La palabra hebrea que significa amor, *chesedh*[15], se puede traducir como *misericordia*. En el contexto de este versículo, la palabra incluye el tener compasión hacia otros dentro de la comunidad del pueblo de Dios.

Faltaba integridad y misericordia entre los hijos de Dios que supuestamente debían ser ejemplo de esas mismas cualidades. La interacción de los israelitas entre ellos mismos, dejando de lado a los pueblos de su alrededor, no era ni compasiva ni escrupulosa. Como resultado, el pueblo de Israel no mostraba ante las naciones no creyentes que lo circundaban ningún motivo para que se sintieran atraídas a su Dios.

La profecía de Oseas establece una oportuna conexión entre el conocimiento de Dios y el vivir una vida santa. La ignorancia de la ley de Dios y su camino, de las cosas «escritas en este libro», habían creado una atmósfera en la que los regalos de Dios tales como la misericordia y el amor habían sido remplazados por la maldición, la mentira, el asesinato, el robo y el adulterio (Oseas 4:2). El comportamiento de Israel no se podía distinguir del de sus vecinos.

Pero la siguiente consecuencia puede que haya sido peor: El pueblo de Dios no era capaz de mantener sus ojos y manos lejos de otros dioses.

Decepción

> Me habló una vez más el Señor, y me dijo: «Ve y ama a esa mujer adúltera, que es amante de otro. Ámala como ama el Señor a los israelitas, aunque se hayan vuelto a dioses ajenos y se deleiten con las tortas de pasas que les ofrecen» (Oseas 3:1).

Pero la falta de conocimiento de Israel produjo una segunda consecuencia. El pueblo se volvió a otros dioses y amaba sus sagrados pasteles de pasas.

Esta puede ser una consecuencia con la que tú y yo nos sintamos identificados.

Pecados grandes como maldecir, mentir, asesinar, robar y cometer adulterio no son tan sutiles y posiblemente esa sea la razón por la que la mayoría de nosotros logramos mantenernos al margen.

¿Pero un inofensivo pastel de pasas? Aparte de proporcionarnos unas cuantas calorías extra, ¿qué podía tener de dañino?

En la cultura de Israel esos pasteles de pasas eran una delicia que con frecuencia se servía en las fiestas y festivales. David los comió cuando fue coronado como rey de Israel (1 Crónicas 12:40). Pero con el tiempo esos pasteles de pasas sagrados fueron conocidos entre los paganos por sus efectos afrodisiacos y más tarde usados en sus rituales de fertilidad.

Los pasteles de pasas se convirtieron en una comida prohibida. Y la mención de Oseas de estos pasteles de pasas sugiere fuertemente que Israel no se los estaba comiendo como una merienda deliciosa para después de la escuela. Le atribuía un significado pagano y probablemente un sentido lujurioso a esos pasteles.

Sin conocimiento, conocimiento de Dios y su Palabra, el pueblo de Israel no podía distinguir entre una comida preparada para las fiestas y el ritual sagrado de una religión falsa.

Y en muchos casos eso mismo es lo que sucede en nuestro tiempo.

Hoy en día entre los adolescentes las tentaciones más comunes son como los pasteles de pasas de aquellos tiempos. Se presentan como algo deseable, aceptable, y aun necesario y sin consecuencias discernibles a largo plazo.

Hacer trampa en un examen se ha convertido en «Yo sé la respuesta, solo que no la recuerdo. Si le echo un vistazo a mis notas es solo para confirmar lo que ya sé».

Experimentar con drogas se ha convertido en «Yo no quiero levantar una pared entre mis amigos y yo; quiero que ellos me miren como a uno de ellos. Y además, esto es solo cuestión de una sola vez. Yo no lo adoptaré para siempre».

Como señala el viejo dicho: «El pecado te lleva más lejos de lo que te imaginas. Hace que te quedes más tiempo del que querías. Y te hace pagar más caro de lo que pretendías». Pero el conocimiento, ricamente provisto por Dios a través de su Palabra, hace que una inocente tentación se vea como lo que realmente es: un paso hacia la destrucción.

El reporte de notas del 2002: La ética entre los jóvenes norteamericanos

Para el pueblo de Israel, el reloj del día del juicio comenzó a activarse cuando profetas tales como Oseas, no pudieron ya percibir la diferencia entre el comportamiento del pueblo de Dios y el de los no creyentes.

¿Será que se oye avanzar ese reloj en la iglesia?

En una encuesta[16] realizada a doce mil estudiantes de secundaria, el Josephson Institute encontró muy poca diferencia entre la ética de un adolescente que declara que sus convicciones religiosas son «esenciales o muy importantes» y la de los que contestaron que no son importantes. Cuando se les preguntó sobre los siguientes comportamientos en los pasados doce meses, los estudiantes respondieron de esta manera:

Les he mentido a mis padres

Jóvenes religiosos	93%
Jóvenes no religiosos	93%

He robado algo de un almacén

Jóvenes religiosos	34%
Jóvenes no religiosos	45%

Le he mentido a un profesor

Jóvenes religiosos	83%
Jóvenes no religiosos	85%

He golpeado a alguien porque estaba enojado

Jóvenes religiosos	63%
Jóvenes no religiosos	67%

Hice trampa en un examen de la escuela

Jóvenes religiosos	74%
Jóvenes no religiosos	76%

He usado una droga ilegal

Jóvenes religiosos	29%
Jóvenes no religiosos	49%

Les he robado a mis padres o a algún pariente

Jóvenes religiosos	25%
Jóvenes no religiosos	33%

El juego de la iglesia

De todas las quejas de Dios en contra del pueblo de Israel, «jugar a la iglesia» parece ser el número uno de la lista.

En Oseas 6:5-6 Dios habla muy claramente sobre lo que él realmente quería de Israel: «¡Mi sentencia los fulminará como un relámpago! Lo que pido de ustedes es amor y no sacrificios, conocimiento de Dios y no holocaustos». O sea, amor unos por otros y que no se hirieran unos a otros. Dios ni siquiera deseaba sus holocaustos y ofrendas. Es más, los encontraba repugnantes.

A través de Oseas, Dios recalcó que realmente no lo conocían, sino que simplemente estaban montando un espectáculo. Cuando se trataba de adorar, eran puras emociones.

Irónicamente, los supuestos líderes espirituales de Israel, sus sacerdotes y profetas, eran los que guiaban a la iglesia en el juego. Oseas colocó la culpa sobre los sacerdotes y profetas, observando que cada vez que la gente tropezaba, los líderes espirituales tropezaban juntamente con ellos (Oseas 4:5). Oseas 4:7 establece un paralelo entre los sacerdotes de Israel y el pecado del pueblo: cuantos más sacerdotes había, mayor era el pecado.

Entonces, ¿cuál era el papel de los sacerdotes en la decadencia espiritual de Israel? Además de cuidar el santuario y servir como mediadores ente Dios y el pueblo, los sacerdotes de Israel estaban a cargo de enseñarle al pueblo la ley de Dios. Ellos eran los que debían preservar el conocimiento (la Palabra de Dios escrita y sus caminos) y los que conservaban la revelación sagrada de Dios.

Sin embargo, la adoración continuaba mientras ellos no llevaban a cabo nada de todo eso.

Jugar a la iglesia es posiblemente el pecado más frecuente. Parece religioso. Se siente bien. Pero Dios dice que separada de la verdad la actividad religiosa no tiene poder. No ofrece conocimiento, carece de fuerza, y sin duda alguna no produce ninguna trasformación. Sin la verdad como la estrella que le marcara el norte, el pueblo de Israel vagaba por la falta de una guía. Ellos andaban sin fe, sin misericordia y sin amor. Pero seguían jugando el juego de la iglesia como si eso los fuera a salvar.

Y Dios se quedó con un montón de gente a la que no podía usar.

¿No era de esperar entonces que Oseas diera esa profecía escalofriante acerca de que el pueblo de Dios sería destruido por la falta de conocimiento? *Destruido*. No porque simplemente hubiera desobedecido la verdad, sino porque ni siquiera *tenía* la verdad.

No era posible hallar la verdad dentro de todo su territorio. Y se notaba.

Para Israel, esa falta de conocimiento significó destrucción. Para la iglesia de hoy podría significar irrelevancia. Un violento opresor como Asiria posiblemente no conquiste a la iglesia moderna, pero la iglesia moderna puede seguir siendo considerada inútil para Dios.

Pedro nos advierte de esta trampa en el Nuevo Testamento, urgiendo a los creyentes a crecer en conocimiento (entre otros atributos santos) para evitar ser «inútiles e improductivos» (irrelevantes) en el conocimiento de Jesucristo (2 Pedro 1:5-8).

¿Cómo puede saber la iglesia cuándo se está convirtiendo en ineficiente e improductiva en su conocimiento de Cristo? Solo necesitamos mirar a nuestro alrededor. La mayoría de las comunidades están llenas de edificios de iglesias, casi una por cuadra. Pero cuando se trata de su mensaje, ¿cuántos lo están escuchando?

Sin una red

Sin conocimiento, la iglesia (incluyendo el ministerio de jóvenes) está en una posición peligrosa. Podríamos decir que estamos trabajando sin una red de contención.

Una encuesta realizada por Barna en el año 2003 a adolescentes que crecieron en sus iglesias, llegó a la conclusión de que únicamente la mitad (53%) entendía lo suficiente de la Biblia como para tomar sus decisiones basándose en los principios bíblicos[17].

Permitamos que esos datos se asienten en nosotros por un momento. Eso indica que la otra mitad (47%) de los adolescentes de nuestros ministerios no llegan a tener acceso a nuestro documento de fe (las cosas «escritas en este libro») de una forma útil y práctica.

Posiblemente esos jóvenes consideren a la Biblia como un libro de referencia que los aturde. (Todos tenemos ese tipo de libros en nuestras bibliotecas, en espera de ser abiertos). Tal vez mientras atraviesan la adolescencia los alimentamos con cuchara, respondiendo sus preguntas, dándoles un fragmento, un retrato no demasiado elaborado de la historia de Dios.

La mitad de nuestros jóvenes admiten estar tomando decisiones sin la guía de la Biblia. Y uno de los grandes propósitos de las Escrituras es ser luz en nuestro camino, proveyendo dirección a nuestra vida (Salmo 119:105). La Biblia no es como un programa de computación en el que los adolescentes pueden introducir las características de la universidad ideal para ellos y esperar a que les salgan las tres mejores opciones. Pero a medida que los corazones y las mentes de los jóvenes vayan cambiando por lo que descubren en la Palabra de Dios, sus pensamientos y deseos empezarán a reflejar la mente de Cristo. Y eso a su vez empezará a impactar sobre sus decisiones diarias.

En busca del alma

El Estudio Nacional de Juventud y Religión de Christian Smith, el estudio más grande y detallado de adolescentes y religión nunca antes llevado a cabo, encuestó a 3370 personas a través de una muestra nacional. De esos encuestados, 267 fueron seleccionados para ser entrevistados en mayor profundidad.

Una observación bastante impactante que resultó de estas entrevistas (cómo aparece en el libro *Soul Searching: The Religious and Spiritual Lives of American Teenagers* [Examen de conciencia: La religión y la vida espiritual de los adolescentes estadounidenses]) es que la mayoría de los adolescentes tienen «increíbles dificultades para expresarse sobre su fe, sus creencias religiosas, las prácticas religiosas y su significado o el lugar que tienen en sus vidas».

Por ejemplo, Smith describe a una chica de quince años del estado de Michigan, que va a los servicios dominicales todos los domingos, además de asistir a la Escuela Dominical, al grupo de jóvenes y al estudio bíblico de los miércoles. Así es como ella respondió a las preguntas sobre sus creencias religiosas:

Adolescente:	*(pausa) No sé cómo realmente responder a eso.*
Entrevistador:	¿Alguna creencia que realmente sea importante para ti? ¿Alguna en general?
Adolescente:	(pausa) No sé.
Entrevistador:	Tómate el tiempo que necesites.
Adolescente:	*Yo creo que solo debes, si es que vas a hacer algo que es malo, pedir perdón y él te perdonará sin importar lo que sea, porque él entregó a su único Hijo para quitarte todos tus pecados*[18].

Smith notó que tanto esta chica como otros adolescentes tienen bastante claridad y disposición para conversar sobre otros problemas de la vida en los que han sido educados, tales como el abuso de drogas y las enfermedades de transmisión sexual.

Smith concluye diciendo que estos adolescentes no tienen claro los asuntos de la fe porque no han sido educados adecuadamente en ellos[19]. (En cuanto a este tema, los jóvenes cristianos están mucho peor que aquellos de otras religiones, tales como el Mormonismo, Budismo y Judaísmo)[20].

Smith especula que si la mayoría de los jóvenes norteamericanos tuvieran que someterse a un examen de respuestas cortas sobre lo básico de la fe cristiana, reprobarían miserablemente.

De regreso a lo básico

No mucho tiempo atrás, los instructores del departamento de religión de la Universidad de Wheaton, una universidad cristiana con alta competitividad que atrae a estudiantes de todas partes del mundo, encuestaron a sus estudiantes de primer año en cuanto a su conocimiento básico de la Biblia. Se sorprendieron por su falta de comprensión de la Biblia, especialmente considerando el hecho de que estos estudiantes representaban lo mejor y más brillante de los ministerios juveniles modernos.

Curiosos por descubrir qué era lo que pasaba con los ministerios juveniles a lo largo de la nación, los instructores de Wheaton encuestaron a los estudiantes de último año de secundaria en iglesias evangélicas bastante grandes. Aquí van algunas de las cuestiones que resaltaron en esta encuesta[21]:

- El 80% no pudo poner en orden cronológico a Moisés, Adán, David, Salomón, Abraham.

- El 15% no pudo poner en el orden correcto los eventos más importantes de la vida de Pablo y de Jesús.

- El 20% pudo encontrar en el libro de los Hechos los viajes de Pablo.

- El 60% pudo localizar la historia del éxodo en el libro de Éxodo.

- El 33% encontró el Sermón del Monte en el Nuevo Testamento.

- El 80% no supo cómo encontrar la oración del Padre Nuestro.

Para determinar si estas cifran aún se mantenían, la encuesta se repitió en 2006. Cuatrocientos adolescentes de los grados 6 al 12 fueron encuestados en un área metropolitana bastante grande en diferentes ambientes, incluyendo Escuela Dominical, grupos pequeños de discipulado y reuniones generales de ministerios juveniles. Esos jóvenes mostraron una mejoría con respecto a aquellos encuestados en la Universidad de Wheaton. La diferencia más notable fue la habilidad del grupo de 2006 para localizar la oración del Padre Nuestro en las Escrituras. La mitad del grupo de 2006 supo encontrar la oración del Padre Nuestro, una mejora del 30% con respecto al grupo de Wheaton.

Pero otras características que sobresalen de la encuesta de 2006 nos muestran que el conocimiento de la Biblia que tienen los adolescentes sigue siendo bastante pobre.

- El 51% escogió Ezequías como un libro de la Biblia.

- El 52% no sabía que Saúl fue el primer rey de Israel.

- El 59% seleccionó a Aarón, el hermano de Moisés, como un profeta.

- El 66% no pudo poner en orden eventos importantes del Antiguo Testamento, incluyendo la creación, la caída, el diluvio y el éxodo.

- Únicamente el 13% fue capaz de colocar en orden los eventos más importantes de la vida de Pablo y Jesús.

- Únicamente el 35% supo buscar en Éxodo la primera celebración de la Pascua.

- Únicamente el 35% sabía que el Sermón del Monte se encuentra en los Evangelios.

- El 51% colocó la frase «En el principio ya existía el Verbo» en Génesis (Se encuentra en Juan 1).

Claramente tenemos que recuperar lo perdido. Sin embargo, la falta de conocimiento no es solamente un problema de los adolescentes; constituye un problema de los líderes de jóvenes también.

¿Recuerdas el examen nacional sorpresa para los líderes de jóvenes que aparece en el capítulo anterior? Tómate unos segundos para corroborar tus respuestas y compáralas con el orden histórico de estas personas de la Biblia:

Noé

Abraham

Moisés

Sansón

Rey Saúl

Daniel

Ester

Pablo

¿Cómo te fue? Si no anotaste un 100, te diré que eres uno de muchos. De acuerdo con el resultado de la encuesta nacional, únicamente el 12% de los líderes de jóvenes han podido poner en orden el nombre de estos individuos.

¿Por qué es importante esta cuestión? Primero que nada, porque las personas mencionadas en este examen no son personajes intrascendentes de la Biblia. Cada uno de ellos representa una posición clave en la revelación de la historia de Dios.

Obviamente, no es cuestión de memorizar hechos; cualquiera puede aprender la lista sin acercarse ni un milímetro más a Dios. De hecho, el asunto es aumentar nuestro conocimiento de la Palabra de Dios poniendo atención a lo que es importante para Dios, con el único propósito de que crezca nuestra intimidad con él.

Dios nos dio su Palabra para que lo conozcamos mejor. Si estas estadísticas nos sirven como indicadores, tenemos un largo camino por recorrer.

A una generación de extinguirse

Uno de los grandes retos para el ministerio juvenil es preparar a los adolescentes para los muchos desafíos que la vida adulta les planteará en su camino: *¿Cómo encuentro a Dios en medio del dolor y la tragedia? ¿Cómo puedo romper este hábito que me está destruyendo? ¿Cómo puedo vencer esta tentación? ¿Por qué no puedo encontrar trabajo?*

La forma en que nuestros jóvenes respondan a estas y otras circunstancias estará muy relacionada con el cuadro completo que tengan de Dios y su habilidad para encontrarlo en medio de los desafíos. La adolescencia es una edad adecuada para avanzar en el desarrollo de la fe. De hecho, no hay otra etapa de seis años en la vida que produzca mayor desarrollo espiritual que los años de la adolescencia. El ministerio juvenil tiene una gran ventana de oportunidades totalmente abierta para impactar en este desarrollo y ayudar a los jóvenes a obtener el conocimiento correcto. Parecería que no hemos estado aprovechando esta ventana.

Declaraciones como la de Josh McDowell y George Gallup Jr. suenan muy parecidas a las de nuestro hombre, Oseas.

«La iglesia está a una generación de extinguirse», predijo Gallup en 1997[22].McDowell llegó a la misma conclusión, y atrevidamente tituló así su reciente libro que habla sobre los adolescentes de hoy: *La última generación de cristianos*. Como una reminiscencia del lamento de Oseas: «Por falta de conocimiento mi pueblo ha sido destruido», ambos hombres señalaron que la iglesia está aflojando en su adherencia a la verdad, respaldando así sus alarmantes predicciones.

Apréndete esto del derecho y del revés

¿Cómo es posible que la gente de Dios, y en especial la generación de los adolescentes, resulte destruida por una falta de conocimiento? ¿Será que es la propia *ausencia* de conocimiento la que destruye?

Probablemente no. Se destruyen por el suicidio, por la pornografía en Internet, por el abuso de substancias, por el sexo prematrimonial, y por las enfermedades de transmisión sexual. Con posterioridad, lo que los destruye son los matrimonios fallidos, el consumismo y la avaricia, a la que la Biblia llama idolatría. Resultan devastados por la culpa que los incapacita, por lamentarse de los errores cometidos en el pasado y por las decisiones tomadas cuando la línea entre lo que está bien y lo que está mal les resultaba borrosa. Se destruyen por no conocer de primera mano a Dios, quien tiene un mejor destino en mente para ellos, ese Dios que quiere llamarlos, salvarlos y preservarlos.

Oseas concluyó su oráculo con una última súplica, que no solo se aplica a su profecía sino a todo el contenido de la Palabra de Dios. «El que es sabio entiende estas cosas; el que es inteligente las comprende» (Oseas 14:9).

Capítulo 4
Abordar la Palabra de un modo periférico

Es una inmensa ironía que una generación que ha tenido acceso a lo mejor de la exégesis bíblica, aun entre el llamado «clero educado», sea tan indiferente a ella. **Eugene Peterson,** *Eat This Book*

¿Qué es lo que te incomoda acerca de dirigir a los adolescentes en el estudio de la Biblia?

Todos tenemos algo que nos frena. Tal vez sea una pregunta de algún joven, que siempre está pensando, y nosotros tememos que eso desemboque en una confusión de todo su sistema de fe. Posiblemente sea la falta de confianza en nuestras habilidades. O quizás se trate del principio del cazador: Solo tienes una oportunidad para impactar a tu presa, y si lo echas a perder (por aburrimiento) nunca más abrirán la Biblia. En un nivel más profundo, es probable que no estemos seguros de creer todo lo que encontramos allí.

O tal vez sea de todo un poco.

Lo único que se necesita es un simple titubeo para que se produzca el efecto de un tronco que se atraviesa en el río, causa un atascamiento, y hace que otras barreras se unan a él. Cuando el riesgo pesa más que los beneficios, nos acobardamos frente a la tarea y es fácil que la dejemos y nos ocupemos de otras cosas importantes en el ministerio juvenil, tales como construir relaciones, realizar experiencias misioneras, planificar la alabanza, y hasta encarar la bendita recaudación de fondos. Cuando finalmente decidimos meternos en el estudio bíblico, lo más probable es que sea únicamente con el dedo gordo del pie.

¿Enseñanza más profunda?

Recientemente entrevisté a voluntarios y a líderes de jóvenes asalariados de 27 iglesias en un área metropolitana, para preguntarles acerca de sus intentos por realizar estudios bíblicos.

Únicamente el 70% de estos ministros me dijo que tenía un tiempo señalado para que los jóvenes asistieran voluntariamente a una experiencia de enseñanza más profunda como un grupo pequeño de estudio bíblico, de discipulado o un grupo de rendición de cuentas.

A simple vista, el 70% parece un dato reconfortante. Pero luego les solicité a esos líderes que describieran, usando las categorías que daré a continuación, cómo utilizaban ese tiempo:

1. Debate de problemas

2. Charla devocional dirigida por el líder

3. Lectura de la Palabra y discusión

4. Estudio bíblico profundo

De ese 70%, *ninguno* de los líderes describió su tiempo de enseñanza más profunda como un estudio bíblico profundo. El formato más popular fue el debate de problemas, la opción más superficial de todas. Cuando se les preguntó acerca de la preparación de su tiempo de enseñanza, las repuestas fueron difusas, variando desde «improviso», «copio algo de aquí y de allá», hasta «le doy unos pellizcos al plan de estudios».

Dejados a la deriva, nuestros intentos de dirigir un estudio bíblico por lo general siguen el camino de la menor resistencia. Nos encontramos entonces dedicando muy poco o nada de tiempo a prepararnos, y permitiendo que las tareas más inmediatas o urgentes empañen lo más importante.

Estoy convencido de que no hay grupo más concienzudo de personas en este planeta que los líderes de jóvenes de la iglesia o de ministerios paraeclesiásticos, sean estos voluntarios o rentados. Queremos lo mejor para los adolescentes que están a nuestro cargo, y estamos dispuestos a recorrer la milla extra para alcanzarlo. Si hay una falla en nuestros concienzudos intentos, es porque tratamos de cumplir con demasiadas cosas en nuestra agenda, y dejamos que lo bueno desplace a lo mejor.

El estudio bíblico, que aparentemente no es algo urgente, puede mantenerse totalmente tapado por todos los otros recursos que tenemos en nuestras oficinas, ocultando las Escrituras. Y, enfrentémoslo, en ocasiones la Biblia no nos parece del todo práctica. No se vende por sí misma como algo que pueda solucionar cosas a corto plazo... ¡y nosotros esperamos ver los cambios en nuestros jóvenes *ahora*! (Ellos mismos también quieren que sucedan las cosas *ahora*).

Sin embargo, si escuchas atentamente a Jesús, lo vas a oír hacer un llamado urgente al estudio bíblico, señalando la habilidad que tienen las Escrituras para producir cambios a corto y largo plazo en la vida de los jóvenes.

Consideremos dos de las metas prominentes de los ministerios juveniles, los dos ítems de la agenda que ocupan mayor cantidad de tiempo y recursos: Ayudar a los adolescentes a vencer la tentación y animarlos a que compartan su fe. Veamos lo que Jesús tiene para decirnos acerca de cómo la Palabra de Dios nos puede ayudar a alcanzar esas dos metas.

Vencer la tentación

¿Recuerdas aquella canción antigua que se cantaba en la Escuela Dominical sobre el hombre sabio que construyó su casa sobre la roca? ¿Sabes lo que representa esa analogía o qué es lo que significa la roca? La canción nunca da la respuesta, únicamente nos dice que el hombre fue sabio porque construyó su casa sobre la roca, cosa que me suena a tener sentido común.

La conclusión obvia es que Jesús es la roca. Pero cuando Jesús dio esta ilustración, él fue un poco más específico.

«¿Por qué me llaman ustedes "Señor, Señor", y no hacen lo que les digo? Voy a decirles a quién se parece todo el que viene a mí, y oye mis palabras y las pone en práctica: Se parece a un hombre que, al construir una casa, cavó bien hondo y puso el cimiento sobre la roca. De manera que

cuando vino una inundación, el torrente azotó aquella casa, pero no pudo ni siquiera hacerla tambalear porque estaba bien construida. Pero el que oye mis palabras y no las pone en práctica se parece a un hombre que construyó una casa sobre tierra y sin cimientos. Tan pronto como la azotó el torrente, la casa se derrumbó, y el desastre fue terrible» (Lucas 6:46-49).

De acuerdo con Jesús, la persona sabia es la que oye la Palabra de Dios y la pone en práctica. El proyecto de construcción del que él estaba hablando no era únicamente cuestión de colocar el fundamento cerca de un montón de piedras (como solía yo imaginarme de pequeño en mi clase de la Escuela Dominical). Jesús describió que construir sobre la roca era excavar, penetrar en lo profundo de la roca y *después* colocar los cimientos. Eso requiere de un poco más de trabajo.

Pero observemos la recompensa que Jesús describe cuando hacemos esto. Las inundaciones y los torrentes aplastan a los edificios mal construidos, especialmente los que se levantan sobre la arena. Pero la casa sobre la roca se mantiene firme porque fue construida correctamente.

Que esa sea la imagen que tengan nuestros jóvenes al navegar por los torrentes de la adolescencia. Que la fe gane sobre cualquier tentación porque está firme y bien construida. ¿Y cómo se llega a ese estado? Como hemos visto, una de las formas más importantes es escuchar las palabras de Jesús y ponerlas por obra.

En los siguientes capítulos abordaremos el cómo más detalladamente. Pero por ahora, navega mentalmente por un momento a través de tu agenda ministerial. En ese calendario tan abarrotado, ¿cuándo tienen la oportunidad tus jóvenes de escuchar las palabras de Jesús? Debes tener presente que ese tipo de escucha requiere de algo más que simplemente divulgar información. Podrías estar proveyéndoles regularmente la oportunidad de oír las palabras de Jesús a través de lecciones, pláticas y otras situaciones similares, pero, ¿realmente las *escuchan*? ¿Se lleva a cabo un proceso en el que los jóvenes sean capaces de oír, indagar y metabolizar?

El apóstol Pedro en 2 Pedro arroja un poco de luz acerca de cómo realizar esto. Escribiéndoles a creyentes bien fundamentados en su fe, él les recordaba varias formas en las que podían mantenerse espiritualmente productivos y evitar tropezar (otras grandes metas para los ministerio juveniles).

Uno de los recordatorios más sinceros se encuentra en 2 Pedro 1:19: «Esto ha venido a confirmarnos la palabra de los profetas, a la cual ustedes hacen bien en prestar atención, como a una lámpara que brilla en un lugar oscuro, hasta que despunte el día y salga el lucero de la mañana en sus corazones».

Ya sea que el mensaje profético de Pedro haga mención a los profetas del Antiguo Testamento, a las profecías Mesiánicas, o a todo el Antiguo Testamento (todas estas opciones son posibles), lo más seguro es que se trate de una referencia a la Palabra escrita de Dios. Y debemos prestarle atención «así como a una lámpara que brilla en un lugar oscuro» hasta que algo suceda.

Pero, ¿qué?

Que «salga el lucero de la mañana» suena bastante a la segunda venida de Jesús. Pero observemos de nuevo. El amanecer, en este pasaje, sucede en *nuestros corazones,* lo que significa que puede ocurrir *ahora.* Y, por supuesto, no se requiere indagar mucho para darse cuenta de quién es aquel al que Pedro llama la estrella de la mañana (echemos un vistazo a Apocalipsis 22:16).

Abreviando, Pedro nos quiere decir que prestemos atención a la Palabra escrita de Dios hasta que algo amanezca en nosotros como un foco que ilumina una habitación oscura, hasta que Jesús mismo resplandezca en nuestros corazones.

Probablemente tú hayas experimentado esto antes. Ese momento en el que dices: *¡Ah, ajá!*, *¡oh, vaya!*, el momento del asombro.

Los momentos de asombro deben ser la meta para cualquier tiempo de estudio bíblico, ya sea que se trate de un tiempo personal de estudio de las Escrituras o de un tiempo de estudio por grupos pequeños. Pero los momentos de asombro pueden resultar escurridizos. Permanecen debajo de la superficie a menos que indaguemos más, tal como Jesús lo describe.

Entonces, en esos momentos el escuchar se transforma en *apropiarse.*

Y cuando nos apropiamos de lo oído, lo hacemos. De hecho, cumplimos el segundo prerrequisito de Jesús para ser un constructor sabio: poner sus palabras por obra.

En la analogía de Jesús, poner por obra es lo que asegura que la edificación se afirme sobre la roca. El hombre que construyó una casa sin fundamentos escuchó las palabras de Jesús, pero falló en ponerlas en práctica.

Así que si esperamos ayudar a los jóvenes a vencer la tentación, nuestro enfoque educativo debería ser algo así: Proveer oportunidades para que los jóvenes presten atención a las palabras de Dios y para que las profundicen hasta que Jesús resplandezca en sus corazones.

¿Te das cuenta de que un encuentro tan personal con Jesús les daría a tus jóvenes el ánimo para resistir las trampas de las tentaciones que enfrentan como adolescentes, les proporcionaría discernimiento para ver más allá de la trampa que el enemigo les está tendiendo, y les otorgaría la sabiduría para refutar las vanas filosofías que andan a su alrededor? ¿Percibes cómo les ayudaría a tener una fe bien construida?

Posiblemente hayas escuchado este acróstico PUSH (Pray Until Something Happens), Ora Hasta Que Algo Suceda. Tal vez deberíamos hacer algo semejante con el estudio bíblico: HUSH (Hear Until Something Happens), Escucha Hasta que Algo Suceda.

Hablar a otros de la fe

El ministerio juvenil es una de las armas más eficaces de la iglesia para evangelizar. Siendo que la gran mayoría de los adultos cristianos se convirtieron antes de los dieciocho años[23], la iglesia debería invertir significativamente sus recursos apuntando a los alcances que pueda tener el ministerio juvenil. Muchos de los pastores de jóvenes y de los voluntarios en el ministerio juvenil tienen un don de evangelización y amor que ejercen entre los adolescentes. Además, un gran porcentaje de los recursos para el ministerio juvenil se destinan a ayudar a los jóvenes a saber cómo pueden hablarles a otros de su fe.

Pero, ¿qué si hubiera algo aún más eficaz, algo que ayudara a cosechar de una mejor manera a la generación de adolescentes? De hecho, Jesús nos provee de una mejor manera en la muy conocida parábola del sembrador.

Tú conoces la historia. Un sembrador salió a sembrar sus semillas. Unas cayeron en tierra rocosa, otras fueron devoradas por las aves, y otras produjeron plantas raquíticas que se marchitaron con el sol. Pero algunas cayeron en buena tierra, y es allí donde apreciamos que se produjo un crecimiento asombroso. «Pero el que recibió la semilla que cayó en buen terreno es el que oye la palabra y la entiende. Éste sí produce una cosecha al treinta, al sesenta y hasta al ciento por uno» (Mateo 13:23).

Jesús explicó esta parábola diciendo que la buena tierra se refiere a las personas que escuchan la Palabra, que la entienden (Mateo) y la retienen (Lucas). «Pero la parte que cayó en buen terreno son los que oyen la palabra con corazón noble y bueno, y la retienen; y como perseveran, producen una buena cosecha» (Lucas 8:15). Esas personas producen una cosecha que es exponencialmente más grande de lo que se sembró. No es simplemente más de lo que se sembró, como una simple suma, sino hasta *cien veces* más de lo que se sembró, ¡como una exuberante multiplicación!

Eso es crecimiento. Un grupo de cincuenta creyentes tiene el potencial de crecer hasta convertirse en cinco mil. Y aun si Jesús se estuviera refiriendo a lo interno, nuestros corazones, como el objetivo de este crecimiento (una aplicación creíble), los jóvenes que experimentaran tal madurez espiritual sin duda alguna estarían atrayendo a otros jóvenes.

Pero pensemos esto por un momento. ¿Nos habíamos dado cuenta de que los cuatro tipos de tierra *escucharon* la Palabra? En el caso de los primeros grupos, la palabra entró por un oído y salió por el otro, lo que por lo general nos imaginamos que sucede con nuestros jóvenes en el tiempo de estudio bíblico. Únicamente la semilla que cayó en tierra blanda fue la que *escuchó, entendió, retuvo* la Palabra, y experimentó el crecimiento exponencial.

Me gustan mucho las palabras que Mateo y Lucas usan en este caso. La palabra traducida como *entiende* (*suniemi*) en Mateo conlleva la idea de organizar hechos individuales en un todo como recolectando piezas de un rompecabezas y colocándolas todas en su lugar[24]. (Si has sido afortunado como para escuchar decir a un joven: «¡Todo está empezando a tener sentido ahora!», eso es *suniemi*). La palabra también expresa una participación del que escucha en procesar lo que ha escuchado.

Posiblemente has escuchado la frase «Un trabajo no está hecho hasta que no esté bien hecho». Aplicando el mismo principio, la Palabra de Dios no ha sido realmente escuchada hasta que no haya sido comprendida.

En los días del Nuevo Testamento, retener (según las palabras de Lucas, *katecho*) significaba agarrarse o aferrarse[25]. Piensa en cómo te aferrarías si estuvieras viajando en la parte de afuera de un tren. El historiador griego Filón describió esta palabra como tener una gran pasión por el bien y la virtud, o apoderarse de una verdad o idea y abrazarla con celo y entusiasmo[26]. Si nos aferramos a la palabra de Dios como si estuviéramos aferrándonos a la preciada vida y le damos vueltas en nuestra mente hasta que esa verdad se apodera de nosotros, entonces podemos apostar a que estamos en buen camino, rumbo a experimentar una fe más profunda.

¿No sería fantástico encontrarnos con un libro titulado *Dos pasos para hacer crecer tu ministerio juvenil,* y que lo único impreso en sus páginas fuera la parábola del sembrador? Paso uno: Escucha las Palabras de Jesús. Paso dos: Entiéndelas y retenlas. En nuestro esfuerzo por evangelizar a los jóvenes, ¿no deberíamos tomar más en serio esta parábola?

La pregunta de fondo es: *¿Qué es lo que está sucediendo en nuestros ministerios juveniles que impide que nuestros jóvenes entiendan las palabras de Jesús? ¿Qué ocurre que no logramos que los dichos de Jesús den vuelta en sus mentes hasta que se apoderen de ellas?*

El ministerio juvenil tiene suficientes recursos como para ayudar a los adolescentes a compartir su fe. Pero Jesús proveyó un marco de referencia para evaluar esos recursos y crear nuestro propio enfoque de enseñanza. ¿Será que los estamos llenando de técnicas y a la vez descuidamos el ayudarlos a entender la Palabra de Dios? Porque entender la Palabra es lo que conduce al crecimiento exponencial. Es lo que permite un estilo de vida con evangelización. Es lo que equipa a los jóvenes para que den respuestas cuando les preguntan sobre su esperanza (1 Pedro 3:15). Es lo que les da el valor para atraer al escéptico.

Lograr que se vuelva realidad

Tal vez ya te estás preguntando cuándo será posible que suceda eso de indagar más profundamente y entender en medio de una semana de ministerio como la tuya que se desliza a toda velocidad. Considerando nuestros horarios ya totalmente llenos, ¿cómo podremos introducirnos al estudio de la Palabra?

Puede ser que te ayude el saber que precisamente lo que tus jóvenes están buscando es ser atraídos por la Palabra. La revista *Time* recientemente citó un estudio que investigaba entre 2400 adolescentes qué era lo que ellos buscaban en una iglesia[27].La respuesta que más votos obtuvo como «muy importante» y «bastante importante» fue... «Entender mejor lo que yo creo» (71%).

Ahí está de nuevo la misma palabra: *entender*. Casi tres cuartas partes de nuestros adolescentes se están alistando para experimentar el crecimiento que Jesús prometió, y nos hacen saber que están preparados y listos para ser «la buena tierra».

En esa misma encuesta, el 36% de los jóvenes calificó el «participar de un estudio de las Sagradas Escrituras» como «importante» o «muy importante». Considerando la elección de estas palabras, tan poco amigables para los adolescentes, un 36% es impresionante.

En mi propia investigación encuesté a 400 pre-adolescentes y adolescentes de diferentes iglesias prósperas. En esa encuesta, el 32% de ellos indicó que deseaban un estudio bíblico que fuera más profundo dentro de su ministerio juvenil. Curiosamente, solo el 6% dijo que el estudio bíblico que les ofrecían era muy profundo. Con estadísticas como estas, hay lugar para que nosotros subamos con confianza el nivel en cuanto a desafiar a los jóvenes a escuchar las palabras de Jesús, a entenderlas, retenerlas y ponerlas por obra.

En la investigación *Soul Searching* [Examen de conciencia], Christian Smith se sorprendió por la falta de conocimiento religioso y la poca habilidad para expresar las bases de su fe de los adolescentes cristianos. Él concluyó: «Muchos adultos parecen casi intimidados por los adolescentes, temerosos de verse "fuera de moda". Y parecería que muchos líderes juveniles religiosos están sometidos por la presión de mantener entretenidos a los adolescentes. De hecho, sin embargo, nosotros creemos que la mayoría de los adolescentes son enseñables, aun cuando ellos mismos realmente no lo saben o no nos hacen saber que están interesados. Los padres, ministros y mentores adultos necesitan, según nos parece a nosotros, desarrollar más confianza al enseñar a los jóvenes sobre las tradiciones de su fe y esperar una respuesta significativa de parte de ellos. Los adolescentes han aprendido todo lo que saben de alguien o en algún lugar. Muchos jóvenes, de hecho, conscientemente quieren que se les enseñe, y están abiertos a ser influenciados por una buena palabra y ejemplo. Las comunidades de fe no tienen ninguna razón para disculparse o mostrarse inseguras a la hora de enseñar a los adolescentes»[28].

La investigación nos ha confirmado lo que la intuición nos ha estado diciendo: que los adolescentes están listos para que se les presente un desafío espiritual. Tienen entusiasmo como para agregarle diligencia a su búsqueda de Dios. Y mientras tanto, Dios está listo para recompensar al que lo busca con diligencia.

A veces me pregunto si acaso no estamos sentados en un barril lleno de pólvora listo para revolucionarlo todo, y si la prioridad de los líderes juveniles no debería ser simplemente encender la mecha: Conectar a los jóvenes con su buena disposición para un reto con el potencial que Dios tiene para ellos, y después salirnos de su camino.

Impacto mundial

Siempre me han intrigado las instrucciones de mi doctor cuando me receta antibióticos: «Tómate esta medicina hasta acabártela aun cuando los síntomas hayan desaparecido». La razón, por supuesto, es que si no termino de tomarme el medicamento y todavía tengo la bacteria en mi organismo, ella podría desarrollar inmunidad contra esa droga en particular.

Debo admitirlo, seguir tomando una pastilla cuando ya no tengo ningún síntoma es algo que me resulta difícil. Es una instrucción muy fácil de esquivar, pero las consecuencias podrían tener un impacto muy grande.

Lo mismo sucede con el estudio bíblico: es fácil evadirlo, pero las consecuencias son mundiales.

En la privacidad de nuestras oficinas y lugares de reunión de jóvenes, nos resulta difícil creer que nuestras acciones puedan afectar a la iglesia globalmente, o que nuestros programas puedan tener un impacto en un nivel generacional. Pero sí lo tienen.

Cuando discipulamos a los jóvenes con la Palabra en medio de una agenda ministerial muy ocupada, nos resulta fácil tomar una parte del programa de la biblioteca y presentarnos como si estuviéramos listos para el estudio. Toda nuestra profundidad consiste en escanear las páginas que tienen la inscripción en negrita que señala: «di esto».

Admito que hay semanas tan llenas de ocupaciones que esto tiene que bastarnos. Y es verdad, se pueden encontrar buenos estudios bíblicos en diferentes libros. Pero una dieta constante de lecciones sacadas de una lata no va a producir los cambios duraderos que deseamos ver en nuestros jóvenes. No es que usar «comida enlatada» sea pecado o algo malo, pero la verdad es que nunca vamos a encontrar esa cercanía con las Escrituras que estamos buscando. La Palabra de Dios cambia los corazones de los líderes antes de que ellos siquiera se puedan acercar a su pueblo.

Resulta tentador tomar el camino del menor esfuerzo. Programar actividades que los jóvenes disfruten. Preparar pláticas que hagan que los jóvenes se rían, o aun que los hagan llorar. Hacer que la meta del estudio bíblico sea un buen debate.

Pero escuchar, entender y aplicar las palabras de Jesús son cosas que metemos forzadamente en nuestra programación en lugar de ser los elementos sobre los que construimos nuestro ministerio. O lo que es peor aún, las eliminamos por completo.

Mientras tanto, montones de recursos apilados en nuestras oficinas intentan ayudarnos a alcanzar todas las metas establecidas por la agenda de nuestros ministerios, cuando precisamente debajo de nuestras narices, y tapado por todos los otros recursos, se encuentra el recurso más importante e inexplorado, y el que promete la mejor recompensa para nuestros ministerios juveniles: la Palabra de Dios.

Así que adelante, considéralo como un juego de Jenga y cuidadosamente saca la Biblia de debajo de todos los libros apilados. Luego échale un vistazo. Es más práctica de lo que piensas.

Capítulo 5
¿Es la B-I-B-L-I-A un libro para el ministerio juvenil?

Éstos confían en sus carros de guerra, aquéllos confían en sus corceles, pero nosotros confiamos en el nombre del Señor nuestro Dios. Salmo 20:7

Abrir el mar

En los papeles, el estudio bíblico y el ministerio juvenil no se mezclan. Y esa aparente incompatibilidad puede convertirse en nuestra peor pesadilla. Aquellos de nosotros que trabajamos con pre-adolescentes estamos aterrorizados por lo que dura el período de concentración de los pre-adolescentes (o para hablar con más exactitud, por su falta de concentración). Y aquí tenemos este *gran libro* lleno de *palabras* que les pedimos a nuestros jóvenes que *lean,* ¡lo cual constituye una segura receta para el aburrimiento!

Aquellos que trabajan con adolescentes tienen miedo de ser percibidos como irrelevantes o cursis. (Un amigo que también está en el ministerio de jóvenes tiene un envidiable «detector de cosas cursis», una antena interna que puede detectar cualquier factor cursi en casi todos los juegos o actividades antes de que sean probadas. Muchas veces me encuentro a mí mismo queriendo pasar por él cualquier cosa que pienso hacer o decir para evitar que mis jóvenes revoleen los ojos o hagan caras). Sin embargo, aquí estamos con este libro lleno de leyes antiguas e historias, que se parece a los libros de texto del colegio, y constituye una combinación destinada a recibir muchos gestos de desagrado e irreverencia.

Pero pensémoslo así: ¿Acaso no es *como si* Dios nos llamara a algo que requiere que enfrentemos nuestros temores más profundos? A través de la Biblia, Dios llama a las personas a unirse a él en esfuerzos en los que si él no obrara parecerían absurdos.

Imaginemos que el Mar Rojo *no* se hubiera abierto en el momento en el que Moisés con tanta seguridad sacó su vara y levantó su mano sobre el mar. Pensemos en esas más de seis millones de personas encogiéndose de hombros, dándole al pobre Moisés un saludo condescendiente, y arrastrando sus pies de regreso a Egipto. *«¡Qué bobo!»,* habrían murmurado susurrando por lo bajo.

Supongamos que los muros de Jericó *no* hubieran caído cuando Josué y el pueblo marcharon alrededor de la ciudad. ¡Eso sí que hubiera provocado miradas! Las trompetas sonando, la gente gritando, y las murallas… ¡ahí! Por supuesto que Josué no habría tenido que soportar por mucho tiempo las miradas, puesto que el ejército de Jericó habría sido alertado por todo el alboroto de las trompetas de que el enemigo se encontraba afuera. ¡Qué fracaso!

Pero este es el punto: las murallas *sí cayeron*. El Mar Rojo *se abrió*, Dios cumplió, y Josué y Moisés se agregaron a la lista de los que confiaron en Dios para llevar a cabo lo encomendado, aun corriendo el riesgo de verse como locos.

Dependencia radical

Me pregunto si Dios no querrá incluirte en esa lista. Si me permites ser atrevido, te preguntaré: ¿Hay algo en tu vida que te haga ser absolutamente dependiente de lo que Dios llevará a cabo? Si estás a cargo del ministerio juvenil, seguro que existen por lo menos un par de cosas. ¿Pero qué otra cosa? ¿Por qué no dirigir a tus jóvenes en un viaje a través de las Escrituras en una forma en la que tengas que confiar que la Palabra de Dios hará lo que dice que puede hacer?

¿Qué es lo que la Palabra puede hacer? Francamente, depende. Por un lado, la naturaleza implícita de la Palabra de Dios es transformar sin que nosotros levantemos tan siquiera un dedo. Es *viva*. Es *activa*. A pesar de las barreras físicas, tales como una agenda sobrecargada o un lugar inadecuado para una reunión, o las barreras espirituales, como el temor o la duda, es capaz de encontrar su lugar en las partes más profundas de nuestro ser y causar un estremecimiento de convicción (Hebreos 4:12).

Por otro lado, si ponemos una mínima parte de nuestro esfuerzo en buscar a Dios a través de su Palabra, el impacto se incrementará de manera exponencial ¡con la intensidad de la escala de Richter!

Al explicarles a sus discípulos cómo debían conducirse en el mundo después de su partida física, Jesús señaló dos pasos para entrar en acción que les garantizarían su continua relación con él. En Juan 14:21 Jesús dijo que el que *hiciera suyos* los mandamientos y los *obedeciera* estaría demostrando el tipo de amor que su Padre y él buscaban. La palabra griega que traducimos como hacer, conlleva la idea de pertenencia, en este versículo el sentido es traer las palabras de Jesús y sus mandamientos a nuestra vida y hacerlas propias.

Así que, ¿qué clase de conexión esperamos tener con Jesús cuando intensificamos nuestra búsqueda de *obedecer* y *hacer nuestros* sus mandamientos? Mucho mayor. ¡Jesús se revelará a nosotros! La palabra *manifestar* en Juan 14:21 expresa la idea de una manifestación física. Esta no es una manifestación que está reservada para la segunda venida de Cristo; es una manifestación que puede suceder *ahora*. Seremos abrazados por el calor del amor de Dios y podremos experimentar la presencia palpable de Jesús.

Esto no es algo que Dios tenga reservado únicamente para campamentos y viajes misioneros. En lugar de eso, es una actitud de confianza que Dios está buscando en cada una de las áreas de nuestra vida y ministerio.

Recuerda un tiempo en el que Jesús se te haya revelado. Puede ser cuando estabas orando, caminando, o estudiando las Escrituras. Ahora imagina a un grupo pequeño de jóvenes reuniéndose para *hacer suyo, y obedecer* lo que Jesús ha dicho. Imagínatelos perseverando en conocerlo hasta el punto en el que se sientan sobrecogidos por el amor de Dios y asombrados por la presencia de Cristo. Ese tipo de encuentro es la promesa que ha salido de la misma boca de Jesús.

Verlo en las Escrituras

Las Escrituras están llenas de preposiciones condicionales (como *si...,* y *entonces*), similares a la que vemos en Juan 14:21; mandamientos que aseguran una gran recompensa cuando los ponemos en acción. Estas no son recompensas de prosperidad, sino recompensas de presencia, recompensas que nos harán encontrar a Dios o experimentar beneficios espirituales de parte de él únicamente si cumplimos con ciertas condiciones. (Échale un vistazo a Deuteronomio 4:29-31 y Jeremías 29:11-13).

En particular, vale la pena destacar un proverbio «si... entonces». Proverbios 2 es una introducción escrita por Salomón para su hijo, preparándolo para la sabiduría que Salomón le expondría, sabiduría que provenía de Dios. Estas palabras también pueden servirnos como una maravillosa introducción a nosotros, no solo por la sabiduría que fluye del libro de Proverbios, sino de toda las Escrituras.

Este pasaje constituye un ejemplo clásico de la fórmula «si..., entonces». Los *si*, vienen en la forma de frases que reflejan acción; los *entonces* constituyen el resultado de las acciones. Tómate unos minutos para reflexionar en las palabras de Salomón en Proverbios 2. Al hacerlo, escribe en el espacio provisto todas las frases de acción (los *si*), y luego, los resultados prometidos en el pasaje (los *entonces*).

¹ Hijo mío, si haces tuyas mis palabras
*   y atesoras mis mandamientos;*
² si tu oído inclinas hacia la sabiduría
*   y de corazón te entregas a la inteligencia;*
³ si llamas a la inteligencia
*   y pides discernimiento;*
⁴ si la buscas como a la plata,
*   como a un tesoro escondido,*
⁵ entonces comprenderás el temor del Señor
*   y hallarás el conocimiento de Dios.*
⁶ Porque el Señor da la sabiduría;
*   conocimiento y ciencia brotan de sus labios.*
⁷ Él reserva su ayuda para la gente íntegra
*   y protege a los de conducta intachable.*
⁸ Él cuida el sendero de los justos
*   y protege el camino de sus fieles.*
⁹ Entonces comprenderás la justicia y el derecho,
*   la equidad y todo buen camino;*
¹⁰ la sabiduría vendrá a tu corazón,
*   y el conocimiento te endulzará la vida.*
¹¹ La discreción te cuidará,
*   la inteligencia te protegerá.*
¹² La sabiduría te librará del camino de los malvados,
*   de los que profieren palabras perversas,*
¹³ de los que se apartan del camino recto
*   para andar por sendas tenebrosas,*
¹⁴ de los que se complacen en hacer lo malo
*   y festejan la perversidad,*
¹⁵ de los que andan por caminos torcidos
*   y por sendas extraviadas.* Proverbios 2:1-15

Acciones	Resultados

Piensa por un momento en tu método de estudio de la Biblia, tanto el cuándo como el cómo lo haces. Ahora considera las acciones demandadas en Proverbios 2 y compáralas con tu método. ¿Cuándo fue la última vez que le pediste a Dios que te diera comprensión? ¿Todavía sigues excavando o vives de comprensiones pasadas o del entendimiento de otros?

Ahora considera tu trabajo con los jóvenes y todos los elementos del programa de tu ministerio juvenil: El discipulado. Los eventos evangelísticos. Los grupos pequeños. La Escuela Dominical. En medio de toda esa mezcla, ¿se les da la oportunidad a los jóvenes de que lleven a cabo todas las acciones que se describen en Proverbios 2?

La recompensa

Ahora llega la parte divertida. Piensa en las metas que te has propuesto en tu ministerio juvenil. Considera lo que deseas que pase en la vida de tus jóvenes y cómo los quieres equipar para la vida adulta. (Adelante, yo te espero). Compara esos resultados y metas con Proverbios 2.

Posiblemente te hayas sorprendido al darte cuenta de que las metas de Proverbios 2 son bastante similares a la lista de metas que podrían salir de una mesa redonda con otros líderes de jóvenes. Hablamos de que queremos que los jóvenes respeten y obedezcan a Dios, que descubran la voluntad del Señor, que escojan el camino correcto, que tomen buenas decisiones, y que disciernan cuando Satanás los quiere engañar.

Estas son las buenas noticias: No importa a qué experto en adolescencia le preguntes sobre ellos, te dirá que una de las características que tienen en común es el deseo de enfrentar desafíos. Los jóvenes de hoy están buscando causas auténticas para entregarse por completo a ellas. Nada en la vida les promete una mejor recompensa que la diligencia en buscar a Dios. Esa es fruta madura en la cultura de los adolescentes que prácticamente se está cosechando por sí misma.

Dan Kimball en su libro *La iglesia emergente* describe a los jóvenes y a los jóvenes adultos de la edad posmoderna como deseosos del «cristianismo antiguo». El cristianismo en su forma más cruda, que sin muchos rodeos nos llama a enfocar nuestras prioridades en el reino de Dios. Con respecto a la adoración, esta gente busca «una exposición completa de espiritualidad» para poder experimentar y ser transformados por el mensaje de Jesús[29].

Lo que Kimball cita con respecto a la adoración también puede decirse del estudio bíblico.

Confía como si lo creyeras

Proverbios nos muestra una aproximación a las Escrituras que despliega confianza en que la Palabra de Dios hará lo que dice que puede hacer. También revela que se producirán resultados precisos si tenemos esta confianza. Si has estado en el ministerio juvenil más de dos años, sabes de qué se tratan los otros métodos.

Una hora de tremendo debate despliega la confianza que tenemos en nuestra propia habilidad para ser culturalmente relevantes. Una hora de enseñanza eficaz despliega la confianza en los estilos de aprendizaje. Una hora de presentaciones multimedia ardientes despliega confianza en las opiniones acerca de aquello a lo que los adolescentes le prestarán atención.

Ninguno de esos métodos es malo. De hecho, cada uno de ellos resulta necesario. Pero si se convierten en un indicador de aquello en lo que estamos confiando, el caso sería entonces que estamos confiando en todo *menos* en la Palabra de Dios.

Si crees que la Escritura es una herramienta eficaz, entonces también tienes que creer que puede dirigirse a los adolescentes en sus diferentes estilos de aprendizaje. Puede encargarse de la idiosincrasia de cualquier cultura. Y puede entregar el mensaje incomparable de Dios a través de las cambiantes eras de la historia, incluyendo la era de la posmodernidad.

Así que estamos de regreso a nuestra pregunta original: ¿Hay algo en tu vida y ministerio que te lleve a depender radicalmente de Dios? Como Moisés y Josué, ¿estás listo para llevar a tus jóvenes en un viaje a través de la Palabra de Dios en el que te sientas como tonto e inadecuado si Dios no hace algo? Posiblemente no sea tan riesgoso como parece.

Dejarse caer con confianza

Prueba este rápido ejercicio: Piensa en cinco o diez jóvenes y a continuación elabora una lista de las actividades en las que ellos están intensamente involucrados, tales como estudios, atletismo, música o juegos.

Imagina cuántos escalones han tenido que subir para mejorar en esas áreas, las destrezas que han perfeccionado, las lecciones que han tomado, el tiempo que han invertido, la iniciativa que han demostrado. ¿Ya te has hecho una idea? Lo que has descubierto son dos cosas en las que los historiadores, sociólogos y teólogos están de acuerdo con respecto a los adolescentes: *Ellos se van a entregar a lo que creen que vale la pena. Y están dispuestos a ser desafiados.*

En una tarde calurosa de agosto pasé conduciendo mi automóvil por la práctica de fútbol americano de nuestra escuela local. Vi a un jugador corriendo solitario los cuarenta metros mientras sus amigos le tomaban el tiempo con un cronómetro. No había entrenadores. No había observadores. Todos los demás jugadores ya se habían ido a casa después de la práctica. A pesar del calor del verano, ese jugador estaba dispuesto a mejorar sus habilidades. Era un vivo retrato del factor de entrega que algunos tienen.

Repasa los «si» que encontraste en Proverbios 2. ¿Habrá un paralelo entre esas características inherentes a los jóvenes de hoy y la clase de intensidad que Dios reclama para cuando nos abrimos a su Palabra?

Con un poco de estímulo, los jóvenes estarán felizmente dispuestos a incrementar la intensidad de su dedicación a las Escrituras.

¿Recuerdas el bien conocido juego de dejarse caer con confianza? En ese ejercicio, para afianzar el trabajo en equipo, a alguien se le pide que se deje caer de espaldas confiando en que el equipo lo sostendrá. El pedirles a los jóvenes que aumenten la intensidad de su dedicación a las Escrituras a muchos líderes de jóvenes les suena como si les estuvieran solicitando que se dejaran caer con confianza. Cuando uno da el primer paso y empieza a caer, se pregunta: ¿Quién va a sostenerme? Posiblemente te preguntes lo mismo con respecto a la Biblia cuando les pidas a tus jóvenes que se comprometan con un pasaje de las Escrituras. ¿Me sostendrán? ¿O me veré como un estúpido?

La Palabra en la Palabra

Estas son algunas de las cosas que Dios dice sobre las Escrituras. Mientras lees estas palabras, escribe en el margen lo que Dios declara que *la Palabra* puede hacer. Estas son las verdaderas razones por las que puedes confiar.

La ley del Señor es perfecta:
    infunde nuevo aliento.
  El mandato del Señor es digno de confianza:
    da sabiduría al sencillo.
Los preceptos del Señor son rectos:
    traen alegría al corazón.
  El mandamiento del Señor es claro:
    da luz a los ojos.
El temor del Señor es puro:
    permanece para siempre.
  Las sentencias del Señor son verdaderas:
    todas ellas son justas.
Son más deseables que el oro,
    más que mucho oro refinado;
  son más dulces que la miel,
    la miel que destila del panal.
Por ellas queda advertido tu siervo;
    quien las obedece recibe una gran recompensa.
Salmo 19:7-11

    ¿No es acaso mi palabra como fuego, y como martillo que pulveriza la roca? —afirma el Señor—. **Jeremías 23:29**

Pero tú, permanece firme en lo que has aprendido y de lo cual estás convencido, pues sabes de quiénes lo aprendiste. Desde tu niñez conoces las Sagradas Escrituras, que pueden darte la sabiduría necesaria para la salvación mediante la fe en Cristo Jesús. Toda la Escritura es inspirada por Dios y útil para enseñar, para reprender, para corregir y para instruir en la justicia, a fin de que el siervo de Dios esté enteramente capacitado para toda buena obra. 2 Timoteo 3:14-17

Ciertamente, la palabra de Dios es viva y poderosa, y más cortante que cualquier espada de dos filos. Penetra hasta lo más profundo del alma y del espíritu, hasta la médula de los huesos, y juzga los pensamientos y las intenciones del corazón. Hebreos 4:12

Cuando los jóvenes aumentan la intensidad con la que estudian las Escrituras aunque sea un poquito, experimentan el sabor de las promesas que Dios hace en el pasaje de Proverbios 2. Y cuando los adolescentes experimentan estas cosas, ¡lo logramos! Es como dejarnos caer con confianza... sabiendo que hay mil brazos superpoderosos listos para atajarnos.

Más allá de los atajos

David escribió: «Éstos confían en sus carros de guerra, aquéllos confían en sus corceles, pero nosotros confiamos en el nombre del SEÑOR nuestro Dios» (Salmo 20:7). No te será difícil evaluar si estás confiando en caballos, carros o en Dios. Solo echa un vistazo a tu oficina o considera de cerca el calendario de tu ministerio juvenil. No hay nada de malo en usar *caballos y carros,* y aun en maximizar los caballos y los carros si eres lo bastante afortunado como para tener algunos. Pero en un mundo que prospera por usar atajos, es muy fácil que los cristianos cometan un pequeño, casi imperceptible desliz hacia las herramientas y métodos elaborados por hombres que viven separados de Dios.

Los jóvenes de hoy quieren participar. Son capaces de ponerse en marcha para realizar viajes misioneros a corto plazo en tiempo récord. Se anotan como voluntarios para proyectos de servicio en las comunidades. Se enlistan en *lo que sea* que tenga el título de *más profundo.* Eso debería darte la confianza de que la Palabra de Dios hará lo que dice que puede hacer.

¿Sigues nervioso? No te preocupes. Solo significa que Dios te ha llevado a un lugar en el que tendrás que confiar en él. Y es ahí exactamente donde Dios te quiere.

Parte dos
Nuestra búsqueda de Dios

Capítulo 6
Una carta de amor

La Biblia no solo alimenta al corazón hambriento sino al hambre en sí, incrementando constantemente nuestro apetito por conocer más de Dios y por consiguiente nuestra pasión por indagar más profundamente en su Palabra. J.I. Packer, *Truth and Power: The Place of Scripture in the Christian Life* [Verdad y poder: El lugar de las Escrituras en la vida cristiana]

¿Has recibido alguna vez una carta de amor? ¿Una de alguien que realmente te gustara mucho?

Piensa en cómo te sentiste cuando leíste esa carta, y con cuánta emoción la abriste. Es probable que hayas leído esas frases una docena de veces, o más. Leíste entre líneas, a través de las líneas, y sobre las líneas. Si eres del sexo femenino, tal vez hasta la hayas compartido con tus amigas. Si eres varón, lo más probable es que no, que la mantuvieras guardada, posiblemente en tu bolsillo de donde la podrías sacar para volver a leerla una vez más.

Y lo más probable es que la hayas respondido.

Ahora piensa en lo que se siente al mandar una carta de amor. Es todo un juego diferente. Te expones, esperando ansiosamente que esa persona especial que está del otro lado la lea de la forma en que tú esperas, entre las líneas, a través de las líneas y sobre las líneas.

Y esperas que te responda.

Dos cartas de amor

Yo he mandado dos cartas de amor sumamente importantes en toda mi vida. Donna era la chica más linda del tercer grado, y su escritorio estaba justo detrás del mío. Después de soportar un perdurable enamoramiento de varios días, decidí arriesgarme. Una mañana hice el borrador clásico de los sí y no de una carta de amor y me armé de coraje para entregársela al inicio de la clase.

La respuesta que me dio en la fila del almuerzo era imposible de descifrar para mi cerebro de tercer grado: «Tal vez la rompa, o la ponga debajo de mi almohada».

¿Qué?

Pero debió funcionar. Donna y yo nos hicimos novios durante todo ese año escolar y hasta nos lanzamos para continuar en cuarto grado, la movida más difícil de hacer en la escuela primaria.

La primera respuesta de Donna debió haberme asustado, porque la siguiente carta de amor que envié fue recién después de la universidad. Cuando supe mejor cómo hacerlo.

En el primer día de clases de mi segundo año de la universidad conocí a una señorita que instantáneamente me gustó. Compartíamos la misma especialidad y estudiábamos mucho tiempo juntos. Más que nada, nos reíamos bastante. En otras palabras, esa chica me llevó a nuevas alturas en el tema de la interacción. Y me sentía muy bien. Por alguna extraña razón, no existía ninguna presión romántica de parte de ninguno de los dos en nuestra relación. (No que el pensamiento no hubiera cruzado por mi mente. Ya sabes cómo somos nosotros los varones en cuanto a las relaciones: los primeros en entrar, los últimos en salir).

Salimos un par de veces, pero más que nada éramos amigos. De hecho, esa chica me dejó saber mi estatus claramente. Yo era «su amigo más especial en todo el mundo», como el hermano que nunca había tenido.

Ese estatus, por supuesto, es el beso de la muerte.

Adelantemos la historia unos años. Después de la universidad, tanto ella como yo tomamos nuestro propio camino. Y después de varias relaciones, yo vine a darme cuenta de que nadie parecía estar a la altura de mis expectativas. Con ninguna otra chica había logrado el grado de interacción que recordaba en la universidad. Así que, tomando el consejo de un amigo, decidí tirarme de cabeza. Volqué todas mis emociones en una carta. Una carta de amor.

De hecho, un manifiesto de amor.

Recordando mi experiencia de la escuela primaria, retomé el estándar del formato sí y no, y lo transformé en algo más complejo: Dos hojas tamaño oficio escritas por delante y por detrás con todos mis pensamientos, emociones y todas las razones por las que yo creía que seríamos una pareja asombrosa. Y la despaché por correo.

Sin querer entusiasmarme, esperé una semana antes de empezar a pensar en la respuesta. Pero a la semana siguiente me volví obsesivo revisando el correo; casi acosaba al cartero. Todavía sin respuesta, luego de varios meses, di por acabada la búsqueda, humillado. Nunca recibí una respuesta.

Años más tarde, me encontré con ella. Hablamos de los altibajos que cada uno de nosotros había experimentado en los últimos años, y lo mucho que extrañábamos la casi mágica relación que compartimos en la universidad. En algún punto, por casualidad, lo dejé salir. Le dije que en una ocasión yo había puesto todas estas cosas por escrito en una carta dirigida a ella.

Ella me respondió: «¿De veras? ¿Cuál carta?».

Si llegaste a escuchar un lamento cósmico penetrante aquella noche de octubre de 1990, era el mío. ¿Por qué no había gastado más en el envío postal? ¿Era una carta muy grande? Pero al continuar hablando, ella lo recordó todo. Había recibido la carta, pero había llegado en un momento difícil de su vida. Sin saber cómo responder, para no lastimar a su medio hermano-amigo, ella no dijo nada.

Todavía no sabemos dónde terminó esa carta, y daríamos cualquier cosa por encontrarla. Pero adelantémonos unos cuantos años. Dana se convirtió en mi esposa.

(Una nota al pie de la carta. Si alguno de ustedes ha sido relegado a ese hoyo negro de amigo especial en una relación, déjenme saberlo. Posiblemente pueda ayudar).

La intensidad de una carta de amor

¿Alguna vez has considerado la magnífica carta de amor que es la Palabra de Dios? Yo pensaba que cuatro hojas tamaño oficio eran algo bastante intenso, pero imagina cuánto dio de sí Dios en su carta solo para decirte cuánto te ama, para declararte cuán a menudo piensa en ti, para que sepas que él cree que tú y él podrían tener una relación extraordinaria. Además te contó todo acerca de su persona favorita, su Hijo.

¿Qué pasaría si aprendiéramos a leer la Palabra de Dios con la intensidad con que se lee una carta de amor? Entre líneas, a través de las líneas, y sobre las líneas. ¿Y cómo sería si nosotros le diéramos la respuesta que él tanto espera?

¿Y qué sería leerla con la intensidad de una carta de amor? ¿Sería memorizarla? ¿Leerla y releerla? Dios no nos dejó un método a seguir paso a paso para experimentar su Palabra de la mejor manera. Pero sí nos ha dejado algunas importantes pistas.

Considera todas las veces que Dios anima a la gente en las Escrituras a que tenga una experiencia con su Palabra y te darás cuenta de que él nunca nos incentivó únicamente a leerla. Leerla es una acción que se da por sentada. Hay otras palabras que representan niveles más profundos que el simplemente leer el texto, tales como, *caminar en, obedecerla por completo, meditar en ella y prestar atención*. En el capítulo anterior consideramos Proverbios 2, y notamos frases como «atesórala», «si la llamas», «si la buscas como a plata», «si la buscas como a un tesoro escondido». En Apocalipsis se nos dice que leamos el libro en voz alta, que lo escuchemos, y que lo obedezcamos (Apocalipsis 1:3).

Viva y activa

¿Estas son buenas o malas noticias para aquellos a los que no les gusta leer? ¡Son buenas noticias! Porque leer las Escrituras se parece más a comerse un helado que a leer un libro. ¿Y a quién no le gusta comer helado?

Cuando nuestros ojos absorben las palabras de las Escrituras, vemos su belleza y majestad desplegarse frente a nosotros. La Palabra de Dios es viva y activa; no se parece al agua estancada o congelada en el tiempo. Considera el mismo pasaje cada día, y como un atardecer, se verá diferente cada vez.

La diferencia entre *leer* las Escrituras y *experimentar* las Escrituras es igual a la diferencia que hay entre levantar en brazos a un bebé y sostenerlo. Entre oír a nuestro cónyuge y escucharlo. Entre hablar y comunicarnos. Solamente leer el texto no nos lleva a encontrar todas las joyas que Dios tiene escondidas allí. Y sin las joyas, la Biblia puede resultar tediosa y seca. La Biblia es difícil para aquellos a los que no les gusta leer, cuando se la considera como otro libro que hay que leer en lugar de verla como un texto vivo que se debe observar y explorar, darle importancia y vivirlo. En esencia, metabolizarlo.

¿Cómo aprovechamos esas maravillosas actividades como *andar en, obedecerla completamente, meditarla y hacerle caso?*

¿Cómo podemos crear un enfoque práctico para experimentar la Palabra de Dios? ¡Qué bueno que no tenemos que empezar de cero! Estudiosos, reformadores, pastores y estudiantes de la Biblia con diferentes aproximaciones han estado analizando las Escrituras por siglos. Imagínate los millones de personas que por más de cien años han estudiado el mismo libro. Y a través de todos los siglos y de todos esos muchos investigadores, han surgido tres pasos que son comunes a cualquier método de estudio bíblico. Observar. Interpretar. Aplicar.

Tres requisitos

Los tres pasos de *observar*, *interpretar* y *aplicar* las Escrituras caen debajo de la sombrilla del estudio inductivo, una técnica que ha estado dando vueltas por un buen tiempo, pero que ha sido aplicada muy ocasionalmente en el ministerio juvenil. Es posible que te hayas topado con el estudio inductivo a través de InterVarsity, Ministerios Precepto o una Biblia de referencia Thompson. Algunas casas de publicaciones han usado este enfoque. Si alguna vez has estudiado en la universidad un curso básico de Biblia, o tomado clases un poco más avanzadas en el Seminario, posiblemente lo conozcas como *exégesis*, una palabra bastante elevada que parece no tener ninguna utilidad para el ministerio juvenil.

Pero aquí está el por qué se aplica el estudio inductivo en el ministerio juvenil: la gran barrera para un estudio bíblico personal o de grupo es no tener un plan. El estudio inductivo nos provee un plan. Fue el método inductivo el que les dio a nuestros jóvenes la oportunidad de experimentar y absorber Colosenses en aquel impactante estudio de verano que les compartí en el capítulo 1.

Otra cosa, el método inductivo ayuda a fusionar la Palabra de Dios en los dos elementos que componen el ministerio juvenil: los líderes y los jóvenes.

El estudio inductivo ofrece el abordaje que la misma Biblia parece reclamar. Eugene Peterson, autor de la Biblia *The message* [El mensaje] escribe: «Solamente hay una forma de leer que resulte congruente con las Sagradas Escrituras, texto que confía en el poder que las palabras tienen para penetrar nuestras vidas y crear verdad, belleza y bondad. Escritura que requiere que el lector, según las palabras de Rainer Maria Rilke, "no se mantenga siempre con la cabeza inclinada sobre sus páginas, sino que a menudo se eche hacia atrás y cierre sus ojos considerando una línea que ha leído una y otra vez, hasta que su significado se le esparza en la sangre". Este es el tipo de lectura que nuestros ancestros llamaban *lectio divina*, a menudo traducida como "lectura espiritual": una lectura que entra a nuestras almas como el alimento ingresa a nuestros estómagos, se esparce en nuestra sangre, y se convierte en santidad, amor y sabiduría»[30].

Eso sí es *metabolismo*.

Yo creo, como Peterson, que hay algo interno en nosotros que quiere conectarse con la Palabra de Dios, algo que está en nuestro ADN espiritual. Cuando la conexión se realiza, la transformación interna empieza a ocurrir. Aplicándola a los líderes de jóvenes, este tipo de transformación que se produce en nuestro interior se hace visible para los jóvenes con los que trabajamos, creando una atracción natural hacia las cosas de Dios. Aplicándola a los jóvenes, la transformación tiene lugar como una obra interna y sobrenatural de parte del Espíritu Santo, en lugar de una presión externa de parte de nosotros. (Debo agregar que rara vez la presión externa produce una trasformación autentica y duradera).

Simplificadas para el ministerio juvenil, *la observación, la interpretación y la aplicación* (el triple juego del método inductivo) se convierten en tres simples peticiones a Dios: ¡Dios, muéstrame! ¡Dios, enséñame! ¡Dios, cámbiame!

Estas son peticiones que podemos hacer al examinar cualquier versículo o capítulo o cualquier libro de la Biblia. Y cada vez que nos dirijamos a Dios con esta solicitud tenemos garantía de que veremos, aprenderemos y seremos cambiados. (Esa garantía la da Dios, no yo). Analizaremos cada una de estas garantías detalladamente en los siguientes tres capítulos.

Mensaje por encima del método

Jesús dijo: «Ustedes estudian con diligencia las Escrituras porque piensan que en ellas hallan la vida eterna. ¡Y son ellas las que dan testimonio en mi favor! Sin embargo, ustedes no quieren venir a mí para tener esa vida» (Juan 5:39-40).

Si has aprendido algo sobre los fariseos de los días de Jesús, sabrás que es importante no permitir que un sistema o método sobrepase al mensaje. Si tienes tendencia a realizar tareas como los fariseos (o de hecho, como yo), puedes reducir la belleza de un atardecer a una lista personal de qué hacer en cuestión de segundos. Lo mismo puede ocurrir con un estudio bíblico. ¿*Observé*? Listo. ¿*Interpreté*? Listo. ¿*Apliqué*? Listo. Nada mal para diez minutos. A este ritmo podré terminar Efesios en quince días.

Jesús hizo una especial advertencia con respecto a esta clase de estudio bíblico. En Juan 5 les advirtió a los judíos que el solo estudiar las Escrituras, aunque realizaran el estudio más diligente, no los llevaría a la vida eterna. Encontrarlo a *él* sí lo lograría.

La razón para aplicar un proceso intencional cuando estudiamos las Escrituras no es acogernos a un método. Es simplemente ir más despacio, y que eso nos proporcione una amplia oportunidad para conectarnos con Jesús y su Palabra, y para observar y aplicar todo lo que él quiere que aprendamos y veamos.

Existen muchos buenos métodos de estudio bíblico que nos ayudan a ir más despacio y nos llevan a Jesús. De hecho hay muchas formas de hacer un estudio inductivo. El método en sí no es sagrado. Pasar tiempo con Dios y su Palabra sí lo es. Lo que necesitamos es un plan probado por el tiempo que nos ayude a ir tras la Palabra de Dios como él nos lo ha pedido. Sin un plan, nuestro método predeterminado (y el de muchos de nuestros jóvenes) viene a ser simplemente leer y listo. Nuestros jóvenes merecen algo mejor, y nosotros también.

¿Inductivo?, ¡aaah !

La palabra *inductivo* puede tener diferentes significados para distintas personas. Los diccionarios definen el método inductivo como arribar a conclusiones o a principios basándose en los hechos recolectados. El objetivo es acercarse a esos hechos sin presuposiciones, desde una hoja en blanco, si esto fuera posible.

Imagina a un detective recabando pistas en la escena de un crimen o interrogando a uno de los testigos. ¿El mantra de un detective? «Solamente los hechos».

Como el trabajo de un detective, el estudio inductivo de la Biblia nos ayuda a llegar a conclusiones y a hacer aplicaciones basadas únicamente en los hechos que observamos en las Escrituras. Nos obliga a descubrir lo que Dios ha dicho en la Biblia, no lo que nosotros creemos que la Biblia dice ni lo que nuestra iglesia cree o lo que la tradición nos ha enseñado. Nos ayuda a experimentar el mensaje de Dios de primera mano, y por ende, a experimentar a Dios de primera mano. Nos provee un asiento en la primera fila para acceder a la revelación de Dios.

Esta diferencia puede constituir un cambio refrescante para aquellos que han crecido en la iglesia, como lo hice yo, o que ya tienen cierta trayectoria con la Biblia. Algunos de nosotros hemos tenido intérpretes para la Biblia, *creemos* que sabemos lo que dice. Esa, sospecho yo, es la razón por la que secretamente confesaríamos que estamos aburridos de la Biblia, o por la que tememos aburrir a los jóvenes con la Biblia. ¿No la han escuchado o leído antes?

Pero imaginemos que nos acercamos a la Palabra de Dios sin suposiciones previas. ¿Cómo sería preguntarle qué es lo que tiene que decirnos acerca de un tema en especial, y descubrir que su Palabra nos proporciona algo más enriquecedor de lo que suponíamos. La experiencia pude ser sumamente emocionante. También puede asustarnos, pero nunca aburrirnos.

Descubrimiento personal

Una de las grandes recompensas del estudio inductivo es el tesoro del descubrimiento personal. Una verdad o un ¡vaya! al que tú personalmente le hayas prestado atención e interés tiene más poder de transformación que algo que simplemente leíste en un libro. También tiene mayores probabilidades de que lo recuerdes, aun años después. Es más, no hay un mejor momento en tu ministerio juvenil que cuando observas que algunos focos de luz se encienden sobre las cabezas de los jóvenes y descubren algo vital por su propia cuenta, un hallazgo directamente del corazón de Dios al de ellos.

Con frecuencia sucede lo opuesto en el ministerio juvenil: Empezamos el tiempo de estudio bíblico explicando el descubrimiento que esperamos que los jóvenes hagan. Después construimos y debatimos en torno al descubrimiento esperado.

Todo eso resulta algo así: Escogemos un tema pertinente para nuestra serie, como sexo, por ejemplo. O una muy buena historia para nuestra plática, como algo gracioso que haya ocurrido en el supermercado. Después revoloteamos para encontrar un pasaje que refuerce la idea, o sea, paralelo al tema o a la historia. Eso se llama estudio deductivo, y su propósito es colocarle a las Escrituras una conclusión, como si fuera una curita.

El estudio deductivo pone la aplicación *antes* de la observación y la interpretación. El resultado puede ser un mal uso de las Escrituras (allí es donde ocurre la mala interpretación y la mala aplicación). Raramente nos conduce a un descubrimiento personal o al cambio.

En el lado opuesto, el método inductivo se presenta como algo así: Vamos a Efesios 1 y vemos hacia dónde nos dirige. Solo se necesita hacer eso con unos cuantos capítulos de la Biblia para dar con la mayoría de los problemas con los que podemos construir toda una serie, y probablemente encontremos un lugar para usar nuestra grandiosa historia del supermercado también.

El punto es que Dios hará su aparición, hablándote personalmente a ti y a tus jóvenes a través de su Palabra. Y él sabe mejor que tú qué problemas y qué temas se deben abordar.

Dónde encaja esto en el ministerio juvenil

Dios sacia todo tipo de sed y su Palabra es el recurso. Nuestro trabajo como líderes en el ministerio juvenil es identificar la sed y mantener el camino despejado para llegar a una rivera segura.

El ministerio juvenil provee diversas oportunidades naturales para hacer que el camino al río permanezca despejado y accesible. A pesar de que todos los ministerios juveniles son diferentes, el siguiente camino se puede reproducir en cualquier ministerio, ya sea en una iglesia pequeña, en una mega iglesia, o en un ministerio paraeclesiástico como Young Life o Juventud para Cristo.

Estudio personal del líder

Los líderes que estudian inductivamente pronto descubren que pueden reunir más ideas para pláticas y devocionales de las que pueden usar. También se dan cuenta de que pueden programar diversas series para el discipulado después de analizar un solo libro, tema o personaje de la Biblia.

Cuando tus propios focos se empiecen a encender, pronto te encontrarás diciendo: «¡No puedo esperar a que mis jóvenes también lo descubran!». Tu estudio personal pronto comenzará a dar fruto en tu ministerio y discipulado. De hecho, esta es un área del ministerio en la que debes sentirte con la libertad de dejar que tu estudio personal, tu preparación para enseñar y tu discipulado se conviertan en una misma cosa.

¿Te encuentras peleando con el último punto? Si es así, no estás solo. Pastores y líderes juveniles regularmente creen que es mejor que sus descubrimientos personales de la Biblia penetren primero en su vida antes de enseñárselos a otros.

Pero yo propongo que no hay nada mejor que el hecho de que los líderes y jóvenes vayan descubriendo y viviendo sus descubrimientos de las Escrituras *juntos,* aun si los líderes deben decir ocasionalmente «no sé» como respuesta a una pregunta. Cuando se estudia inductivamente, no hay nada que temer cuando se hace necesario decir «no sé», en especial si va seguido de las palabras: «¿Por qué no seguimos indagando más la próxima semana?».

Piensa en esto. Tu mayor obstáculo para enseñar la Biblia (no saber todo lo que hay en ella) puede convertirse en un punto a favor, una plataforma para una nueva ola de descubrimientos y el mejor incentivo para mantener a los jóvenes interesados en ella, de modo que regresen para obtener más.

Discipulado de jóvenes y grupos pequeños

A medida que los líderes perfeccionen sus habilidades de estudio personal inductivo, encontrarán que esas habilidades son muy fáciles de aplicar en un estudio uno a uno, ya sea en un grupo pequeño o en un grupo de discipulado. Los jóvenes que buscan un grupo pequeño de estudio, por lo general, son los que tienen sed, aquellos a los que Dios les abre el apetito para buscar más. Los grupos pequeños que utilizan el método inductivo les aseguran a estos jóvenes que pasarán un tiempo de calidad «cara a cara» con el que pueden satisfacer toda su sed. Estos son, posiblemente, los mejores programas en los que verdaderamente los jóvenes pueden metabolizar la Palabra de Dios, procesándola juntos.

Los grupos pequeños con el método inductivo también son los mejores lugares para invitar a los escépticos, a los que dudan, a los que buscan la verdad, a los no creyentes de tu grupo. En lugar de animarlos a que lean el libro de Juan por sí mismos, pídeles que lo procesen contigo en una cafetería.

Más allá de que seas un ávido usuario del plan de estudios, o alguien que escribe su propio material para discipular, o una combinación de ambos enfoques, pronto sabrás cómo fusionar las herramientas del método inductivo a tu método de estudios. Eso incorporará la vitalidad del descubrimiento personal a tu discipulado.

Devocionales para los jóvenes

Una de las prioridades principales del ministerio juvenil debe ser hacer que los jóvenes sean capaces de alimentarse por ellos mismos con la Palabra de Dios. Después de todo, sin importar lo poderosa que sea tu influencia sobre ellos –o la de tu iglesia– esos jóvenes serán independientes en unos pocos años, porque se encontrarán en un dormitorio de la universidad o en otra ciudad, únicamente con su Biblia y la forma en la que tú les enseñaste a acceder a ella.

Enseñar a los jóvenes a escudriñar las Escrituras por sí mismos es uno de los rasgos más bellos que tiene el método inductivo, y sucede de una forma natural. Al estudiar con tus jóvenes uno a uno o en un grupo pequeño, también los estás entrenando, intencionalmente o no, a estudiar la Biblia con un propósito.

Al final, ellos querrán enfrentar el proceso por su cuenta. Y sabrán cómo hacerlo.

La enseñanza en un grupo grande

1. Escuela Dominical: El gran reto que enfrentan los maestros de Escuela Dominical es que tienen representados a todos los niveles de madurez espiritual en un solo lugar. Tienen jóvenes con el hábito de ir y venir, jóvenes que asisten por seguir el mandato de sus padres, aquellos que aparecen para tomar la merienda y los que genuinamente están interesados.

Resulta obvio que muchos de los jóvenes de este entorno no estarán listos para profundizar. Pero eso no quiere decir que debamos abandonar las Escrituras. Los maestros que preparan sus lecciones inductivamente, con una sincera búsqueda de Dios y de su Palabra en lugar de tragarse once horas de sesiones del plan de estudios, están mejor preparados para enseñar auténticamente en una Escuela Dominical.

La diferencia es la misma que existe entre el café verdadero y uno descafeinado. ¿Cuál de los dos preferirían tú y tus jóvenes temprano en la mañana de un domingo?

2. Evangelización y adoración: Enseñar dentro de este entorno, por lo general, se da en el contexto de una plática o de un sermón acompañado de un tiempo de música de alabanza.

El mejor uso del estudio inductivo para este tipo de entorno es la preparación personal del líder, que pasa tiempo con el pasaje, que experimenta un momento *¡oh, vaya!* personal y permite que el mismo pasaje le muestre cuál es la mejor forma de aplicarlo.

Los conferencistas inductivos consideran cómo llevar a los jóvenes a experimentar un *¡oh, vaya!* similar al de ellos, enfocándose en el texto y agregando historias, ilustraciones y analogías. La clave es mantener la Palabra de Dios como el punto central de la plática, en lugar de enmascarar una ilustración para sostener nuestro punto de vista, o peor aún, forzar una historia para que encaje, simplemente porque nos gusta.

La espera

Las instrucciones de Dios para metabolizar su Palabra están llenas de vocablos de intensa acción. La razón por la que el estudio bíblico falla muchas veces en lograr una transformación es porque en nuestro esfuerzo por *leer* la Biblia nos quedamos cortos en la intensidad que Dios desea. El estudio inductivo nos obliga a hacer de las palabras de Dios, sus pensamientos, ideas y deseos, el tema principal de nuestra búsqueda, en lugar de que lo sean nuestros problemas e historias. Nos proporciona un marco de trabajo para acercarnos a las Escrituras como a una carta de amor escrita con gran intensidad. Y como cualquier carta de amor bien escrita, nos obliga a responder.

Imagínate a Dios yendo diariamente al correo, esperando una contestación a su gran carta de amor. Él está esperando una respuesta de parte tuya.

Capítulo 7
Dios, ¡muéstrame!

Ábreme los ojos, para que contemple las maravillas de tu ley.
Salmo 119:18

Así que ahora leo mi Biblia de esta manera. En cada lugar pregunto: ¿Qué nos está diciendo Dios aquí? Le pido a Dios que nos muestre lo que Dios quiere decirnos... Desde que he aprendido a leer la Biblia de esta forma, y eso no fue hace mucho, se convierte en algo más maravilloso para mí cada día... Y cada día tomo un texto para mí que tendré durante toda la semana en el que intentaré sumergirme por completo, para ser capaz de escuchar en realidad. Yo sé que sin esto ya no sería capaz de vivir apropiadamente. Y, aún más, no sería capaz de creer en lo correcto. Dietrich Bonhoeffer, *A Testament to Freedom* [Un testamento a la libertad]

Hace unos años hice un descubrimiento sorprendente sobre mí mismo.

Estábamos sosteniendo una discusión bastante agitada en nuestro grupo de estudio bíblico en la universidad. Era una de esas noches en las que todos habían meditado lo suficiente en el tema que estábamos tratando y se encontraban ansiosos de compartir lo que sabían.

Noté que mientras la plática rebotaba de un lado a otro del salón, solamente escuchaba a medias lo que se estaba diciendo. En lugar de oír a los demás, dediqué la mayor parte de mi energía mental a formular lo que yo quería decir. Me di cuenta de que me había perdido el ochenta por ciento de la discusión de esa noche y como un cien por ciento de los corazones de las personas del estudio bíblico.

¿Absurdo? ¿Increíblemente egoísta? ¡Claro que sí!

También fue un descubrimiento de gracia.

Hace poco tomé conciencia de lo fácil que resulta hacer lo mismo en nuestro estudio personal o en nuestro tiempo de preparación para guiar a un grupo en un estudio. Frecuentemente, solo echo un vistazo a un pasaje porque ya lo tengo descifrado y atado con un moño desde hace años. O a lo mejor tengo un excelente punto que quiero recalcar, y simplemente busco un pasaje que me apoye.

De cualquier forma, dedico mucho de mi tiempo a lo que yo quiero decir sin importarme lo que Dios quiere decir.

Para el estudio inductivo de la Biblia la primera petición es: «Dios, muéstrame». Eso hace que baje mi ritmo y me obliga a escuchar lo que Dios está diciendo a través de su Palabra. Me ayuda a quebrar la costra que se ha formado sobre la superficie de los pasajes conocidos, y me ayuda a no utilizarlos como simple herramienta de apoyo para una conclusión pensada de antemano.

Lectio divina

La petición *Dios, muéstrame* es inmensamente beneficiosa para ayudarnos a llegar a Palabra de Dios con la diligencia que señala Proverbios 2 (lee el capítulo 5). También es un paso para hacer de nuestro tiempo de estudio bíblico no tanto una obligación sino más bien una experiencia de *lectio divina, la* práctica ancestral de *leer* las Escrituras, *meditar* en las Escrituras, *orar* las Escrituras y *contemplar* las Escrituras[31].

Cada vez que nos detengamos en un pasaje, capítulo o libro de la Biblia, hay un principio fundamental que debemos tener en mente: Dios está *diciendo* algo a través de ese pasaje. No sé tú, pero yo no quiero perdérmelo porque lo que Dios está diciendo es infinitamente más importante que lo que yo creo acerca del pasaje.

Alerta para los académicos

Antes de avanzar demasiado con las herramientas del estudio bíblico, hay algo que debes saber. Las personas obtienen doctorados en estos asuntos.

A lo mejor eres una de esas personas. O tal vez seas uno de los del otro lado del espectro que tienen poco conocimiento o entrenamiento en el estudio de la Biblia.

Un estudio bíblico eficaz para los adolescentes se encuentra más o menos en el medio. Debes saber que el propósito de este libro es llevarte únicamente por la copa del árbol de un tema que tiene raíces profundas. Mi intención es ayudar al estudiante académico a bajar un poco y al novato a subir, y a todos nosotros a encontrar la gama que funcione para los jóvenes que tenemos a nuestro cargo.

Al estar leyendo debes encontrar dos canales de aplicación: tu estudio personal de la Biblia y tu trabajo de discipular a tus jóvenes. Mi intención es ayudarte con ambos.

Por razones de simplicidad, este capítulo y los siguientes dos se enfocarán en tu estudio personal. Después de todo, se debe empezar por nosotros, los líderes. Y no olvides que tu estudio personal de la Palabra de Dios se convertirá en tu mejor preparación para discipular a tus jóvenes.

Género

A mí me encantan las imágenes satelitales en los sitios web como MapQuest o Google Maps. Es mucho mejor que jugar al solitario en un rato de descanso en la oficina. Escribe el nombre o la dirección del lugar en el que pasaste tus últimas vacaciones y realiza un acercamiento. O entra en Google y escribe planeta tierra e ingresa la dirección de tu casa y observa como la imagen del satélite hace un acercamiento de toda la tierra hasta la entrada de tu casa.

Un estudio bíblico eficaz funciona de la misma forma. Empezamos con una imagen grande y gradualmente hacemos un acercamiento a los detalles. En el estudio de la Biblia a esto se le llama establecer el contexto.

Dictionary.com define contexto como: «Las partes escritas o dichas de una declaración que preceden o siguen a un pasaje o palabra específica, influenciando, por lo general, su significado o efecto»[32].

¿Entendiste esta última frase? *Influenciando, por lo general, su significado o efecto.* Todo lo que rodea a un pasaje tiene influencia sobre su significado. Sin la debida diligencia al establecer el contexto, corremos un gran riesgo de malinterpretar o de aplicar mal el pasaje y consecuentemente perder el significado e impacto que Dios pretendía que tuviera.

Cuando nuestro enfoque se aleja totalmente de la Biblia, todo lo que alcanzamos a percibir son sesenta y seis libros que no tienen nada que ver uno con el otro. El primer acercamiento que realizamos nos muestra que cada libro está conectado con alguno de los siguientes géneros. (Más de esto en el capítulo 17):

Historia: De Génesis a Ester, y Hechos.

Poesía: De Job a Cantar de los Cantares.

Profecía: De Isaías a Malaquías y Apocalipsis.

Biografía e historia: Los Evangelios: Mateo, Marcos, Lucas y Juan.

Cartas (Epístolas): De Romanos a Judas.

¿Por qué molestarnos por conocer esto? Porque el género de un libro establece el escenario que nos permitirá saber cómo debemos acercarnos al mismo. Nos ayudará a saber qué preguntas hacerle al pasaje cuando apliquemos las cinco W y la H (hablaremos de eso en un momento).

Si alguna vez has ido de vacaciones a la playa, posiblemente te hayas tomado un tiempo para decidir qué libro llevar para leer allí; el libro adecuado para el escenario adecuado. Uno que no fuera de lectura pesada sino relajante y agradable. Al pensar en qué tipo de libro deseabas para tus vacaciones, estabas procesando su género.

De la misma forma, necesitamos procesar el tipo de cada uno de los libros de la Biblia. Génesis requiere un acercamiento diferente a los Salmos. Un evangelio requiere otro enfoque que el de una carta del Nuevo Testamento.

Las cinco *W* y la *H*

El hecho de alcanzar mi título universitario en comunicaciones masivas y pasar más de un año como parte del equipo de escritores de un periódico me enseñó la regla fundamental del periodista. Debes hacer las preguntas correctas para obtener los hechos fundamentales de una historia. *¿Qué? ¿Quién? ¿Cuándo? ¿Dónde? ¿Por qué? y ¿Cómo?*

En un momento de creatividad, expertos en periodismo denominaron a estas preguntas las cinco W y una H, según sus siglas en inglés: ¿Who? ¿What? ¿When? ¿Where? ¿Why?, y ¿How? (Se supone que los periodistas deben ser objetivos, no creativos). Estas preguntas pretenden mantener al periodista centrado en el trabajo, permitiéndole contar la historia a sus lectores con el menor embellecimiento u opinión posible.

Las mismas preguntas funcionan para el estudio de la Biblia. Para llegar a la información más pura y al punto de vista más preciso que Dios desea mostrarnos, podemos beneficiarnos grandemente al realizar preguntas tan básicas como estas:

¿Quién aparece en este pasaje?

¿Qué está sucediendo en esta escena?

¿Cuándo sucede?

¿Dónde ocurre?

¿Por qué resulta importante según la evidencia del pasaje?

¿Cómo es que esto sucede?

El tipo de libro que estés estudiando te ayudará a dar forma a las preguntas que debes formular. Por ejemplo, la pregunta *¿Cuándo?* no proporcionará mucha información acerca de un libro de poesía como los Salmos, pero proveerá una tonelada de información acerca de un libro profético como Isaías o de un libro de historia como los Hechos.

A medida que le hagas estas seis preguntas a cualquier pasaje, la diferencia que existe entre leer el pasaje e ingerirlo te resultará obvia cuando lo captes con más de uno de tus cinco sentidos. No debes registrar mentalmente la respuesta a alguna de las preguntas. Debes hacer algo para engancharte con ella. Repetidamente se ha comprobado que cuantos más sentidos incorporamos a nuestro aprendizaje, mayor probabilidad tenemos de recordar la información. Y cuanto más recordemos de la Palabra de Dios, más probabilidades tenemos de ser cambiados por ella.

Los sentidos que más nos conviene usar para estudiar la Biblia son el tacto y la vista. Un ejercicio sencillo que combina ambos es simplemente marcar o dibujar símbolos sobre la información que encontramos. Por ejemplo, si ante la pregunta *¿quién?* resulta obvio en un pasaje que se trata de Jesús, los discípulos y los judíos, podemos marcar a Jesús con una cruz, a los discípulos con una D y a los judíos con una estrella de David.

Después de leer el pasaje varias veces y marcarlo de esta manera, detente y medita sobre lo que hayas descubierto. Empieza a tomar notas en los márgenes. Mira lo que marcaste y registra lo que observas acerca de Jesús. Enumera las preguntas de los discípulos. Descubre las características sobresalientes de los judíos. En otras palabras, procesa tus observaciones agrupándolas en pequeñas listas. Mientras lo haces, recuerda el mantra del detective: «Únicamente los hechos». Ahora estás en la etapa de «Dios, muéstrame» del estudio, que se limita a observar lo que la Palabra de Dios dice.

No le temas al método

Posiblemente estés pensando: *¡Me has dado solo un método!* De ser así, el siguiente párrafo es para ti.

Hay muchas cosas que podemos hacer para ser más intencionales y tener un propósito a la hora de estudiar la Biblia, para pasar de *leer* la Palabra de Dios a apropiarse de ella. Marcar el texto con símbolos es una de las aproximaciones, y yo la considero una de las mejores.

En este momento a lo mejor te estés preguntando: *¿Así que debo marcar mi Biblia? ¿O deería imprimir y marcar los pasajes?* Mi respuesta es: Lo que mejor funcione para ti. Si estás estudiando un libro de la Biblia que es corto como Efesios, puedes copiar todo el libro de un programa de la Biblia o de un sitio bíblico tal como www.biblegateway.com y pasarlo a un procesador de palabras. Después puedes ajustar los márgenes para que te quede suficiente espacio como para hacer anotaciones y marcar el texto. Imprímelo y colócalo en un carpeta. Cuando hayas terminado de estudiar, tendrás tu comentario personal de Efesios.

O podrías comprar una Biblia específicamente con este propósito. Con un poco de investigación es posible hallar una Biblia con un tipo de formato adecuado para este tipo de estudio.

¿Quién?

Obviamente, el texto que estés estudiando te dirá quiénes son los personajes principales a los que debes marcar. Pero independientemente del pasaje del que se trate, siempre resulta sabio estar pendiente de los tres personajes principales de la Biblia:

Dios, Jesús y el Espíritu Santo. Así que, ¿por qué no adoptar un símbolo estándar para cada uno de ellos? Aquí van unos ejemplos, pero siéntete en libertad de crear los tuyos propios:

Pruébalo

Lee el pasaje de Colosenses que se encuentra a continuación y dibuja los símbolos apropiados sobre cada mención de Dios, Jesús o el Espíritu Santo. Asegúrate de incluir los pronombres como *él*. El desafío es observar detenidamente para saber qué pronombre pertenece a Dios y cuál pertenece a Jesús.

Por eso, desde el día en que lo supimos no hemos dejado de orar por ustedes. Pedimos que Dios les haga conocer plenamente su voluntad con toda sabiduría y comprensión espiritual, para que vivan de manera digna del Señor, agradándole en todo. Esto implica dar fruto en toda buena obra, crecer en el conocimiento de Dios y ser fortalecidos en todo sentido con su glorioso poder. Así perseverarán con paciencia en toda situación, dando gracias con alegría al Padre. Él los ha facultado para participar de la herencia de los santos en el reino de la luz. Él nos libró del dominio de la oscuridad y nos trasladó al reino de su amado Hijo, en quien tenemos redención, el perdón de pecados. Él es la imagen del Dios invisible, el primogénito de toda creación, porque por medio de él fueron creadas todas las cosas en el cielo y en la tierra, visibles e invisibles, sean tronos, poderes, principados o autoridades: todo ha sido creado por medio de él y para él. Él es anterior a todas las cosas, que por medio de él forman un todo coherente. Él es la cabeza del cuerpo, que es la iglesia. Él es el principio, el primogénito de la resurrección, para ser en todo el primero. Porque a Dios le agradó habitar en él con toda su plenitud y, por medio de él, reconciliar consigo todas las cosas, tanto las que están en la tierra como las que están en el cielo, haciendo la paz mediante la sangre que derramó en la cruz. Colosenses 1:9-20.

Escritores y receptores

Mucho del Nuevo Testamento está compuesto por cartas escritas por alguien y dirigidas a alguien. Cuando se estudia una carta (también llamada epístola), podemos aprender muchísimo del propósito, circunstancias y contexto del libro al recolectar detalles sobre el autor y los primeros lectores de esa carta en particular. ¿Eran ellos creyentes? ¿Había problemas?

Pruébalo

Al leer los siguientes versículos de Judas, dibuja un círculo alrededor de cualquier cosa que haga referencia a los primeros lectores, los receptores originales de esta carta. No olvides las palabras *a los que*.

> *Judas, siervo de Jesucristo y hermano de Jacobo, a los que son amados por Dios el Padre, guardados por Jesucristo y llamados a la salvación: Que reciban misericordia, paz y amor en abundancia. Queridos hermanos, he deseado intensamente escribirles acerca de la salvación que tenemos en común, y ahora siento la necesidad de hacerlo para rogarles que sigan luchando vigorosamente por la fe encomendada una vez por todas a los santos. El problema es que se han infiltrado entre ustedes ciertos individuos que desde hace mucho tiempo han estado señalados para condenación. Son impíos que cambian en libertinaje la gracia de nuestro Dios y niegan a Jesucristo, nuestro único Soberano y Señor.* **Judas 1:1-4**

¿Has notado cómo se describe a los lectores de Judas? ¿Pudiste observar lo que tuvieron que enfrentar? Esa información marcará el tono para todo el resto de la carta.

¿Qué?

La pregunta *¿Qué?* nos ayuda a descubrir la acción que se está llevando a cabo en cualquier pasaje. Encontrarás esta pregunta muy útil al estudiar los libros de historia tales como Génesis o los evangelios. En otros tipos de libros, te ayudará observar verdades o principios tales como *¿qué ha hecho Dios por ti?*

Pruébalo

Regresa a Colosenses 1. Esta vez dibuja un cuadrado alrededor de cualquier cosa que describa lo que Dios ha hecho por ti.

¿Cuándo?

Esta pregunta puede dar mucho fruto cuando estudias eventos en los libros históricos o proféticos. Busca referencias de tiempo, de día, año o era en la que los eventos tuvieron o tendrán lugar. Con los libros proféticos debes preguntarte constantemente: *¿Esto ya se llevó a cabo o no ha sucedido? ¿Cuándo?* también es una pregunta muy útil cuando se estudian conceptos teológicos tales como las bendiciones en Cristo que se hicieron disponibles para nosotros en la cruz.

Pruébalo

Lee el siguiente pasaje y dibuja un reloj sobre cualquier referencia de tiempo. Observa cómo la mención de tiempo, en particular de un día, en Juan 5, cambia totalmente la naturaleza de la escena.

Algún tiempo después, se celebraba una fiesta de los judíos, y subió Jesús a Jerusalén. Había allí, junto a la puerta de las Ovejas, un estanque rodeado de cinco pórticos, cuyo nombre en arameo es Betzatá. En esos pórticos se hallaban tendidos muchos enfermos, ciegos, cojos y paralíticos. Entre ellos se encontraba un hombre inválido que llevaba enfermo treinta y ocho años. Cuando Jesús lo vio allí, tirado en el suelo, y se enteró de que ya tenía mucho tiempo de estar así, le preguntó: ¿Quieres quedar sano? —Señor —respondió—, no tengo a nadie que me meta en el estanque mientras se agita el agua, y cuando trato de hacerlo, otro se mete antes. —Levántate, recoge tu camilla y anda —le contestó Jesús. Al instante aquel hombre quedó sano, así que tomó su camilla y echó a andar. Pero ese día era sábado. Por eso los judíos le dijeron al que había sido sanado: —Hoy es sábado; no te está permitido cargar tu camilla. Juan 5:1-10

Pero Dios demuestra su amor por nosotros en esto: en que cuando todavía éramos pecadores, Cristo murió por nosotros. Y ahora que hemos sido justificados por su sangre, ¡con cuánta más razón, por medio de él, seremos salvados del castigo de Dios! Porque si, cuando éramos enemigos de Dios, fuimos reconciliados con él mediante la muerte de su Hijo, ¡con cuánta más razón, habiendo sido reconciliados, seremos salvados por su vida! Y no sólo esto, sino que también nos regocijamos en Dios por nuestro Señor Jesucristo, pues gracias a él ya hemos recibido la reconciliación. Romanos 5:8-11

«Vienen días —afirma el SEÑOR— en que con la simiente de hombres y de animales sembraré el pueblo de Israel y la tribu de Judá. Y así como he estado vigilándolos para arrancar y derribar, para destruir y demoler, y para traer calamidad, así también habré de vigilarlos para construir y plantar —afirma el SEÑOR—. En aquellos días no volverá a decirse: "Los padres comieron uvas agrias, y a los hijos se les destemplaron los dientes." Al contrario, al que coma uvas agrias se le destemplarán los dientes, es decir, que cada uno morirá por su propia iniquidad. »Vienen días —afirma el SEÑOR— en que haré un nuevo pacto con el pueblo de Israel y con la tribu de Judá. No será un pacto como el que hice con sus antepasados el día en que los tomé de la mano y los saqué de Egipto, ya que ellos lo quebrantaron a pesar de que yo era su esposo —afirma el SEÑOR.

»Éste es el pacto que después de aquel tiempo haré con el pueblo de Israel —afirma el SEÑOR—: Pondré mi ley en su mente, y la escribiré en su corazón. Yo seré su Dios, y ellos serán mi pueblo». **Jeremías 31:27-33**

¿Dónde?

La pregunta *¿Dónde?* es de utilidad al estudiar libros de la Biblia que cubren historias, tales como Génesis, Éxodo, o Hechos.

Pruébalo

Al leer los pasajes que siguen a continuación, marca la ciudad mencionada y a *dónde* iba Pablo cada vez que entraba en la ciudad.

En Iconio, Pablo y Bernabé entraron, como de costumbre, en la sinagoga judía y hablaron de tal manera que creyó una multitud de judíos y de griegos. **Hechos 14:1**

Al llegar a Éfeso, Pablo se separó de sus acompañantes y entró en la sinagoga, donde se puso a discutir con los judíos. **Hechos 18:19**

Pablo entró en la sinagoga y habló allí con toda valentía durante tres meses. Discutía acerca del reino de Dios, tratando de convencerlos. **Hechos 19:8**

¿Lograste observar la tendencia? Debido a que Pablo es muy conocido por su llamado a los gentiles, resulta sorprendente descubrir que pasaba bastante de su tiempo en las sinagogas. Pero mientras cumplía con su llamado de llevar salvación a los gentiles, diligente y eficazmente, también tenía una carga en su corazón por sus compañeros judíos (Romanos 1:10). (Cómo un extra vuelve a leer el pasaje mencionado anteriormente y observa qué hacía Pablo en la sinagoga y *cómo* lo hacía).

No reserves la pregunta *¿Dónde?* únicamente para los libros de historia y geografía. Hay grandes conceptos teológicos a explorar que tienen que ver con cuestiones de lugar, tales como dónde se encuentra Dios en relación con nuestro mundo físico (Salmo 139), dónde se sienta Jesús actualmente (Hebreos 8, 10, 12) y dónde se está preparando nuestro hogar eterno (Juan 14).

¿Por qué?

Palabras tales como *por qué* y *para qué* nos pueden dar una pista del *¿por qué?* que será contestado por el mismo texto. Es posible que desees designar un color o un símbolo para marcar los *por qué*.

Pruébalo

En el siguiente pasaje, encuentra por qué somos instruidos a hacer algo o por qué Dios hace algo en particular. Observa cualquier beneficio que esté conectado con las razones de por qué.

> *En ese tiempo también todos nosotros vivíamos como ellos, impulsados por nuestros deseos pecaminosos, siguiendo nuestra propia voluntad y nuestros propósitos. Como los demás, éramos por naturaleza objeto de la ira de Dios. Pero Dios, que es rico en misericordia, por su gran amor por nosotros, nos dio vida con Cristo, aun cuando estábamos muertos en pecados. ¡Por gracia ustedes han sido salvados!*
> Efesios 2:3-5

¿Cómo?

¿Cómo es que Dios lo hace? ¿Cómo lo debemos hacer nosotros? Un pasaje o escritura por lo general nos dará la respuesta.

Pruébalo

El siguiente pasaje contiene una referencia de cómo o con qué alcance hace Dios las cosas. Encuentra estas palabras o frases claves: *con toda* y *con su*.

> *Por eso, desde el día en que lo supimos no hemos dejado de orar por ustedes. Pedimos que Dios les haga conocer plenamente su voluntad con toda sabiduría y comprensión espiritual, para que vivan de manera digna del Señor, agradándole en todo. Esto implica dar fruto en toda buena obra, crecer en el conocimiento de Dios y ser fortalecidos en todo sentido con su glorioso poder. Así perseverarán con paciencia en toda situación, dando gracias con alegría al Padre. Él los ha facultado para participar de la herencia de los santos en el reino de la luz.* Colosenses 1:9-12

Acercándonos más

Una vez que le haces al texto las seis preguntas y colocas todas tus anotaciones, ya has realizado un acercamiento rápido a él. Pero como debes imaginar, hay más. De hecho, la primera etapa de observación normalmente provoca más preguntas y respuestas.

El siguiente conjunto de ejercicios te ayudará a hacer un mejor acercamiento a las Escrituras.

Palabras y frases clave

Si quieres enfatizar algo, repítelo. Si quieres enfatizar algo, repítelo. (Posiblemente lo veías venir). En ningún otro lugar esto resulta más verdadero que con respecto a las Escrituras. En ningún otro lugar esto resulta más verdadero que con respecto a las Escrituras. (¡Seguro que esto te sorprendió!).

Cuando estaba estudiando el Evangelio de Juan, hace algunos años, empecé a notar que la palabra *creer* brotaba como confeti a través del texto. Así que comencé a marcar la palabra *creer* con un amarillo brillante, llevando un registro de cada principio o evento conectado con esa expresión. Después descubrí que Juan utiliza alguna forma de la palabra *creer* más de setenta y cinco veces en su evangelio. Los otros tres evangelios combinados no utilizan esa palabra tan frecuentemente.

Obviamente Juan quería enfatizar un punto. De hecho, él explícitamente declaró la razón por la que había escrito ese evangelio: «Pero éstas se han escrito para que ustedes crean que Jesús es el Cristo, el Hijo de Dios, y para que al creer en su nombre tengan vida» (Juan 20:31).

La palabra *creer*, en esencia, desencadena el significado del libro de Juan. Eso es exactamente lo que las palabras o frases clave hacen; liberan el significado que Dios expresa en cada versículo, capítulo o libro completo.

Cuando te topes con palabras que se repiten en las Escrituras, tales como *amor, justicia, misericordia* o frases reiteradas, tales como *Dios dijo, por fe,* o *en Cristo*, marca cada una de ellas con un color particular o con un símbolo. Observa de qué manera estas palabras clave se relacionan unas con otras, y asegúrate de observar cómo ellas desentrañan el mensaje del texto.

Contrastes

Una de mis frases favoritas en las Escrituras es la simple... *pero Dios*. Muy a menudo se encuentra en historias o situaciones que ya no tenían esperanza, *pero Dios* intervino.

Cuando encuentras y marcas un contraste en las Escrituras, asegúrate de anotar en el margen todos los detalles que aparecen en ambos lados de las palabras contrastadas, tales como *pero*. Lo que normalmente surge es un asombroso cuadro de la gracia de Dios.

Pruébalo

Antes de marcar el contraste en el siguiente pasaje, puedes usar tu imaginación para pensar en un símbolo para *pero* (yo utilizo un rayo para hacer notar un contraste).

Cuando llegamos a Macedonia, nuestro cuerpo no tuvo ningún descanso, sino que nos vimos acosados por todas partes; conflictos por fuera, temores por dentro. Pero Dios, que consuela a los abatidos, nos consoló con la llegada de Tito, y no sólo con su llegada sino también con el consuelo que él había recibido de ustedes. Él nos habló del anhelo, de la profunda tristeza y de la honda preocupación que ustedes tienen por mí, lo cual me llenó de alegría. 2 Corintios 7:5-7

Palabras de conclusión

Una de las reglas más usadas en el estudio de la Biblia (dila conmigo si la sabes) es: «cuando veas un *por lo tanto*, debes retroceder un poco y observar por qué está ahí». Términos de conclusión tales como *por lo tanto, para que,* y *por eso*, indican que la información que se proporcionará estará fuertemente relacionada con la información brindada anteriormente. Por eso, la única manera de entender y aplicar correctamente lo que sigue es comprender la información previa.

Pruébalo

Aquí tienes una buena forma de marcar palabras de conclusión: Simplemente traza un círculo alrededor de palabras tales como, *por lo tanto*, y dibuja una flecha hacia la información pertinente que le sigue. El versículo a continuación es un clásico ejemplo de por qué los términos de conclusión son importantes. Toma tu Biblia, y averigua qué información precede a la información dada a continuación; puede que sea más de un versículo.

> *Por lo tanto, hermanos, tomando en cuenta la misericordia de Dios, les ruego que cada uno de ustedes, en adoración espiritual, ofrezca su cuerpo como sacrificio vivo, santo y agradable a Dios.* **Romanos 12:1**

Palabras comparativas

Palabras como, *tal como*, y *como*, resultan claves para indicarnos una comparación entre dos cosas. Esas palabras son como carteles con luces de neón que indican que debemos explorar esa comparación, porque posiblemente nos proporcione una luz adicional acerca de un concepto espiritual. Piensa en lo que normalmente harías para lograr que un punto que estás tratando de explicar quedara claro; usarías analogías y comparaciones. Esta técnica se utiliza repetidamente en las Escrituras y nos provee incontables oportunidades para profundizar más.

Pruébalo

Haz un círculo alrededor de dos elementos que se estén comparando y dibuja una línea o un arco para conectarlos.

> *Les contó otra parábola: «El reino de los cielos es como un grano de mostaza que un hombre sembró en su campo».*
> (Mateo 13:31)

La comparación de Jesús en Mateo 13:31 nos mueve a explorar las propiedades de una semilla de mostaza, en particular su tamaño, ya que esa es la característica que Jesús destaca. Después podemos utilizar la información para aplicar mejor los principios del reino de los cielos.

Estas comparaciones abren todo un mundo de ilustraciones visuales y objetos que permiten enfatizar la lección y constituyen herramientas útiles para enseñar a los adolescentes de una forma más eficaz.

Promesas

La Biblia está llena de promesas que tienen todo el potencial de impactar nuestro diario vivir profundamente. Si todo lo que hiciéramos al abrir nuestras Biblias fuera marcar y hacer una lista de las promesas de Dios y viviéramos a la luz de ellas, estaríamos caminando por el sendero de vida abundante que Jesús nos prometió.

Pruébalo

Tomando como ejemplo una de las grandes promesas de las Escrituras, un arcoíris constituye un perfecto símbolo para marcar una promesa. Observa nuevamente el pasaje utilizado en *¿Cómo?* y dibuja un arcoíris sobre cada promesa que observes.

Mandatos/instrucciones

En un momento de exasperación en uno de nuestros estudios bíblicos, un adolescente declaró: « ¡Solo desearía que Dios escribiera en un pedazo de papel lo que él quiere que yo haga y que me lo diera!». De hecho, Dios lo hizo. En realidad Dios nos ha dado miles de pedazos de papel (dependiendo del tamaño de tu Biblia) con instrucciones explícitas de lo que debemos hacer.

Marcar solamente los mandatos de Dios y sus instrucciones puede ser uno de los ejercicios más prácticos que cada uno de nosotros puede hacer al acercarse a las Escrituras.

Realiza una lista

Yo soy una persona a la que le gusta confeccionar listas. Mejor dicho soy una persona a la que le gusta tachar los ítems de la lista que ya he realizado. Porque las listas cumplen una gran función. En el supermercado me mantienen enfocado. En un día común me ayudan a establecer prioridades. En Navidad me resultan útiles para no andar de compras como un loco desesperado.

En el estudio bíblico nos mantienen a todos participando.

A medida que marcabas los pasajes que aparecían bajo el subtítulo *Pruébalo* en este capítulo, habrás observado una gran cantidad de cosas. Tómate ahora unos minutos para organizar todas esas cosas confeccionando una lista con algunas de tus observaciones. Escribe en el margen del libro, usa otro cuaderno, o ingresa la información a tu computadora.

Aquí hay algunos ejemplos que te ayudarán a comenzar. Al analizar los *¿Quiénes?* en Colosenses 1:9-20, podrías preguntarte: *¿Qué puedo aprender sobre Dios?* Y *¿Qué detalles sobre Jesús puedo ver?* Tu lista de respuestas podría resultar algo así:

Dios

Me ha rescatado del dominio de la oscuridad

Ama a su Hijo

Es invisible

Habita completamente en Cristo

Jesús

Es amado por el Padre

Es la imagen de Dios

Es el primogénito de la creación

Creó todas las cosas

Es antes de todas las cosas

Es la cabeza del cuerpo, la iglesia

Es el principio y el primogénito de entre los muertos

Manifiesta la grandeza de Dios

Reconcilió todo consigo mismo al traer paz por medio de su sangre

A medida que observes y resaltes la información que aparece en una lista, empezarás a notar detalles en las Escrituras que nunca antes habías percibido (el capítulo 12 proporciona ideas creativas para armar listas). Todo esto nos hace preguntarnos: *¿Y entonces qué?*

Eso nos prepara para la segunda petición del estudio inductivo: Dios, enséñame.

Manos a la obra

Dios, enséñame. Hechos 4:1-13

Para proveerte una ayuda práctica sobre cómo las tres peticiones (muéstrame, enséñame, cámbiame) pueden funcionar en tu estudio diario de la Biblia, este capítulo y los dos siguientes contienen *Manos a la obra* que nos permiten abordar juntos una porción de las Escrituras. En el capítulo 12 verás cómo tu tiempo con este pasaje puede traducirse en un tiempo de estudio con un grupo pequeño.

Trasfondo

Lee Hechos 1-3 para establecer el contexto del pasaje. Aquí tienes un resumen si estás falto de tiempo.

Hechos 1: Jesús, justo antes de ascender al Padre, les dice a sus discípulos que vayan a Jerusalén y esperen hasta que el Espíritu Santo llegue.

Hechos 2: El Espíritu Santo aparece, y la iglesia explota.

Hechos 3: Recién facultados por el Espíritu Santo, los apóstoles empiezan a hacer las cosas que Jesús hacía, incluyendo sanar a las personas, como a un mendigo que estaba cojo desde su nacimiento. Eso atrae la atención de algunos líderes judíos que pensaban que ya se habían desecho del amenazante Jesús.

Dios, muéstrame

Debido a que Hechos es un libro histórico, podemos hacer alusión a personas, lugares, acciones, y tiempo para darnos un marco de referencia que nos ayude a comprender el pasaje. A medida que leas el pasaje a continuación, busca los *¿Quién?*, *¿Qué?*, *¿Cuándo?* y *¿Dónde?* Marca cada una de esas respuestas con un símbolo en particular. Considera la posibilidad de usar una estrella de David para señalar a los líderes judíos y un Ichthus (símbolo del pez que representó a los cristianos) para marcar a los apóstoles, dos de ellos claves al responder el *¿Quién?* de este pasaje.

Ahora pídele a Dios que te muestre lo que él quiere que notes, y empieza a excavar en el pasaje usando las 6 preguntas.

Mientras Pedro y Juan le hablaban a la gente, se les presentaron los sacerdotes, el capitán de la guardia del templo y los saduceos. Estaban muy disgustados porque los apóstoles enseñaban a la gente y proclamaban la resurrección, que se había hecho evidente en el caso de Jesús. Prendieron a Pedro y a Juan y, como ya anochecía, los metieron en la cárcel hasta el día siguiente. Pero muchos de los que oyeron el mensaje creyeron, y el número de éstos llegaba a unos cinco mil. Al día siguiente se reunieron en Jerusalén los gobernantes, los ancianos y los maestros de la ley. Allí estaban el sumo sacerdote Anás, Caifás, Juan, Alejandro y los otros miembros de la familia del sumo sacerdote. Hicieron que Pedro y Juan comparecieran ante ellos y comenzaron a interrogarlos:

— ¿Con qué poder, o en nombre de quién, hicieron ustedes esto?
Pedro, lleno del Espíritu Santo, les respondió:

—Gobernantes del pueblo y ancianos: Hoy se nos procesa por haber favorecido a un inválido, ¡y se nos pregunta cómo fue sanado! Sepan, pues, todos ustedes y todo el pueblo de Israel que este hombre está aquí delante de ustedes, sano gracias al nombre de Jesucristo de Nazaret, crucificado por ustedes pero resucitado por Dios. Jesucristo es "la piedra que desecharon ustedes los constructores, y que ha llegado a ser la piedra angular". De hecho, en ningún otro hay salvación, porque no hay bajo el cielo otro nombre dado a los hombres mediante el cual podamos ser salvos. Los gobernantes, al ver la osadía con que hablaban Pedro y Juan, y al darse cuenta de que eran gente sin estudios ni preparación, quedaron asombrados y reconocieron que habían estado con Jesús.

Hechos 4:1-13

Una vez que hayas marcado el pasaje, observa nuevamente tus marcas y símbolos. Eso señala una riqueza de hechos sobre las dos partes más importantes de este pasaje. Sube otro nivel de comprensión, toma un papel y confecciona una lista de todos los hechos que encuentres sobre los líderes judíos y los apóstoles.

Debido a que hay un elemento de tiempo en este pasaje, tal vez desees organizar tus listas en día uno y día dos, anotando quién se encontraba en qué día y qué estaba haciendo. Asegúrate de registrar a aquellos que más probablemente aparecerán en cualquier pasaje de la Biblia: Dios, Jesús y el Espíritu Santo.

Revisa tus listas y quédate considerando los hechos por unos minutos más. Sigue pidiéndole a Dios que te muestre qué es lo que él quiere que veas. Pregúntate: «¿Por qué ha quedado registrado este evento en la Biblia para mí?». Haz un círculo, pon una estrella o anota cualquier detalle que te resulte destacable.

Y eso es todo por ahora. Observaste los hechos fundamentales de Hechos 4:1-13. Si te preguntas *¿y entonces qué?*, estás listo para la siguiente petición: Dios, enséñame.

Capítulo 8
Dios, ¡enséñame!

Con tus manos me creaste, me diste forma. Dame entendimiento para aprender tus mandamientos. Salmo 119:73

Este verso habla nada menos que de Dios en cada línea. John Dryden en «Religio laici» [la fe de un laico], de *The poetical works of John Dryden* [Obras poéticas de John Dryden]

¿Has meditado en el Salmo 119 recientemente?

Si tu respuesta es no, quizá desees revisar ese capítulo increíble. El Salmo 119 no solo constituye el capítulo más largo de la Biblia, sino que cada verso habla acerca de las palabras, mandamientos, y estatutos de Dios. Para hacerlo más interesante, el autor escribió este salmo como un acróstico con cada una de sus veintidós secciones correspondiendo a una letra del alfabeto hebreo. Y por si eso no bastara, en el hebreo original cada verso comienza con la letra hebrea correspondiente a esa sección. (Obviamente esto se ha perdido en la traducción al español).

¡El autor de este salmo fue una persona detallista!

Resulta evidente también el hecho de que el escritor del Salmo 119 amaba la Palabra de Dios y se tomaba en serio el ayudar a otros a asimilarla en sus vidas. El formato de acróstico era indudablemente una herramienta para promover la memorización.

El escritor se mostraba apasionado por los decretos de Dios y tenía conocimiento pleno de lo que podían hacer y de lo que requerían: obediencia. Aun así, cada doce versos, el escritor hace una petición sincera a Dios, algo al estilo de: *«¡Dios, dame entendimiento!»* o *«Señor, ¡enséñame tus decretos!»*.

Incluso este astuto escritor de la Biblia, inspirado por el Espíritu a escribir el capítulo definitivo de la Palabra de Dios, le pidió a Dios ayuda para entender las Escrituras.

Interpretación

Una vez que hayas pasado un tiempo observando cuidadosamente las Escrituras en la parte de *Dios, muéstrame,* entenderás mucho mejor lo que Dios está diciendo en el pasaje que brevemente has leído. Pero en la mayoría de los casos las preguntas acerca del significado continuarán. Por ejemplo, luego de que hayas descubierto y observado los factores básicos en la famosa enseñanza de Jesús sobre su segunda venida (Mateo 24), quizá te preguntes: *¿La higuera que se menciona en el versículo 32, es literalmente una higuera o un símbolo de algo más? En el idioma original de los tiempos de Jesús, ¿cuánto duraba una generación? ¿Habrá otros pasajes en la Biblia que hablen acerca de estos extraños eventos futuros y nos muestren un poco más de lo que se espera?*

No podemos responder preguntas como esas inmediatamente después de observar el texto; ellas nos conducirán al segundo paso del estudio inductivo: la interpretación.

No dejes que la palabra interpretación te asuste o te haga pensar: *Este paso es para personas con más experiencia que la mía.* Eso podría resultar abrumador. El término académico oficial para esta parte del estudio de la Biblia es *hermenéutica.*

En esencia, esta parte del estudio de la Biblia hace una petición simple: «Dios, ¡enséñame!». O tal vez con más exactitud, «¡ayúdame!», y todos sabemos cómo pedir ayuda.

Una relación de amor y odio

Para ser sincero, siempre ·he tenido una relación de amor-odio con el aspecto interpretativo de la Biblia. En algunos momentos probablemente deje el péndulo moverse un poco más lejos, minimizando la interpretación, en un noble intento por permanecer tan cerca como sea posible de la pureza de lo que Dios ha dicho, lo que descubro por medio de la observación. En otras palabras, estoy indeciso acerca de agregar o quitar algo de las Escrituras, según mi propia perspectiva interpretativa.

Por madurez (entiéndase *vejez*) me he dado cuenta de que resulta imposible *no* interpretar. Por lo tanto, mientras estemos atados a interpretar de algún modo las Escrituras, deberíamos cerciorarnos de hacerlo de una manera que honre a Dios, lo que quiere decir, tan exactamente como sea posible.

Entre las muchas razones por las que resulta importante para nosotros familiarizarnos con algunas buenas herramientas de interpretación, una resulta primordial para el ministerio juvenil. Cuando se trabaja con jóvenes, resulta muy fácil mostrarnos un poco listos en cuanto a este punto del estudio de la Biblia. Es divertido plantearnos nuevas ideas y «ocultar» significados espirituales detrás de estos eventos y enseñanzas de las Escrituras. También tiene que ver con alimentar el propio ego.

Pero si no conducimos a nuestros jóvenes hacia la verdadera idea y significado del pasaje, estaremos observando la Biblia, y al Dios de la Biblia, según nuestra propia imagen. Y ese sí constituye un problema serio con Dios.

Rehidratar la Palabra

Eugene Peterson usa esta analogía para ilustrar lo que la interpretación hace en el estudio de la Biblia. Cuando miramos las letras impresas en las delgadas páginas de nuestras Biblias, vemos un contenido deshidratado, palabras despojadas de olores, sonidos y reacciones faciales presentes en el escrito original. Si somos diligentes en nuestra observación e interpretación, rehidratamos las palabras, trayendo de vuelta el contenido a su completo y valioso significado[33].

Peterson recalca la necesidad de una interpretación exacta, a la que se refiere como exégesis. Él escribe: «Esas palabras que nos han sido dadas en las Escrituras son constantemente adaptadas a causa de preferencias personales, suposiciones culturales, distorsiones pecaminosas, y presunciones ignorantes que contaminan el texto. Los contaminantes están siempre en el aire, juntando polvo en nuestras Biblias, desgastando nuestro uso del idioma, especialmente el idioma de la fe. La exégesis es un limpiador, un cepillo de fregar, incluso un hisopo para mantener las palabras limpias»[34].

Cuándo hacer la petición

La parte de *Dios, muéstrame* (observación) del estudio de la Biblia nos ayuda a ver lo que Dios dice en el pasaje, poniendo atención principalmente en los hechos. La parte de *Dios, enséñame* (interpretación) nos ayuda a entender lo que estos hechos significan. La meta de *Dios, enséñame* es ayudarnos a escuchar lo que Dios dice y no lo que nosotros queremos que diga.

Entonces, ¿al momento de escudriñar la Palabra, le decimos a *Dios, enséñame?*

Cuando no entendemos

Cuando das pasos intencionales para ir más lento y ser más diligente con las Escrituras, es inevitable que te topes con aspectos que no entiendes. Eso no parece darle buena prensa al estudio bíblico concienzudo y minucioso, pero lo confronta con la típica alternativa al estudio intencional de la Biblia: un devocional al paso. ¿Qué haces cuando te topas con algo que no entiendes al hacer un devocional al paso? Si eres como la mayoría de nosotros, sigues adelante y pasas al siguiente versículo antes de que tu cerebro tenga la oportunidad de registrar aquello que debería haber provocado una pregunta. Una oportunidad perdida.

Gracioso, ¿verdad? Cuando notamos algo que genera una pregunta, especialmente una que nos hace sentir incómodos, nuestra primera reacción, por lo general, es obviarla. Necesitamos reprogramar nuestro pensamiento de tal manera que consideremos nuestras preguntas como una vívida X en un mapa del tesoro, indicándonos dónde comenzar a cavar.

Cuando queremos saber más

Analizar el pasaje a fondo, marcándolo con símbolos y llenando los márgenes de información, no necesariamente significa que lo hayas descubierto todo. Otros versículos pueden arrojar luz sobre el pasaje. El significado de las palabras puede cambiar, dando un giro diferente.

Al preparar un estudio bíblico para los jóvenes, una de las mejores maneras de saber si entendiste lo que Dios está diciendo en cierto versículo, es preguntar: «¿Sobre qué aspectos tendrán preguntas mis jóvenes?». Solo esa pregunta puede provocar la petición: *Dios, enséñame*.

Cuando queremos aplicar las Escrituras con exactitud

Como la aplicación (entiéndase *cambio de vida*) es la meta primordial en el estudio de la Biblia, esa probablemente sea la razón más importante para pedirle a Dios que nos enseñe sobre el pasaje. Resulta casi imposible acercarse a las Escrituras sin utilizar diversos filtros personales, como la época en la que vivimos, nuestros antecedentes religiosos, nuestra educación, y nuestra propia historia espiritual. El paso *Dios, enséñame*, nos obliga a considerar dinámicas históricas y culturales para asegurarnos de estar aplicando el pasaje con exactitud en nuestro tiempo, período, y cultura.

Las tres preguntas

Cualquier búsqueda de interpretar las Escrituras con exactitud supone una combinación de estas tres fuentes: Dios, otras Escrituras, y otras personas. Los llamaremos las tres preguntas.

Pregúntale a Dios

Preguntarle a Dios debe ser nuestra primera reacción cuando nos topamos con algo que no entendemos. Desafortunadamente, no siempre es el caso. El atajo común es derivarnos hacia un comentario bíblico, preguntarle al pastor, o saltear la búsqueda por completo, mientras Dios mira por encima de nuestro hombro y murmura por lo bajo: «Yo escribí esto; pregúntame a mí».

Jesús les dijo a sus discípulos que estarían mejor con la venida del Espíritu Santo que con él. Una razón era que el Espíritu Santo los guiaría a toda verdad, hablando lo que había oído de Dios y anticipándoles lo que vendría. Una de las funciones claves del Espíritu es enseñarnos e iluminar nuestros corazones. De este modo, el simple paso de pedirle a Dios que nos enseñe activa una función primordial del Espíritu en nuestras vidas.

Este paso puede ser tan simple como recostarse en una silla y preguntarle a Dios por qué incluyó un pasaje en particular dentro de la Biblia. Aun la genealogía más seca puede volver a la vida con esa pregunta.

Pedirle a Dios que nos enseñe sobre un pasaje automáticamente agrega meditación y oración a la mezcla. Simplemente repetir *Dios, enséñame* toca nuestras mentes y corazones y nos lleva a explorar muchas otras situaciones dentro de nosotros o en algún otro lugar en las Escrituras.

Pruébalo

Ahora regresa a algunos de los versículos de las Escrituras que consideraste en el capítulo 7. Escoge un pasaje y hazle algunas preguntas a Dios, como por ejemplo: *¿Qué quieres que aprenda de esto?* o *¿Por qué está esto en la Biblia?*

Pregúntale a las Escrituras

Tal vez has escuchado la regla fundamental de la interpretación exacta: Deja que las Escrituras interpreten a las Escrituras. En otras palabras, la Palabra de Dios es el mejor comentario. Deja que 1, 2 y 3 Juan, interpreten el Evangelio de Juan. Dejemos que Efesios 3 aclare el «misterio» de Colosenses 1, y viceversa.

A veces permitir que las Escrituras interpreten a las Escrituras parecerá un trabajo de investigación complejo, pero a diferencia de un detective, rara vez te quedarás sin pistas. Por lo general la ayuda de otros versículos de las Escrituras está a la vuelta de la esquina. Algunas veces la encontrarás en el siguiente versículo.

Uno de mis versículos favoritos es Juan 7:38, en el que Jesús dice: «El que cree en mí, como dicen las Escrituras, de su interior correrán ríos de agua viva».

Qué gran imagen. He dado muchas pláticas sobre este pasaje, muchas aplicaciones inteligentes con la analogía del agua viva. Y si paramos aquí, probablemente se te ocurra una charla de veinte minutos para enseñar sobre este pasaje. Y sería bueno.

Pero es aquí donde resulta fácil perdernos. En el siguiente versículo Juan nos habla de a aquello a lo que Jesús se refiere al decir «agua viva». El Espíritu Santo. Me he divertido mucho con la analogía del agua, haciéndoles preguntas a los jóvenes como: «¿Cuál de estas ilustraciones describe tu vida espiritual, una piscina para niños, un estanque, un pequeño riachuelo, o un río de agua viva?» Si yo no baso mi enseñanza en el Espíritu Santo y su obra en nuestras vidas (algo que no hice durante algún tiempo), pierdo completamente la interpretación correcta del pasaje. Ganamos incluso más percepción cuando comparamos lo que algunos profetas del Antiguo Testamento tenían que decir sobre el agua. (Véase Isaías 43:18-21; 44:1-4; Ezequiel 47:5-9).

Entonces, ¿cómo dejamos que las Escrituras interpreten a las Escrituras? Usando algunas herramientas que solemos tener a mano y que prácticamente harán el trabajo por nosotros. Muchas de ellas están disponibles en libros y en computadoras. Les explicaré las herramientas en forma de libro, y tocaré brevemente los programas bíblicos para computadora y las herramientas on-line.

1. Concordancia: Herramienta a la que puedes acudir para buscar versículos adicionales en los que una palabra en particular se use o bien se explique. Muchas Biblias incluyen una concordancia resumida que contiene palabras o versículos populares, pero la más útil es la que tiene la palabra *exhaustiva* en su título. En las concordancias de este tipo, cada palabra aparece en el índice y se le asigna un número que puede resultar útil para ubicarla en el hebreo o griego original.

La función de búsqueda que incluyen la mayoría de los programas bíblicos o los sitios web, puede servir como una gran herramienta de concordancia. Solo hay que escribir la palabra o frase en el lugar apropiado para realizar la búsqueda, y aparecerá una lista de todos los versículos en los que la palabra o frase aparece.

2. Biblia de referencias: Tal vez tengas una Biblia con letras pequeñas en el medio de cada página, o a los lados, en los márgenes. Y a lo mejor has ignorado por completo esas letras tan pequeñas. Sin embargo, esta característica, conocida como sistema de referencia cruzada, puede ser tu mejor amiga en la tarea de hacer que las Escrituras interpreten a las Escrituras. Para aprender a usar la característica de referencia cruzada de tu Biblia, sencillamente consulta las instrucciones en la introducción.

(A propósito, no me refiero a las notas al pie de página o notas de estudio que da la Biblia, sino al sistema completo de referencias cruzadas, en el que casi cada versículo se enlaza con versículos relacionados. La mayoría de las traducciones de la Biblia al español las traen al pie de la página, y ofrecen explicaciones en cuanto a la opción de traducción elegida con respecto a ciertas palabras; sin embargo, es decisión del editor incluir o no un sistema de referencias).

Algunos programas bíblicos de computadora incluyen esta característica, proveyendo un método eficiente para revisar otros versículos que proporcionan una visión más amplia del pasaje que se estudia.

3. Diccionario bíblico: Probablemente no exista una manera más rápida de localizar un tema bíblico o una manera más eficaz de evitar el estudio desordenado que consultar un diccionario bíblico. Esta herramienta provee información exhaustiva sobre personas, lugares y eventos de, o relacionados con, la Biblia.

El beneficio de un diccionario bíblico radica en el hecho de que este provee justamente información pura, con poca teología o interpretación. Sin embargo, yo consultaría el diccionario bíblico solo después de haber revisado las referencias y haber consultado la concordancia; de este modo me reservaría oportunidades para el descubrimiento personal.

Por ejemplo, cuando estudias el libro de Santiago, podrías recurrir a un diccionario bíblico para ver cuál Santiago escribió el libro (de los muchos mencionados en el Nuevo Testamento). Otra opción es buscar Santiago en una concordancia, revisar las referencias hechas a otras personas llamadas Santiago, y llevar adelante tu propia investigación de quién escribió el libro. Te sorprenderás de lo que encontrarás en este último recorrido. Por eso recomiendo realizar una investigación propia, para arribar a conclusiones propias y luego compararlas con las del diccionario bíblico.

Algunos sitios web bíblicos incluyen algún diccionario bíblico, pero a menudo se trata de diccionarios comunes que no incluyen arqueología e información reciente. Muchos editores de la Biblia, no obstante, ofrecen un diccionario bíblico actual en versión software.

4. Biblia de referencia Thompson: Muchos la consideran la herramienta más importante para dejar que las Escrituras interpreten a las Escrituras. En esta Biblia casi cada versículo está unido a un tema que puedes localizar en toda la Biblia. Es justo decir que esta herramienta proporciona una referencia cruzada, ayuda de concordancia, y un diccionario, todo en un solo libro.

Pruébalo

Si tienes una Biblia con concordancia o con sistema de referencias tómala y «pregúntale a las Escrituras» acerca de uno de los pasajes que has considerado en el capítulo 7. Anota cualquier percepción nueva que encuentres al conectar el pasaje con otros versículos relacionados en las Escrituras.

Pregúntale a otros

La última parada en el proceso de interpretación involucra a los demás, otras fuentes, y las percepciones de otros creyentes, como colegas, amigos, y pastores.

1. Otras fuentes: Comentaristas y manuales bíblicos constituyen herramientas útiles para ahondar más en el pasaje, o aclarar algo que no entiendes. Pero debemos hacer una advertencia: haz de esta la última parada en el proceso de estudio, en lugar de tomarla como la salida inmediata. La interpretación de los comentaristas abarca toda la gama, desde lo preciso hasta lo ambiguo.

Los comentarios más útiles brindan perspectiva sobre los lenguajes bíblicos, hebreo y griego, en lugar de pensamientos devocionales. Estos tienden a ser menos interpretativos, mientras que los comentarios devocionales contienen más opinión y te dejan menos espacio para sacar tus propias conclusiones.

Obviamente no todos nosotros tenemos acceso a una variedad de comentarios, pero tendrás suerte si revisas con tu equipo pastoral la biblioteca de la iglesia, la biblioteca pública, la de una universidad cercana, o la biblioteca de un seminario.

2. Otras personas: Los colegas del ministerio juvenil y compañeros de equipo de la iglesia pueden ser contribuyentes inapreciables en nuestra travesía a través de la Palabra, o bien pueden ser el final de la línea. En el ministerio a menudo necesitamos tener todo unido y organizado en programas teológicos ordenados. Sí, tenemos que confiar en lo que creemos, pero los programas y las referencias no nos dejan mucho espacio para confrontarnos con las Escrituras y llegar a conclusiones frescas; Dios tiene que llevarnos allí.

Intercambiar sanamente nos permite comparar percepciones con aquellos que han trtabajado con un pasaje, y nos posibilita revisar nuestros instintos, para asegurarnos de que la interpretación a la que hemos llegado no contradice el propósito de las Escrituras.

Por otro lado, nosotros, los líderes de jóvenes, estamos en una posición de ser personas a las que nuestros jóvenes quieran acercarse para ahondar en las Escrituras. En lugar de apresurarnos a dar respuestas, deberíamos motivarlos a un proceso de descubrimiento y enseñarles a preguntarle a Dios y a las Escrituras antes de preguntarnos a nosotros.

Consideraciones en la interpretación

Se ha escrito mucho en estos días acerca de cómo nuestro ambiente impacta sobre nuestra salud, nuestra personalidad, e incluso nuestra perspectiva de vida. Lo mismo es cierto con respecto al ambiente que rodea a cualquier versículo de las Escrituras que vayamos a estudiar, pues afecta a la interpretación. Cada pasaje está rodeado de influencias claves que deben ser tenidas en consideración para interpretar de manera exacta y poder aplicar el pasaje.

Género

Así como el género de los libros de la Biblia resulta importante en la etapa de observación (Dios, muéstrame), el género es el punto de partida clave para la interpretación. Hablando en general, el contenido de un libro de historia, como Génesis o Éxodo, debería ser interpretado literalmente. El lenguaje poético, como el que se encuentra en Salmos o en Cantar de los Cantares, a menudo contiene elementos que deben ser interpretados metafóricamente.

Forma literaria

Justo cuando pensabas que habías terminado con los términos literarios de por vida, hay dos que deberías considerar al estudiar las Escrituras. Una similitud es una comparación que se vale de las expresiones *se asemeja* o *como* para establecer un sentido de comparación. «En ese momento se abrió el cielo, y él vio al Espíritu de Dios bajar *como* una paloma y posarse sobre él» (Mateo 3:16b). Una metáfora es una comparación tácita. «Yo *soy la puerta*; el que entre por esta puerta, que soy yo, será salvo» (Juan 10:9a, énfasis agregado).

Según los ejemplos anteriores, ¿en realidad el Espíritu Santo se convirtió en una paloma? (¿Entonces deberíamos ser más cuidadosos en la manera en la que tratamos a las palomas ya que podrían ser el Espíritu Santo?) ¿En realidad Jesús se convierte físicamente en una puerta? Obviamente no. Pero te asombraría saber cuántas interpretaciones incorrectas se han hecho a partir de la comprensión errónea de un instrumento literario.

Poner atención a las formas literarias es particularmente necesario para interpretar las enseñanzas de Jesús. ¿Él estaba dando una ilustración? ¿Hablaba en parábola? ¿Describía un evento real? Considera la historia del buen samaritano. ¿Es ese un suceso real o una parábola? Considera Lucas 10:30 y saca tu conclusión.

Cultura

Sin duda el contexto cultural de los escritores de la Biblia se ve reflejado en las Escrituras. Podemos confiar en que, por la providencia divina, el tiempo en el que ocurrió determinado hecho fue intencional. En lugar de descartar una diferencia cultural, podemos usarla como una ayuda para la interpretación.

Consideremos la esclavitud, por ejemplo. La esclavitud era común en los tiempos del Nuevo Testamento, pero también se trataba de una «esclavitud» diferente de la que considera a las personas como un objeto de propiedad (por ejemplo, la de los africanos que fueron sacados de sus tierras y llevados a América e Inglaterra). En la mayoría de los casos conocidos de tiempos del Nuevo Testamento, los esclavos eran sirvientes con los que mediaba un vínculo, a los que se les pagaba por su trabajo, y podían comprar su libertad. (Puedes constatar esta información en un diccionario bíblico).

Ninguna de estas diferencias culturales significa que debamos ignorar las referencias bíblicas a los esclavos o a la esclavitud. En lugar de eso, una buena interpretación nos pide que traigamos el contexto cultural del pasaje a nuestro contexto cultural presente.

Consideremos las instrucciones dadas a los esclavos en Efesios 6:5-8: «Esclavos, obedezcan a sus amos terrenales con respeto y temor, y con integridad de corazón, como a Cristo. No lo hagan sólo cuando los estén mirando, como los que quieren ganarse el favor humano, sino como esclavos de Cristo, haciendo de todo corazón la voluntad de Dios. Sirvan de buena gana, como quien sirve al Señor y no a los hombres, sabiendo que el Señor recompensará a cada uno por el bien que haya hecho, sea esclavo o sea libre».

La reacción ante este pasaje podría ser la de pasarlo por alto, rechazando sus instrucciones ya que muchos de nosotros no somos esclavos actualmente. Pero esta simple pregunta: «¿Cómo era la esclavitud en los días del Nuevo Testamento?», puede llevarnos a encontrar antecedentes útiles que pinten una figura diferente de la

esclavitud que la que podríamos esperar. También puede llevarnos a discutir sobre por qué muchos norteamericanos, incluidos los cristianos, erróneamente creían que era aceptable el hecho de tener esclavos como propiedad hasta 1865 (así como el persistente problema de la esclavitud en otros países hoy en día).

Texto

El texto en sí mismo frecuentemente da pistas sobre cómo interpretar un versículo o un pasaje. En Mateo 25 Jesús está enseñando sobre el fin de los tiempos. Él usa tres ilustraciones para instruirnos acerca de la naturaleza de su reino para ese tiempo: la parábola de las diez vírgenes, la parábola de los talentos, y la escena entre las ovejas y los cabritos. Dos de esas, las vírgenes y los talentos, comienzan con la frase *es semejante a*, lo que indica que lo que viene a continuación es una comparación, tal vez en la forma de analogía o de parábola. La explicación de las ovejas y los cabritos no tiene frases de comparación. Parece ser una escena real.

Uno de nuestros grupos de estudio bíblico en la escuela secundaria solía divertirse leyendo Hechos 2 imaginando personas con el cabello en llamas. Se nos fue dicho que «se les aparecieron lengua repartidas, como de fuego, asentándose sobre cada uno de ellos». Y cuando pensamos en Hechos 2, lógicamente imaginamos viento y fuego. Pero consideremos detenidamente el texto. «Cuando llegó el día de Pentecostés, estaban todos juntos en el mismo lugar. De repente, vino del cielo un ruido como el de una violenta ráfaga de viento y llenó toda la casa donde estaban reunidos. Se les aparecieron entonces unas lenguas como de fuego que se repartieron y se posaron sobre cada uno de ellos». (Hechos 2: 1-3)

El estruendo era *como* de una ráfaga de viento, y se les aparecieron lenguas *como* de fuego. Aunque este fue ciertamente un evento climatológico, probablemente no incluyó viento y fuego reales sino algo parecido.

Si realmente quieres divertirte con las palabras *como*, e *igual que*, analiza Apocalipsis. La palabra *como*, aparece sesenta y seis veces, y la palabra *igual que* hace cuarenta y cuatro apariciones. Estas pequeñas palabras resultan absolutamente esenciales en la interpretación de las imágenes de este libro, y nos ayudan a llevar un registro de los eventos literales y de las descripciones metafóricas. Aquí va un ejemplo: «Y había algo parecido a un mar de vidrio, como de cristal transparente. En el centro, alrededor del

114

trono, había cuatro seres vivientes cubiertos de ojos por delante y por detrás. El primero de los seres vivientes era semejante a un león; el segundo, a un toro; el tercero tenía rostro como de hombre; el cuarto era semejante a un águila en vuelo» (Apocalipsis 4:6-7).

¿Nos señala a Jesús?

La última prueba para la interpretación es esta: debería apuntar a Jesús. Durante los días de Jesús, a los más ilustrados en cuanto a la Biblia, él les dijo estas palabras mordaces: «Ustedes estudian con diligencia las Escrituras porque piensan que en ellas hallan la vida eterna. ¡Y son ellas las que dan testimonio en mi favor! Sin embargo, ustedes no quieren venir a mí para tener esa vida» (Juan 5:39-40).

Toda las Escrituras fueron dadas para señalarnos a Jesús. Las historias y profecías del Antiguo Testamento, la poesía de los Salmos, las cartas del Nuevo Testamento; y por supuesto, los Evangelios. La pregunta que deberíamos hacernos siempre en toda interpretación es simple: ¿De qué modo testifica esto acerca de Jesús?

Trampas a evitar

Podría escribir un libro entero sobre las trampas en las que podemos caer en la interpretación, pero he incluido solo unas pocas de mis favoritas, probablemente porque son aquellas de las que me he cuidado.

Habilidad espiritual

Algunos de nosotros sentimos el irresistible impulso de ser «La persona que tiene las respuestas de la Biblia». Nos encanta ser aquellos que encuentran los significados más espirituales detrás de un pasaje. Algunas veces realmente hay significados más profundos. Pero en muchos casos terminamos buscando algo que no está ahí, o peor aún, *se nos ocurre* algo que no está ahí.

Durante una Semana Santa, mientras leía las explicaciones del evangelio sobre el arresto y crucifixión de Jesús, mi esposa notó algo que nunca antes había visto, o que quizá había olvidado. Era la referencia un poco oscura a un hombre joven huyendo desnudo de la escena del arresto de Jesús. Tengo que admitir que me sorprendió a mí también: «Cierto joven que se cubría con sólo una sábana iba siguiendo a Jesús. Lo detuvieron, pero él soltó la sábana y escapó desnudo». (Marcos 14:51-52)

Días más tarde le mencionamos este pasaje a nuestro grupo de compañeros adultos y no solo estaban sorprendidos de las muchas personas habían notado ese pasaje, sino también de todos los posibles significados que habían escuchado. Aquí hay algunos ejemplos tomados de algunas de las personas del grupo y unos cuantos más que hemos escuchado desde entonces:

- La desnudez del hombre representaba la inmundicia y la vergüenza de Israel.

- El hombre pudo haber sido Marcos, y estaba dando su testimonio sobre Jesús sin dar su nombre.

- La desnudez representa miedo, orgullo y apatía. El miedo es un motivador fuerte para salir de la escena corriendo. En otras ocasiones salimos huyendo por orgullo, apatía, decepción, o avaricia. Pero cada vez que metafóricamente corremos, nos despojamos de nuestra fe en la soberanía de Dios como cuando tiramos una prenda.

- La desnudez del hombre representa un examen cuidadoso o fino de la iglesia de Dios.

A simple vista, este versículo de Marcos describe sencillamente lo que sucedió cuando Jesús fue arrestado. Por extraño que parezca, un hombre huyó desnudo de la escena. Cualquier significado más profundo que se le atribuya a esa información es una pura conjetura.

Reconozcamos que es un valioso ejercicio hurgar en posibles respuestas. Y cuando le pedimos a Dios que nos enseñe sobre este pasaje, estamos obligados a considerar una variedad de explicaciones. Además, tal vez resulte divertido preguntarles a los jóvenes sus posibles explicaciones.

Pero acá hacemos esta advertencia: cuando sacamos de la nada un significado más profundo de una cierta situación, corremos el riesgo de inventar cosas que no están ahí. Peor aún, ponemos en riesgo la habilidad espiritual, creemos que tenemos perspectivas especiales que otros lectores «estándar» no tienen. La consecuencia no intencional de nuestra habilidad es que otros, como los adolescentes a nuestro alrededor, se vayan con el pensamiento de que esta clase de habilidad superespiritual tiene que formar parte del estudio bíblico, y que la meta del estudio es encontrar el significado escondido detrás de cada pasaje. También podrían pensar: *«Yo nunca seré tan inteligente o tan espiritual. Entonces, ¿para qué intentarlo?»*.

Cuando piensas que controlas los significados más profundos de las Escrituras, mantén una perspectiva sana de la información que estás presentando. Cuando solo especulas, sé franco con el hecho de que estás especulando. Y ten cuidado de la superespiritualización.

¿Qué significa esto para ti?

Por años el método predeterminado para el estudio de la Biblia en muchos ministerios juveniles ha sido el de leer un versículo o pasaje a un grupo de jóvenes y luego lanzar una pregunta como: «¿Qué significa esto?» o «¿Qué significa esto para ti?»

A esta altura, la desventaja de este planteo debería resultar obvia. Sin pasar por lo menos algunos minutos excavando en el pasaje, descubriendo el contexto, observando los detalles, y haciendo preguntas básicas, apenas si estamos equipados como para saber lo que el pasaje dice, así que será más difícil aún que podamos analizar su significado. De modo que todo lo que hacemos es dar saltos alrededor de las opiniones de otros.

Y un cuarto lleno de opiniones posiblemente no tenga mucho que ver con el significado real de un pasaje.

No te detengas ante las preguntas *¿Qué significa este pasaje?* o *¿Qué significa para ti?* Asegúrate de preguntar lo que el pasaje significa para Dios.

Manos a la obra
Dios, enséñame. Hechos 4:1-13

- Revisa la información que leíste en Hechos 4:1-13 durante tu estudio del capítulo 7 –*Dios, muéstrame*. Luego usa las siguientes preguntas como disparadores para ayudarte a interpretar este pasaje.

- ¿Por qué fue esta escena registrada para nosotros? ¿Cuál es el punto de la acción?

- ¿Qué preguntas surgen a partir de ella que te gustaría investigar a fondo?

- ¿Qué sabemos acerca de la relación que existía entre los líderes judíos y los apóstoles? ¿Habrá otras Escrituras que puedan proveer más información al respecto?

- ¿Qué conclusiones puedes sacar a partir de esta escena, partiendo de la información que has recolectado?

- ¿Qué situaciones similares se nos presentan hoy en día?

- ¿Qué podemos imitar de esta escena?

Mientras tratas de resolver estas preguntas, no te olvides de las tres líneas de indagación: pregúntale a Dios, pregúntale a las Escrituras, pregúntale a otros. Usa cualquier herramienta de estudio bíblico que tengas a la mano para arrojar más luz sobre el pasaje: una concordancia, un programa bíblico de computadora, un diccionario bíblico.

Finalmente, escribe un párrafo que resuma el tema que aborda el pasaje y cualquier conclusión que quieras recordar.

Una interpretación

Ahora que has hecho tu propia observación e interpretación, puedes comparar tus percepciones con otras. Aquí está lo que extraje del pasaje:

Lo esencial de esta escena se encuentra en la reacción de los intimidantes líderes judíos ante los humildes, iletrados y ordinarios apóstoles. Los amenazantes líderes (los «perros grandes» de Jerusalén) se asombraron de la valentía de los apóstoles, sabiendo que estos hombres habían estado con Jesús. Esa valentía aparentemente provenía de dos fuentes: el Espíritu Santo (v. 8) y el tiempo que habían pasado con Jesús (v. 13). Fortalecidos por esa valentía, los apóstoles no solo fueron capaces de *resistir el impacto* de los líderes judíos que los estaban amenazando, sino de *impactar a los líderes religiosos.*

Sabemos que la relación entre los líderes judíos y los apóstoles era un tanto hostil. De hecho, los líderes judíos hacían todo lo que estaba a su alcance para apartar a los apóstoles de vivir su fe.

Así que la pregunta es: *¿Qué situaciones similares se nos presentan en nuestras vidas? ¿Quiénes son los perros grandes a nuestro alrededor (personas, circunstancias, tentaciones) que hacen difícil que vivamos nuestra fe de manera poderosa?*

¿Cómo podemos imitar las acciones de los apóstoles de modo que las «situaciones que enfrentemos con los líderes judíos» no tengan ningún impacto sobre nosotros, sino que en lugar de eso nosotros seamos capaces de impactar sobre esas situaciones?

Capítulo 9
Dios, ¡cámbiame!

¿Con qué limpiará el joven su camino? Con guardar tu palabra. Salmo 119:9 (RVR60)

Solamente haciendo esto la palabra de Jesús mantiene su honor, fuerza y poder entre nosotros. La tormenta puede azotar la casa, pero no puede hacer pedazos esa unión con él que su Palabra ha creado. Dietrich Bonhoeffer, *El costo del discipulado*

Cada vez que oigo a un pequeño grupo de estudio bíblico hacer referencia a sí mismo como a una reunión santa, me da vergüenza ajena.

Eso proviene de descubrir que algunos esfuerzos por estudiar la Biblia (que incrementan el conocimiento pero producen muy pocos cambios en la conducta) consideran que todo tiene que ver con una reunión, y no se dan cuenta del largo partido que tienen por jugar.

El hecho es que los creyentes necesitan reuniones santas. En el ámbito deportivo, la reunión de los jugadores durante un tiempo muerto es un centro estratégico. En la forma en que yo lo veo, muchos dentro del cuerpo de Cristo participan de la ofensiva sin estar en las reuniones. Sin embargo, son aquellos que participan de la reunión y nunca salen de allí (y nunca *utilizan* el conocimiento para comprometerse con aquellos a los que enfrentan) los que les dan a las reuniones santas un mal nombre.

Entender el punto

Si nosotros estudiamos la Biblia, pero no la aplicamos, yo no diría que hemos estado perdiendo el tiempo, pero sí que hemos perdido la visión.

La misión que Dios tiene en mente es redimir a un mundo perdido. Él nos alcanza a cada uno en su tiempo, y nos conforma a la imagen de su Hijo. Esa transformación sucede cuando ajustamos nuestros pensamientos, creencias y comportamientos a lo que Dios nos ha enseñado. Hacerlo bien permite que el mundo no creyente que está alrededor de nosotros vea lo que está sucediendo en nuestras vidas y se sienta atraído por las cosas de Dios. En otras palabras, que ellos quieran lo que nosotros tenemos.

En el capítulo 2 vimos este tema en Deuteronomio, y es el mismo hilo conductor que corre a través de todas las Escrituras.

En Deuteronomio 4, Moisés les dijo a las personas que la obediencia a los decretos de Dios causaría que las naciones vecinas fueran impactadas por la sabiduría de Israel y fuesen guiadas a su Dios sin necesidad de un evento evangelístico ni de servicio al necesitado. «Sin duda, ¡qué Dios tan grandioso tienen estas personas!», dirían sus vecinos paganos, «un Dios que debe ser muy real y cercano a ellos».

En Juan 13 Jesús señaló ante sus discípulos que si ellos obedecían su mandamiento de amarse unos a otros, todas las personas tendrían la prueba de que eran verdaderos discípulos. En su oración de unidad en Juan 17, Jesús prometió que nuestra unión con él guiará al mundo a conocer que el Padre envió a su Hijo.

En Tito 2, Pablo les dio instrucciones a aquellos que trabajaban bajo jefes terrenales, implorándoles que obedecieran la Palabra. Él señaló que al hacerlo, las enseñanzas del Señor atraerían a otros (Tito 2:10). En otras palabras, nuestra obediencia y aplicación de la Palabra tiene un impacto directo en la manera en que los no creyentes ven a nuestro Dios y sus enseñanzas. La buena aplicación hace sus enseñanzas deseables y no un conjunto de reglas que cuelgan de nuestros cuellos.

En cada uno de estos ejemplos, son los hijos de Dios los que obedecen la Palabra, los que les permiten a los no creyentes tener una visión favorable de Dios y una consideración auténtica de lo que Dios ofrece.

Si una buena aplicación hace que las enseñanzas de Dios les resulten atractivas a los no cristianos, entonces lo inverso es también verdad: una mala aplicación (o el no aplicarlas del todo) puede hacer que las enseñanzas de la Palabra de Dios se vuelvan poco atractivas.

En este punto observamos que el caso en el cuerpo de Cristo no es tanto un problema de analfabetismo bíblico como de obediencia. Y de hecho, puede tratarse de las dos cosas.

Piensa por un momento en cómo sería el mundo si los creyentes instantáneamente decidieran ser responsables y obedecieran la Palabra que ya conocen, aunque fuera una pequeña pizca de verdad. Solo un pequeño cambio puede transformar al mundo.

Ahora considera qué sucedería si esa pizca de verdad creciera hasta abarcar todo lo que está entre tapa y tapa de *El Libro*. El cambio en el mundo sería exponencial.

Ganancia espiritual

Uno de los recuerdos más preciados que tengo de mi niñez es que antes de dormir la mayoría de las noches pasaba frente al dormitorio de mis padres, y por la puerta todavía entreabierta los podía ver hincados, a mi madre junto la cama y a mi padre ante su silla, orando. Eso duraba mucho tiempo, especialmente si uno lo medía en minutos-niño.

Mis padres me dieron un gran ejemplo del poder de la oración, pero su efecto en mi vida fue mucho más grande que eso. Su obediencia continua me enseñó que el Evangelio es real.

Eso me motivó, siendo un adolescente afecto al sueño, a salir de la cama los domingos a la mañana. Eso me motivó como adolescente a vivir una vida de abstinencia sexual a pesar de las hormonas masculinas en desarrollo. Su obediencia a la Palabra de Dios tuvo un efecto extraordinariamente espiritual en toda mi percepción del evangelio.

Esto no debería ser una sorpresa para nosotros. Dios nos lo ha dicho, pero de alguna manera nos sorprende que las acciones obedientes hablen más fuerte que las palabras.

Los jóvenes en nuestros ministerios observan a los adultos que los rodean (me refiero a ti), para descubrir si el evangelio es real. Ellos evalúan la realidad para ver si lo que decimos que creemos está transformando nuestra conducta.

Si a ti y a mí no nos descubren a menudo viviendo la Palabra que profesamos, habremos removido una piedra crítica y fundamental en la frágil pared que existe entre nuestros jóvenes y sus tentaciones.

¿Qué debo hacer ahora?

El conocido pasaje de 2 Timoteo 2:15 define el tipo de joven de la Biblia que Dios aprueba: Aquel que usa correctamente la Palabra. La frase *usa correctamente* proviene de la palabra griega *orthotomeo*, una palabra que los constructores usaban para describir el corte de algo con exactitud, como un sendero o un camino. Aplicado a la comunicación, *orthotomeo* expresa en sí mismo un nivel similar de exactitud y precisión[35]. *Tomeo,* la mitad de la palabra, que significa «cortar», puede encontrarse en la palabra que traducimos por «circuncisión», una práctica que seguramente requiere ¡un corte exacto! Timoteo, el primer lector de las palabras de Pablo, que había estado en sintonía con esto, ha de haber sido circuncidado de adulto (Hechos 16:3).

Los carpinteros repiten mucho esta conocida frase: «mídelo dos veces, córtalo una». En otras palabras, si revisas dos veces tu medida, serás menos propenso a cortar con una medida incorrecta. (Para aquellos como yo, que no tenemos ese gen de carpintero, sería mejor decir «mide tres veces, corta dos»).

Con el fin de usar correctamente la Palabra de Dios, ese mismo nivel de precisión debe ser aplicado al estudio de la Biblia. Mide dos veces: Dios, muéstrame. Dios, enséñame. Corta una vez: Dios, cámbiame.

Después de que Dios nos ha mostrado lo que quiere que veamos y nos enseña lo que quiere que aprendamos, nos queda solo una pregunta: «¿Qué debo hacer ahora?». La respuesta será perfectamente clara.

Modificaciones internas

Algunas veces la aplicación que Dios está buscando sucede en la mente. Tal vez sea una forma común de pensar que necesita ser abordada. Tal vez se trate de una actitud que no agrada a Dios. Una cosa es segura: No será una modificación fácil. Es por eso que ayuda el comprometerse con una aplicación inmediata, y enfrentar nuestro tiempo de estudio bíblico con el compromiso ante Dios de responder positivamente a lo que sea que Dios nos muestre o enseñe.

Por ejemplo, supongamos que eres alguien que se frustra rápidamente con su familia, o sus jóvenes, o con el equipo de la iglesia. Estudiando Efesios 4, Dios usará el versículo 26 («Si se enojan, no pequen. No dejen que el sol se ponga estando aún enojados») para sancionarte por tu ira.

La mejor manera de poner en práctica esa instrucción es tomándola literalmente. Pon una alarma en tu reloj o en tu teléfono para que suene treinta minutos antes de media noche. Cuando suene la alarma, usa ese momento para pensar en tu día, revisa tus conversaciones. Si algo de ira viene a tu mente, tendrás treinta minutos para rectificarlo.

Luego de algunos días, la alarma comenzará a sonar en tu corazón o en tu mente en el momento en que la frustración comience a aparecer. Y la transformación (esa palabra que nos gusta decir en el ministerio con los jóvenes) habrá comenzado.

Acciones externas

Quizá la aplicación que Dios quiere supone el ir a alguien que has lastimado y pedirle perdón, o buscar a una viuda en angustia y satisfacer su necesidad. Estas son la clase de acciones que resulta fácil colocar en la categoría de *algún día*.

Pero la obediencia *algún día* no es del todo obediencia.

Si Dios es lo suficientemente misericordioso como para invadir tu tiempo de estudio para mostrarte una acción que tienes que llevar a cabo, no des por terminado tu tiempo de Biblia hasta que hayas avanzado en esa dirección. Tómate un minuto para realizar algo específico, como poner por escrito alguna manera de acercarte a esa persona que Dios ha puesto en tu corazón. Establece el contacto más tarde ese día.

Poner el carro delante del caballo

Aquí hay algo bueno del ministerio juvenil: casi nunca sufre de falta de aplicación o de oportunidades para la obediencia. El ministerio con los jóvenes podría considerarse el ministerio que más dirigido está a la aplicación.

Por lo general es el ministerio juvenil el que realiza viajes misioneros cortos, trabaja con el refugio local de personas desamparadas, o se compromete en un voluntariado con varias agencias de servicio social en la comunidad. De hecho, el ministerio de jóvenes podría estar *sobre*aplicado.

No sobreaplicado en términos de *labor* ministerial, pero sí en nuestro enfoque de enseñanza. Es bastante frecuente que nosotros, los del ministerio juvenil, pongamos el carro delante del caballo; comenzamos con la aplicación que queremos y luego regresamos a las Escrituras. Muchas veces el enfoque de un pequeño grupo de estudio se conduce como un asunto particular, como si estuviera desconectado del pasado, y entonces nuestro tiempo de reflexión gira en torno a preguntas de aplicación como: «¿Qué deberíamos hacer cuando hemos caído?» o «¿Qué deberíamos hacer con nuestros remordimientos?». Luego cerramos ese tiempo, casi siempre corriendo, con un versículo de la Biblia que aborda el problema.

Volvamos a repetir esa secuencia.

Comencemos con un estudio de las Escrituras y permitamos que él nos dirija a la aplicación. En lugar del escenario anterior, ¿qué tal si comenzamos con un estudio del Salmo 51? Y qué tal si comparamos las palabras de David en ese Salmo con el evento que lo obligó a escribirlo (un período de su pasado profundamente pecaminoso). Al procesar la experiencia de David con la canción que escribió acerca de ese tema, los jóvenes verían directamente (Dios, muéstrame) que incluso los grandes de la Biblia pecaron, y que Dios perdona y restaura a los que confiesan su pecado y lo abandonan. Ellos aprenderán (Dios, enséñame) qué es el arrepentimiento genuino.

¿Y la aplicación que necesitan hacer? Bueno, esta vendrá del Espíritu Santo. Y será hecha a medida para cada joven.

De vez en cuando he oído a alguien hablar sobre hacer las Escrituras relevantes. Esa es una meta noble, pero piensa en esa frase por un segundo. ¿Qué nos dice sobre las Escrituras?

Exactamente. Para comenzar, que *no* son algo relevante.

Se trata de una sutil pero enorme distinción. Cuando dejamos que las Escrituras nos conduzcan a la aplicación, mostramos que la Biblia es relevante. No tenemos que forzar su relevancia.

Clases de Aplicación

Las diferentes clases de Escritura requieren diferentes tipos de aplicación.

Aplicar una verdad

Juan 1 pinta una increíble imagen de Jesús como luz y vida. Pero no hay una instrucción práctica en muchas millas alrededor. De todas formas, una verdad para aprender es una verdad para aplicar. Cuando tengas que hacer la aplicación práctica de una verdad como la que está en Juan 1, pregúntate: *¿Cómo altera o refuerza esta verdad mi imagen actual de Jesús? ¿Cómo afecta esto mi relación con él? ¿Qué debo modificar internamente como seguidor de Jesús?*

Aplicar una instrucción

Las instrucciones en las Escrituras caen en la categoría de aplicación del «solo hazlo». De hecho, si recopilaras todas las instrucciones de las Escrituras en una lista de quehaceres, probablemente nunca más te preguntarías acerca de la voluntad de Dios en tu vida. *Dale agua fría en un vaso a un niño. Cuida de las necesidades de los huérfanos y las viudas. Alimenta a los hambrientos. Viste al desnudo. Refrena tu lengua. Lava los pies de otros* (intenta esta última de ambas maneras, metafórica y literalmente). De acuerdo con Santiago, no hacer estas cosas es engañarnos a nosotros mismos. Y no podemos culpar al enemigo por este tipo de engaño. Es un daño autoinfligido, y desde la perspectiva de Dios hace vana nuestra religión (Santiago 1:22-26 RVR60).

Aplicar una promesa

Es probable que las promesas de las Escrituras sean las verdades más difíciles de aplicar, principalmente porque la aplicación requiere que las recordemos. En toda la Biblia Dios enfatiza la necesidad de recordatorios físicos que se deslicen por nuestra memoria lejana y nos mantengan caminando a la luz de sus promesas. Incluso Dios creó para nosotros un recordatorio de su promesa de nunca volver a destruir la tierra con una inundación. Algunas veces el mejor primer paso que podemos dar para aplicar una promesa es crear un recordatorio físico que haga que nuestros corazones permanezcan en sintonía por mucho tiempo aun cuando nuestras Biblias se encuentren cerradas.

Algunas promesas son condicionales, y requieren acciones de nuestra parte. Considera 1 Juan 1:9: «Si confesamos nuestros pecados, Dios, que es fiel y justo, nos los perdonará y nos limpiará de toda maldad». O Juan 3:16: «Porque tanto amó Dios al mundo, que dio a su Hijo unigénito, para que todo el que cree en él no se pierda, sino que tenga vida eterna». Otras promesas son verdades que alcanzan a los creyentes sin condición, como la promesa de Dios de suplir todo lo que nos falte conforme a sus riquezas en Cristo (Filipenses 4:19).

Aplicar un ejemplo

El observar cómo reaccionaron los personajes de las Escrituras ante sus circunstancias, nos proporciona una vasta colección de ejemplos a seguir. Considera la vida de José en Génesis, y encontrarás que desde cualquier punto de vista las cosas se ven muy sombrías. Pero José es aquel cuya vida encarna el asombroso principio que luego encontramos en Romanos 8:28. José dijo: «Es verdad que ustedes pensaron hacerme mal, pero Dios transformó ese mal en bien para lograr lo que hoy estamos viendo: salvar la vida de mucha gente» (Génesis 50:20). Sus palabras le hablan a cualquiera que no

Ora las mismas oraciones

No hay aplicación más directa de las Escrituras que el hacer literalmente lo que las Escrituras dicen. Por ejemplo, cuando un autor de la Biblia hace una oración, nosotros también podemos elevar esa plegaria. Después de todo, tiene que ser una oración que le guste a Dios, ya que él la incluyó en las Escrituras.

Aquí hay una oración que Pablo elevó en nombre de sus amigos, personas bajo su paternidad espiritual en Colosenses. Haz esta oración por tus jóvenes, sustituyendo el ustedes por sus nombres. «Por eso, desde el día en que lo supimos no hemos dejado de orar por ustedes. Pedimos que Dios les haga conocer plenamente su voluntad con toda sabiduría y comprensión espiritual, para que vivan de manera digna del Señor, agradándole en todo. Esto implica dar fruto en toda buena obra, crecer en el conocimiento de Dios» (Colosenses 1:9-10).

¿Quieres unas cuantas más? Busca en un programa bíblico frases como «Yo oro» o «Oro que...», y mira a dónde te lleva. O revisa Efesios 1:18-21, Efesios 3:16-21, y Colosenses 4:12. Estas también son grandes oraciones para que los jóvenes oren por otros.

pueda entender cabalmente que Dios puede cumplir su promesa de producir cosas buenas a partir de cosas malas.

Pablo escribió que había aprendido a estar contento en toda situación (Filipenses 4:12), y escribió estas palabras mientras estaba en la cárcel. Pablo y Juan dijeron que no podían dejar de hablar de Jesús a pesar de la amenaza de encarcelamiento (Hechos 4:20). Es fácil encontrar situaciones similares a estas en nuestras vidas y aplicar los principios que sus historias nos enseñan.

Aplicar la Palabra con los jóvenes

Ningún estudio bíblico o sesión de discipulado debería terminar sin un quehacer, ya sea con una acción interna o externa de modificación. La simple acción de considerar las tareas nos obliga como líderes a asegurarnos que estamos yendo en alguna dirección con el estudio.

Cuatro palabras que deberían describir cualquier aplicación de las Escrituras son *exacta, específica, oportuna, y responsable.*

Exacta

Evalúa tus actividades de aplicación para asegurarte de que reflejen exactamente lo que las Escrituras enseñan. Puede sonar como una sutileza, pero esto le muestra a Dios que estamos poniendo atención a los detalles y que tenemos más interés en la obediencia que en nuestra creatividad. También garantiza una aplicación más poderosa. Si sientes que una actividad de aplicación o acción es ligeramente diferente de lo que las Escrituras enseñan, pero que aun así constituye una gran actividad y algo valioso de hacer, solo alerta de eso a tus jóvenes.

Específica

La especificidad ayuda a los jóvenes a ver cómo realmente se ve la aplicación en la vida real. Si el pasaje del que has estado hablando tiene que ver con el perdón, ayuda a los jóvenes a poner en marcha un plan para perdonar a alguien. Eso evita que caigamos en una aplicación general como «Tenemos que ser más perdonadores». Si el estudio está enfocado hacia una promesa clave de Dios, una lluvia de ideas ayudará a los jóvenes a encontrar maneras de recordar la promesa en el día a día, tales como colocar papelitos autoadhesivos, usarla como protector de pantalla, o mandarla a través de mensajes de texto.

Oportuna

Siempre sugiere un plazo para la aplicación, como: «antes de que la sesión termine», «en las siguientes 24 horas», o «hasta que el grupo se vuelva a reunir».

Responsable

Establece un sistema o plan para animar a los jóvenes a ser responsables los unos por los otros en sus compromisos de aplicación. Usa toda la tecnología disponible para hacer que eso suceda.

Manos a la obra

Dios, cámbiame. Hechos 4:1-13

Repasa tus notas para interpretar este pasaje del capítulo anterior. Pon atención especial a las respuestas que des a las preguntas con respecto a alguna situación similar de hoy en día, y acerca de cómo podemos imitar a los apóstoles. Luego responde esta pregunta: ¿Qué debo hacer?

Aplicar dirección

Si tenemos la esperanza de imitar el coraje y la audacia de los apóstoles, debemos saber que todo eso viene de pasar tiempo con Jesús y confiar en la presencia del Espíritu Santo.

Pasar tiempo con Jesús

El mejor tipo de aplicación es la aplicación específica. Así que vayamos al grano. Hazte algunas preguntas: ¿Qué debo cambiar para pasar ese tiempo *generador de coraje* con Jesús? Evalúa la clase de tiempo que pasas con Jesús. *¿Es tiempo de calidad? ¿En qué cantidad? ¿Es la clase de tiempo en la que tomas coraje y convicción para derribar a esos perros grandes que son los adversarios de tu fe?*

Pregúntate: *¿Cómo puedo mejorar ese tiempo con Jesús? ¿Podría alargar o intensificar mi tiempo con él? ¿Agrego más estudio bíblico? ¿Realizo alguna meditación?*

Haz algunos compromisos, como establecer una cita diaria durante los próximos diez días. En el décimo día, evalúa tus esfuerzos y haz planes para los siguientes diez días.

Confiar en el Espíritu Santo

Pregúntate: *¿Cuento con la presencia del Espíritu de Dios en mi vida? ¿Confío en él para que me guíe a la verdad, para que me recuerde qué decir cuando estoy bajo presión, para que me conforte y me tranquilice? ¿Qué cambios debo hacer para permitirle al Espíritu que esté presente de manera más poderosa en mi vida?*

Y ahí lo tienes. Has pasado un tiempo prolongado con trece versículos de la Palabra de Dios. La has observado. Interpretado. Aplicado.

Mi esperanza es que hayas procesado la verdad y que experimentes que hay garantías de recompensas por parte de Dios cuando diligentemente lo buscas en espíritu y verdad. Resulta muy probable que a estas alturas hayas extraído algunas cosas de Hechos 4 que te gustaría que tus jóvenes recibieran. Piensa en cómo podrías guiarlos a través del pasaje de manera que los lleves a tener la sensación de que se les «encendió la lamparita», la misma que tú has experimentado.

Y permanece sintonizado. Los siguientes capítulos te enfocarán en cómo llevar a tus jóvenes en un recorrido por la Palabra similar al tuyo.

Capítulo 10
Enseñar a la manera de Jesús

Se decían el uno al otro: «¿No ardía nuestro corazón mientras conversaba con nosotros en el camino y nos explicaba las Escrituras?» Lucas 24:32

Ustedes me llaman Maestro y Señor, y dicen bien, porque lo soy. Juan 13:13

Todos hemos estado ahí. Una reunión de tipo ministerial. Tal vez un evento denominacional, una convención, o una reunión anual en la que te encuentras con tus amigos y colegas con los que no te has puesto al día desde hace tiempo. Hablas del ministerio. El tiempo pasa rápido, y la conversación llega a una pregunta inevitable.

«¿Cuántos jóvenes tienes?», inquiere alguien.

Tu estómago hace ruido. Ha sido un año flojo, y no hay un buen número que puedas lanzarles de forma entusiasta.

O tal vez sea al revés. ¡Tienes tantos jóvenes que apenas podías esperar a que alguien hiciera esa pregunta! La amplitud no es un problema en tu ministerio de jóvenes.

Pero tal vez lo sea la profundidad.

¿Cómo crees que Jesús habría respondido a la pregunta número uno del ministerio? Te aseguro que no hubiera respondido como lo hubiéramos hecho tú o yo.

Esto no quiere decir que Jesús no estuviera preocupado por los números; sí lo estaba. Jesús no vino a salvar a unos cuantos, sino *al mundo entero*. Además, alguien debió haber contado a las personas el día que alimentó a los cinco mil.

Pero la mayor parte de las veces Jesús invirtió su vida, tiempo, y recursos en doce personas. Y con el tiempo, después de mucha paciencia y persistencia de su parte, ese pequeño pero maravilloso grupo creció al enorme número de... bueno, once.

Imagina por un momento lo diferente que podría haber sido el ministerio de Jesús si hubiera ocupado su tiempo persiguiendo la meta que muchos de nosotros perseguimos: el crecimiento numérico.

Un Jesús preocupado por los números hubiera estado empeñado en agradar a sus discípulos, esperando que ninguno quisiera perderse su siguiente enseñanza.

Quizá hayamos pensado que los discípulos salían de las reuniones de enseñanza diciendo: «Él es gracioso. Traeré a mis amigos la próxima vez». «Escuché que vamos a hablar de sexo la próxima semana». «Este sí que fue un buen debate. Me gusta cómo nos deja hablar a todos al mismo tiempo».

Sin embargo ese no era el caso.

De hecho, los discípulos en los tiempos de Jesús por lo general se alejaban perplejos y confundidos. Tal vez un poco frustrados. Aun así, de algún modo aprendieron lo suficiente como para mantener esa nueva y extraña fe viva luego de la partida de Jesús. Se las arreglaron para escribir (o al menos comunicar oralmente) la mayoría de las verdades del Nuevo Testamento. Y con el tiempo, tuvieron éxito en cambiar el mundo.

Con los años he escuchado un sinnúmero de pláticas y leído muchos libros que analizan el enfoque ministerial de Jesús. Él usó la tecnología más reciente que había en su época (las parábolas). Utilizó ejemplos familiares y de la vida diaria para sus lecciones (como el pan). No le tuvo miedo a lo extravagante (los milagros). Construyó una relación y estimuló las relaciones.

Yo no discutiría ninguno de estos puntos. Pero si me presionaran para mencionar una cosa por sobre todas las demás, tendría que basar mi decisión en lo que los mismos discípulos dijeron de él.

Ellos lo llamaron Maestro.

Por sobre todo lo demás, Jesús se dedicó a enseñar a sus discípulos. Y, para nuestra sorpresa, no estaba preocupado por cómo ellos recibían su enseñanza. No le interesaba lograr su aprobación. Por su puesto, Jesús tenía mucho que llevar a cabo con estos hombres ordinarios y sin educación para prepararlos para fundar la era de la iglesia y todo lo demás. Y solo contaba con tres años para hacerlo.

Por supuesto, tú y yo solo tenemos seis años, como mucho. Y no somos Jesús.

Como líderes de jóvenes tampoco estamos preparando discípulos para fundar la era de la iglesia. Pero preparamos a los adolescentes para llevar el evangelio a su era, una tarea de tremenda importancia para la supervivencia de la iglesia. Y aunque no tenemos la ventaja de ser Jesús, tenemos la oportunidad de ser como Jesús en este esfuerzo.

Tal vez estés pensando: *«¡Pero yo no ingresé al ministerio juvenil para enseñar!»*. Tal vez no, pero no te cierres a la idea. Una persona sabia dijo una vez: «Aquellos que saben cómo aprender, saben lo suficiente para enseñar». Los pasos inductivos que estás aprendiendo a dominar (observación cuidadosa, interpretación exacta, y aplicación de alto impacto) son herramientas que te pueden convertir en un aprendiz de por vida, alguien que busca a Dios. Enseñar no es más que tomar lo que Dios te enseña a ti y pasárselo a algún otro.

Analicemos un poco las situaciones principales de las enseñanzas de Jesús y la manera en que nos pueden ayudar a crear y mantener nuestro propio ministerio de enseñanza, convertirnos en aquellos que imiten el estilo de enseñanza de Jesús y hagan que los jóvenes regresen por más.

Jesús empezaba con un desafío

«Sígueme».

Fue todo lo que dijo Jesús, y la respuesta de sus discípulos llegó de modo instantáneo.

¿Había algo especialmente convincente acerca de la voz y apariencia de Jesús? ¿Estaban cansados de la posibilidad de tener que lidiar con pescados, o de «pescar» a otros, recaudando sus impuestos por el resto de sus vidas?

Dadas sus historias familiares y la cultura de la época, estaban contentos de haber sido elegidos para seguir al Maestro. El hecho de que fueran hombres judíos metidos en los negocios de sus familias significaba que era muy probable que hubieran sido rechazados como candidatos para el discipulado. Los grupos de discipulado eran numerosos: los filósofos, pensadores, rabinos, fariseos, zelotes, y otros parecidos a ellos, todos tenían discípulos.

Los discípulos seguían a un gran maestro con la esperanza de un día ser ellos grandes maestros y tener discípulos que los siguieran también. Era un camino que los chicos judíos de su tiempo seguían hasta que se les pidiera que lo dejaran. La siguiente mejor opción era regresar al negocio de su familia.

Lo que oyeron estos pescadores y recolectores de impuestos cuando Jesús les dijo: «Sígueme», fue: «Creo que tú eres apto para el desafío».

Tú y yo podemos plantearles un desafío similar a nuestros jóvenes. Creo que en lugar de eso les hemos brindado muy poco durante mucho tiempo, apelando al menor denominador común en nuestras situaciones de «enseñanza profunda».

El Centro para el Ministerio Juvenil y de Familia del Seminario Teológico Fuller ha estado monitoreando la transición de los jóvenes de los ministerios juveniles a la universidad. Parte de este proyecto ha involucrado en la encuesta a graduados, para documentar sus experiencias en el ministerio juvenil. En una encuesta reciente, el 56% dijo que quería «más» o «mucho más» estudio bíblico en sus ministerios juveniles. ¡Eso es bastante! (a propósito, solo el 28% dijo que quería más juegos)[36].

En una nota más general pero igualmente motivadora, Christian Smith descubrió que el 25% de los adolescentes manifestó que asistiría más frecuentemente a los servicios religiosos si dejaran eso a su criterio[37].

Nuestros jóvenes están más hambrientos de lo que pensamos. ¿Qué estamos haciendo para sacar partido de su hambre?

Los discípulos lo abandonaron todo por el desafío simple de seguir a Jesús, ¡y cambiaron el mundo! Todo lo que les estamos pidiendo a nuestros jóvenes es una hora o dos cada semana. Pero al crear una atmósfera similar y enfrentarlos a un desafío, podemos esperar los mismos resultados.

Apuntemos alto. Invitemos a nuestros jóvenes a ser parte de algo grande. Algo profundo. Algo revolucionario, con poder para mostrarles cosas que nunca han visto, enseñarles cosas que nunca han aprendido y cambiarlos de maneras que nunca se han imaginado.

¿Cómo lanzarles a los jóvenes un desafío? Aquí hay algunos puntos prácticos para considerar.

Hazlo voluntario. Evita convocarlos como a ganado: *viene uno, vienen todos.* En lugar de eso, usa inscripciones que atraigan a aquellos que están listos para un reto así. Invita a los hambrientos, y asegúrate de comunicarles a los padres que estás buscando a los jóvenes que quieran participar y no a aquellos que quieren asistir por obligación o por presión de sus padres.

Comunica el desafío. Dales a tus jóvenes algo que morder. No tengas miedo de usar palabras como *profundo*, *intenso*, y *nada de juegos.* Hazles saber que esta puede ser la parte más desafiante y espiritual del ministerio de jóvenes, y que podría llevarlos a una mayor profundidad que la que los adultos están alcanzando. Y luego asegúrate de que así sea.

Mantenlo dentro de lo posible. Organiza tus estudios bíblicos en períodos de seis, ocho o diez semanas. Eso le dará a tu grupo una fecha de inicio y de finalización clara, y los ayudará a saber qué esperar.

No temas plantearle el desafío a unos pocos. Digamos que solamente dos se inscriben, y sucede que tú eres uno de esos dos. ¡Adelante! Lidera y discípula a uno como si fueran veinte. ¿Recuerdas el crecimiento exponencial de buena tierra que Jesús prometió? (Vuelve al capítulo 4 y revisa Mateo 13:23 y Lucas 8:15). De la buena tierra crece buen fruto.

Jesús enseñó con las Escrituras

Poco después de la crucifixión de Jesús, dos discípulos estaban caminando hacia una aldea llamada Emaús, según parece desde Jerusalén. Hablando a mil por hora sobre los eventos que recientemente habían ocurrido, debatían con respecto a algunos rumores que corrían acerca de que la tumba de Jesús se había encontrado vacía.

Mientras estaban absortos en la conversación se produjo un acercamiento extraño y silencioso. Ellos no lo sabían, pero era

Jesús. Les preguntó de qué hablaban, lo que los llevó a darle una respuesta más o menos así: «¿En qué cueva has estado metido? ¡Eres el único en esta ciudad que no sabe sobre esto!».

(Si Jesús hubiera querido convertirse en un Mesías chistoso, podría haber retrucado lo de la cueva). Sin embargo, lo que hizo después resulta llamativo. En lugar de recurrir a lo obvio, a la revelación instantánea, comenzó a enseñarles.

Y no fue una linda y sencilla leccioncita sino una experiencia de enseñanza con toda la potencia. Jesús comenzó desde el principio, con Moisés, y recorrió todo el Antiguo Testamento, incluyendo los profetas; se desplazó por las Escrituras con el objetivo de explicarles los sucesos de los que ellos estaban hablando.

Impresionados por lo que escuchaban, los dos invitaron a Jesús a cenar con ellos. Y cuando él partió el pan, sus ojos se abrieron, y reconocieron que su nuevo acompañante era Jesús. En ese momento, desapareció.

Los discípulos inmediatamente se miraron, y «se decían el uno al otro: "¿No ardía nuestro corazón mientras conversaba con nosotros en el camino y nos explicaba las Escrituras?"» (Lucas 24:32).

Los dos discípulos se podrían haber asombrado de otras cosas. Pero notemos lo que ambos mencionaron: la enseñanza de Jesús y cómo sus corazones ardían cuando les enseñaba. Incluso eso tuvo prioridad sobre la milagrosa desaparición de Jesús.

Y ese es el blanco al que tenemos que apuntar: estudios bíblicos que permitan que Jesús dé la enseñanza de manera que eso provoque que los corazones de los jóvenes ardan dentro de ellos.

Aquí hay algunos puntos prácticos para darle forma al estudio.

Haz de tu tiempo de estudio un estudio real de las Escrituras. Analiza un libro de la Biblia (tal vez los capítulos de un libro para principiantes) o toma uno de los grandes temas de Dios, como la misericordia, la redención, la gracia, o el amor. O escoge un personaje violento como Jacob, Sansón, Pablo, o Pedro. No tengas miedo de enseñar sobre los profetas; Jesús no lo tuvo. Sea lo que fuere que escojas para enseñar, confía en el impacto que las Escrituras producirán. Todo está bien.

Cuenta con que Jesús se aparecerá repentinamente. A través de los evangelios vemos a Jesús explicando las Escrituras. Pero allí no termina la historia. Jesús se pone al lado de aquellos cuyos corazones están conectados, lo buscan y desean conocerlo. Debemos crear una atmosfera que demuestre que confiamos en que él aparecerá.

Mantén a los jóvenes conectados con la imagen central. Jesús fue desde el principio hasta el fin mientras les explicaba las Escrituras a los dos discípulos. Aun cuando estés en cero con los detalles, busca oportunidades para ampliar la visión de los jóvenes sobre la historia tan grandiosa de la redención.

Jesús enseñó con propósito

Enseñar no era algo que Jesús hacía en su tiempo libre, entre milagro y milagro. Era una de sus actividades primordiales. Y el reino avanzaba más por las enseñanzas de Jesús que por sus milagros. Su enseñanza fue, seguramente, lo que dio lugar a su crucifixión. En demasiadas ocasiones los escritores de los Evangelios ponen énfasis en el hecho de que no fueron solo sus señales y maravillas las que hicieron que la gente creyera. Jesús tenía embelesadas a las multitudes y a los discípulos por lo que enseñaba y por la manera en la que lo hacía (Mateo 7:28-29).

Analiza conmigo tres situaciones en las que Jesús enseñó. Observa los detalles (el *quién*, *qué*, *cuándo*, *dónde*, *por qué*, *cómo*, e incluso el *cuántos*) en los siguientes versículos:

> *Y con muchas parábolas semejantes les enseñaba Jesús la palabra hasta donde podían entender. No les decía nada sin emplear parábolas. Pero cuando estaba a solas con sus discípulos, les explicaba todo.* (Marcos 4:33-34)

> *Cuando Jesús desembarcó y vio tanta gente, tuvo compasión de ellos, porque eran como ovejas sin pastor. Así que comenzó a enseñarles muchas cosas.* (Marcos 6:34)

> *Dejaron aquel lugar y pasaron por Galilea. Pero Jesús no quería que nadie lo supiera, porque estaba instruyendo a sus discípulos.* (Marcos 9:30-31)

¿Ves la increíble prioridad que Jesús le daba a la enseñanza? En Marcos 4 Jesús le proveyó a la gente toda la enseñanza que podía asimilar, hablando la Palabra hasta que estuvieron llenos. Luego desarrolló eso más profundamente con sus discípulos, proveyéndoles incluso una mayor percepción cuando estaba solo con ellos.

Me pregunto qué veía Jesús cuando miraba la multitud descripta en Marcos 6 como ovejas sin pastor. ¿Veía en ellos culpa y lamento por sus errores del pasado? ¿Eran personas que vagaban sin sentido, vidas sin propósito ni dirección? ¿Personas bajo presión? ¿Vidas sin esperanza de un día mejor?

En otras palabras, mientras Jesús escaneaba las expresiones de la multitud, ¿observaba lo mismo que tú y yo en los rostros de nuestros jóvenes hoy? Sea lo que fuere que haya visto, su solución era enseñar. De hecho, Jesús les enseñó muchas cosas.

La escena que particularmente me conmueve está en Marcos 9. Allí encontramos al Hijo de Dios, con el poder de perdonar los pecados de los que estaban ese lugar, de sanar cada enfermedad, de aumentar las existencias de comida, incluso las provisiones de una fiesta (considera Juan 2). En ese momento él podía haber literalmente salvado al mundo. Pero en ese momento él no quería que ninguno supiera quién era. ¿La razón? Estaba enseñándoles a sus discípulos. En ese momento no había nada más importante que enseñar. Así es como se considera la enseñanza cuando las vidas de los aprendices dependen de lo que uno les está enseñando.

Jesús explicaba sobre el reino de Dios y lo que significaba seguirlo. Jesús estaba comunicando ambas verdades en público y únicamente a sus discípulos, y usaba cualquier cosa con significado que tuviera a su disposición: parábolas, historias, lecciones simples, momentos espontáneos de enseñanza, preguntas de la gente, y hasta (por lo menos) un sermón largo.

Pero el método de Jesús nunca eclipsó el mensaje. Hasta la alimentación de los cinco mil no opacó la enseñanza de que Jesús era el pan de vida. De hecho, esa lección dio lugar a un éxodo de seguidores que se fueron arrastrando los pies y gruñendo porque sus enseñanzas eran muy difíciles de aceptar. Incluso una supercomida ilimitada, que sirvió de escenario para una de las más grandes lecciones de todos los tiempos, no logró atraer a esas personas.

Contenido y aprendizaje mandaban ese día. Y era contenido difícil de retener.

Jesús mismo construyó una enseñanza en el ciclo perpetuo de la Gran Comisión, un hecho que nosotros los líderes no debemos ignorar. En Mateo 28, les dice a sus discípulos que su trabajo y el nuestro es hacer más discípulos enseñándoles a obedecer todo lo que nos ha mandado (enseñado). La palabra griega para discípulo es *mathetes*, que significa «aprendiz». Ser un discípulo es aprender, y luego producir más aprendices.

Aquí hay algunos indicadores para hacer de la enseñanza con propósito una realidad en tu grupo.

No le temas a una agenda apretada. Jesús no lo hizo. Las vidas de tus jóvenes dependen del contenido de la Palabra de Dios. Tu enseñanza debe reflejar eso en la planificación, presupuesto y creación de tu calendario.

No temas aprender. El aprendizaje conduce a la fascinación, esta abre el apetito para más aprendizaje y puede hacer que los duros escépticos ablanden su corazón para Dios.

No le temas a lo obvio. Hacer preguntas inductivas (*quién, qué, cuándo, dónde, por qué, cómo*) puede parecer rutina cuando las respuestas resultan obvias en las Escrituras. Pero las preguntas obvias deben formularse y responderse para llevar al grupo al siguiente nivel de descubrimiento: excavar más profundo. (Y nunca sabes cuándo un joven está viendo esta información por primera vez).

Siéntete en libertad de aclarar esas preguntas básicas que se le hacen al pasaje, diciendo: «Bueno, primero algunas preguntas obvias». Algunas veces Dios puede usar el detalle más pequeño u obvio en las Escrituras para hablarnos. El Pórtico de Salomón, todo un movimiento y una iglesia grande en Minneapolis, fue construida a partir de preguntas obvias como *¿Dónde?* y *¿Qué clase de ministerio tenía lugar* en Hechos 5?[38]

No le temas a la pizarra. Ver la información organizada de manera distinta a los párrafos en las páginas de la Biblia puede encender focos, ese tipo de lamparita que se ve sobre las cabezas de los chicos cuando finalmente se les hace un clic. La acción de escribir en una pizarra las observaciones del grupo sobre las Escrituras posiciona al material en un lugar importante. E inmediatamente hace que participen otros sentidos, con lo que se utiliza más poder cerebral para procesar la información, lo que incrementa la probabilidad de que recuerden toda la información y mejora las oportunidades de que sean cambiados por la información.

No dejes que el método reemplace al mensaje. La buena noticia es que hoy en día contamos con muchos medios creativos que nos ayudan a enseñar las Escrituras. La mala noticia es que hoy en día contamos con demasiados medios creativos que nos ayudan a enseñar las Escrituras. No importa qué método utilicemos, pero asegurémonos de no perder el punto central.

Jesús enseñó con aplicación

Tan perplejos como se solían ver los discípulos cuando escuchaban la enseñanza de Jesús, de pronto se mostraban entusiasmados cada vez que Jesús les pedía que hicieran algo. Desde conducir a la multitud antes de la alimentación de los cinco mil hasta sanar enfermos por toda la tierra, los discípulos hacían cualquier cosa que Jesús les pidiera que hicieran. De hecho, cuando les pidió que hicieran arreglos para la Pascua, que se convirtió en la última cena, ellos siguieron las instrucciones específicas de Jesús hasta para encontrar el burro correcto.

Tal vez encontramos el ejemplo más significativo en mitad de su ministerio, cuando Jesús envió a los discípulos a las aldeas a predicar el reino de Dios, sanar a los enfermos y echar fuera demonios, cuestiones básicas del Mesías. Y lo hicieron con sorprendente eficacia. Tanto, que hasta el gobernador Herodes tomó nota. (Considera Mateo 10, Marcos 6 y Lucas 9).

Estas excursiones llenas de dificultades mantuvieron a los discípulos intensamente sensibilizados a que cualquier cosa que Jesús les enseñara sería puesta en práctica. La aplicación (hacer precisamente lo que estaban aprendiendo, frecuentemente en situaciones de alto riesgo) se convirtió en la estructura en la que anclaron todas las verdades que Jesús les estaba enseñando.

Solía trabajar en el departamento de admisiones de una universidad cristiana y ayudaba a cientos de aspirantes durante el proceso de inscripción cada año. Para cuando llegaba el otoño, yo me sabía los nombres de los estudiantes de primer año. Me gané la reputación de ser un mago recordando nombres, incluso tiempo después de que hubieran llegado al campus.

Sin embargo, realmente no soy un mago recordando nada (pregúntale a mi esposa), excepto unos cuantos cientos de nombres. Como representante del departamento de admisiones, simplemente operaba con el recordatorio de que, al ver un nombre sabía que probablemente llegaría a conocer a esa persona. Yo sabía que iba a necesitar la información, y entonces me aseguraba de que esta quedara en mi cabeza. Es increíble lo que ese pequeño hecho produjo en mi habilidad para concentrarme y recordar.

Cualquier estudio bíblico que emprendamos debe reflejar la urgencia de que lo que estamos aprendiendo será necesario y utilizado; la sensación real de que nuestras vidas dependerán de ello. Una manera de asegurarnos de que lo lograremos es presentándoles a los jóvenes proyectos que constituyan un desafío, como lo hizo Jesús, y que les provean oportunidades para practicar las verdades que están aprendiendo. Eso también mantiene vivo el desafío ante los jóvenes y les proporciona un recordatorio regular de que los consideramos aptos para la tarea.

Aquí te transmitimos algunas maneras de desarrollar este principio con tu grupo.

Alterna entre ser y hacer. Estudia un capítulo de la Biblia una semana (ser) y haz lo que dice la otra semana (hacer).

Termina el estudio con un proyecto. Organiza un proyecto de servicio o una experiencia misionera que coincida con el tema de una serie de estudio. Por ejemplo, para terminar un estudio del libro de Santiago, planifica algunas visitas para establecer una relación con un asilo de ancianos, o para permitir a tu grupo ministrar a las «viudas en sus aflicciones» (Santiago 1:27).

Preparación premisionera. Organiza una capacitación para tu próximo viaje misionero que vaya más allá de una charla informativa acerca de qué llevar. Comprométete a estudiar un libro de la Biblia o un tema que despierte el corazón de tus jóvenes a la necesidad de las personas y prepáralos para el desafío espiritual y físico de esta experiencia.

Permanece atento al día a día. Dios proveerá proyectos desafiantes cada día para ti y tus jóvenes. Mantén tus ojos bien abiertos y descubrirás diversas oportunidades para aplicar lo que estás enseñando y aprendiendo con extraordinaria determinación.

Jesús enseñó con paciencia

En más de una ocasión vemos en la Biblia a Jesús mostrando una exasperación muy humana hacia la inhabilidad de los discípulos para entenderlo. Tengo que aplaudir a los escritores del Evangelio, especialmente a dos de ellos, Mateo y Juan, por incluir esas escenas autoincriminatorias.

Lo que no nos han mostrado y podemos fácilmente imaginar es a Jesús caminando a un lugar solitario para hablar con su Padre y orar: «¡Dios, definitivamente debe haber otros con los que pueda trabajar!».

Cada destello de la exasperación de Jesús nos muestra su paciencia ilimitada. Con gusto muchas veces les dio a los discípulos más explicaciones cuando se lo pedían. Una de las expresiones más vívidas de frustración se vio cuando Pedro le pidió que le explicara la parábola que había usado para describir a los fariseos y lo que hace a una persona inmunda (Mateo 15). Casi se podía oír a Jesús exclamar: «Pedro, ¿estás tratando de no entender?». Pero luego con gracia le explicó la parábola. Vemos esa paciencia una y otra vez en los Evangelios.

Te estaría engañando si no te dijera que tu paciencia será probada con cualquier grupo de adolescentes a los que guíes en el estudio bíblico. Algunas veces te preguntarás si lo estás haciendo bien. Otras veces tus jóvenes se sentirán frustrados o confundidos. Algunos quizá abandonen. Cuando esto suceda, ve a Jesús. Considera de nuevo su paciencia y reflexiona en lo motivado que estaba para asegurarse de que sus discípulos lo entendieran. Esa misma motivación puede ayudarte a perseverar en los momentos difíciles.

Haz lugar para la agenda llena de ocupaciones de tus jóvenes. Los jóvenes están ocupados, y pueden no comprender la importancia del estudio bíblico como tú lo haces. Motívalos a hacer del tiempo con la Palabra de Dios una prioridad, mostrándoles tu propio entusiasmo por la Biblia, no obligándolos a hacerlo para no sentirse culpables.

Date a ti mismo y a los jóvenes espacio para ir más lento. Los jóvenes aprenden de diferentes maneras y a diferentes ritmos. No sigas adelante cuando parezca que algunos entendieron y otros no.

Estate atento por si las cosas se ponen vidriosas. Como vimos en Marcos 4:33, Jesús enseñó a las personas «hasta donde podían entender». Puedes tener que permanecer un tiempo en el mismo punto con tus jóvenes. Sé sensible a esta posibilidad y siéntete en la libertad de detenerte o de tomar un descanso.

Jesús enseñó acerca de la recompensa

Después de una de las más duras enseñanzas de Jesús, aquella acerca de comer su carne en Juan 6, sus seguidores rápidamente comenzaron a decaer. (Admitámoslo: esa lección es dura de asimilar si no nos la esperábamos). Aquel día, que había comenzado con una impresionante multitud de miles escuchando cada palabra de Jesús, terminó con él y solo los doce.

Para darles una salida, Jesús les preguntó si también ellos se querían ir. Hablando en nombre del grupo, Pedro dijo, en pocas palabras: «No. Tú nos diste vida eterna».

En ese momento los discípulos entraron en contacto con la gran recompensa personal que recibirían por permanecer cerca de Jesús. Valía la pena no tener un hogar, encarar un futuro incierto, y enfrentarse con las autoridades religiosas locales. Estos tipos decidieron quedarse.

Nadie dijo que seguir a Jesús sería fácil. Y nadie dijo que empaparse de la Palabra resultaría tan divertido como, digamos, asistir a una fiesta con pizza libre. Pero la recompensa es más grande. Y además, siempre se puede organizar una fiesta con pizza.

Mantén la idea de la recompensa personal al frente y centrada en sus mentes al estudiar la Biblia con los jóvenes. Al inculcar la Palabra de Dios en sus vidas, los jóvenes desarrollarán la habilidad de ver más allá de los engaños de Satanás, y contarán con los argumentos que necesitan para pelear y vencer la tentación (Lucas 4:1-13). Descubrirán el conocimiento de Dios y comenzarán a discernir su voluntad para sus vidas (Proverbios 2). Estarán cultivando sus corazones como un lugar habitual en el que Jesús pueda morar (Juan 15). Se acordarán constantemente de las recompensas futuras en el cielo y de la vida eterna en Cristo.

Los efectos contrarios, como el cansancio, las ocupaciones y el sentido de dificultad tienen el potencial de sacar a los jóvenes del partido, tal como les sucedió a los seguidores de Jesús en Juan 6. Puedes protegerlos de una vida llena de miedo a equivocarse y colocarlos en una posición de ser usados poderosamente por Dios al recordarles las recompensas que trae la búsqueda de Cristo.

Aquí hay una sugerencia sobre cómo hacerlo en la práctica.

Recompensa eterna. Mantén la perspectiva del cielo frente a tus jóvenes. El cielo no tiene suficiente prensa en el ministerio juvenil hoy en día.

Recompensa temporal. Mantén la posibilidad de una fiesta frente a los jóvenes. Organiza una cuando des término a un estudio. Escoge algo temático que tenga que ver con lo que ellos hayan estado estudiando. Y no olvides la fiesta de pizza.

Una de las mejores maneras en las que podemos imitar el ministerio de Jesús es enseñar. Es lo que Jesús hacía la mayor parte de su tiempo. Para nosotros resulta relativamente fácil de repetir (más sencillo que sanar las enfermedades de nuestros jóvenes, o multiplicar la comida que tienen en sus manos).

¿Qué, si el enseñar y aprender constituyeran el eje de los ministerios de nuestros jóvenes, y todo lo demás, como adorar, evangelizar y llevar a cabo misiones, partieran de ese eje?

Vuelve a analizar los Evangelios y considera si esta técnica no era la forma en la que Jesús llevaba adelante el ministerio.

Capítulo 11
La tríada
de equipamiento

Y éste, como novio que sale de la cámara nupcial, se apresta, cual atleta, a recorrer el camino. Sale de un extremo de los cielos y, en su recorrido, llega al otro extremo, sin que nada se libre de su calor. Salmo 19:5-6

Después de luchar durante dos años con el griego en el Seminario, me preguntaba por qué si Dios es un Dios de amor, tuvo que enviar a su Hijo en un tiempo en el que el idioma predominante en el mundo era el griego. ¿Por qué no esperar hasta que algo más fácil surgiera, algo como, digamos, el latín?

Pero Dios sabía lo que estaba haciendo (Y para que quede registrado, él es un Dios de amor).

Muchos han considerado el caso de que fuera debido a que el lenguaje griego de los tiempos de Jesús contenía palabras e imágenes que no se encontraron en ningún otro idioma ni entonces ni antes. Y eso me llevó a preguntarme si el idioma no habrá jugado un papel providencial en el tiempo de Dios para que enviara a Jesús al mundo en el momento en que lo hizo.

El hecho de que el antiguo griego tuviera varias palabras para expresar el concepto de amor, cada una proveyendo un único y vital matiz, parece más que una pura coincidencia.

Consideremos el término *ágape*. Este es el amor de Dios, que lo caracteriza y el que le da la motivación para buscar una relación con nosotros. Muchas palabras griegas se han popularizado en el círculo cristiano porque sus matices resultan mucho más ricos que cualquier otro idioma.

Cuando tú leíste *ágape* en el párrafo anterior, inmediatamente entendiste que estaba hablando de sacrificio incondicional, del amor al estilo de Cristo, de algo más profundo que el amor sexual, amor fraternal, o amor por los nachos con salsa.

Y cuando escuchas algo que habla de *koinonia*, sin duda alguna sabes a qué tipo de compañerismo se hace referencia: no a una simple reunión para cenar, sino a una participación y a llevar las cargas los unos de los otros.

En cada uno de estos ejemplos el idioma griego nos ayuda a tener un mejor y completo panorama de un elemento clave en la historia de la redención de Dios.

Katartizo

Aunque no lo creas, los griegos también nos dieron una palabra que describe un mejor y completo cuadro del estudio bíblico. Pero se trata de una palabra no tan conocida, a la que le hace falta la fluidez que encontramos en *koinonia*. De hecho, suena bastante pesada y abrupta.

Esa palabra es *katartizo,* y normalmente se traduce por *equipar*. Dudo mucho que alguna vez hayas escuchado un sermón o una charla sobre *katartizo*. Y me imagino que cuando viste la palabra *equipar*, tu mente se fue a *entrenar*: darle herramientas a un joven para que sea capaz de defender su fe. Enseñar a nuestros líderes a... bueno, enseñar y liderar.

Una palabra bien usada (o hasta usada por demás) en la iglesia, *equipar*, se ha convertido en una palabra sin vida para muchos de nosotros. Pero así como tantas de las mejores palabras de Dios, y los conceptos que incluyen, a través de las décadas han ido perdiendo su chispa, *katartizo* –equipar– significa algo más de lo que pensamos. Algo sobrenatural. Algo poderoso. Algo que tiene una recompensa inigualable.

Un poco de trasfondo

* En el mundo griego secular, *katartizo* era una palabra práctica. ¿Cuán práctica? Aquí hay una lista de las muchas disciplinas a la que los griegos la aplicaban:

146

- En la arquitectura, *katartizo* significaba *restaurar* las paredes de una ciudad o santuario.

- En la hospitalidad, el mayordomo de la casa podía practicar *katartizo* al preparar una habitación confortable que estaba *completamente equipada* para un huésped honorable.

- En la costura, *katartizo* describía a un atuendo *listo para usar* que se había realizado ensamblando varias piezas de tela.

- En la cocina, *katartizo* conllevaba la idea de que una comida estaba hecha y *lista para ser ingerida.*

- Farmacéuticamente, se consideraba *perfecta (katartizo)* a una poción una vez que hubiera sanado a un enfermo.

- En medicina, *katartizo* se refería a *colocar en su lugar un hueso roto*, restaurarlo para que funcionara, dejarlo listo para que fuese útil.

- En el uso naval, los soldados usaban *katartizo* para describir la preparación de un barco o una flota para navegar e ir a la batalla.

- En la pesca, *katartizo* era el término empleado para *remendar* una red rota.

- En contabilidad, *katartizo* se usaba para referirse a la *preparación* de un pago.

- En educación, *katartizo* se refería a un maestro que *preparaba* a un niño para la edad adulta.

En política, la palabra significaba *restaurar* facciones contrarias y llevarlas a una unidad[39].

¿Lograste ver el punto en común? Cada uso de *katartizo* conlleva la idea de atravesar por un período de preparación. De hecho, notarás que algunas veces a esta palabra se la interpreta en las Escrituras como *completo o perfecto,* no en un sentido teológico (como con la palabra griega *telios,* que se refiere a una moral y un carácter completos, o a la madurez espiritual), sino en el sentido de estar completamente preparado. Completamente equipado. Listo para ir.

Cuando los escritores del Nuevo Testamento, como Pablo, buscaban una palabra para transmitir la idea de preparar en un sentido espiritual, parecería que utilizaban intencionalmente el término *katartizo*. Algunos estudiosos afirman que el Nuevo Testamento contiene los primeros escritos que aplican esta palabra en una forma espiritual, sacándola del ámbito práctico y trasladándola al reino sobrenatural.

Quince de las diecinueve veces en que se utiliza *katartizo* en el Nuevo Testamento se hace en una forma espiritual con el fin de ser aplicada a la fe individual o de la iglesia. Las otras cuatro veces se da en un sentido particular y secular, incluyendo Marcos 1:19, en el que se relata que Jesús miraba a Santiago y Juan *reparar* sus redes para enfrentar un día de pesca exitoso.

Entonces, ¿qué sería lo que Dios estaba tratando de señalarnos cuando hizo que por la mente de los escritores inspirados por el Espíritu pasara esta palabra?

En lugar de que yo sea el que les explique lo que he descubierto sobre *katartizo*, lo iremos descubriendo juntos en el espíritu del estudio inductivo.

Y aquí va un adelanto: este ejercicio resultará una buena práctica en el estudio de las Escrituras. Y el producto final te proveerá un modelo que puede ser implementado para equipar a cualquier ministerio juvenil.

Dios, muéstrame

Los tres casos en los que *katartizo* es traducido como *equipar* (en la mayoría de las versiones del Nuevo Testamento) se encuentran en Hebreos 13:21, 2 Timoteo 3:17 y Efesios 4:12. Lee los siguientes pasajes y pídele: Dios, *muéstrame*. Cada vez halles alguna forma de la palabra *equipar*, márcalo con un resaltador de palabras. Luego considera el entorno de la palabra y nota qué es lo que equipa, quién es el que equipa, quién está siendo equipado y el resultado de ese equipamiento.

Tómate un momento para escribir la información en la grilla que se encuentra debajo de cada pasaje.

El Dios que da la paz levantó de entre los muertos al gran Pastor de las ovejas, a nuestro Señor Jesús, por la sangre del pacto eterno. Que él los capacite en todo lo bueno para hacer su voluntad. Y que, por medio de Jesucristo, Dios cumpla en nosotros lo que le agrada. A él sea la gloria por los siglos de los siglos. Amén. (Hebreos 13:20-21)

¿Qué o quién equipa?	¿Quién está siendo equipado?	¿Cuál es el resultado?

Pero tú, permanece firme en lo que has aprendido y de lo cual estás convencido, pues sabes de quiénes lo aprendiste. Desde tu niñez conoces las Sagradas Escrituras, que pueden darte la sabiduría necesaria para la salvación mediante la fe en Cristo Jesús. Toda la Escritura es inspirada por Dios y útil para enseñar, para reprender, para corregir y para instruir en la justicia, a fin de que el siervo de Dios esté enteramente capacitado para toda buena obra. (2 Timoteo 3:14-17)

¿Qué o quién equipa?	¿Quién está siendo equipado?	¿Cuál es el resultado?

> Pero a cada uno de nosotros se nos ha dado gracia en la medida en que Cristo ha repartido los dones. Por esto dice:
> «Cuando ascendió a lo alto,
> se llevó consigo a los cautivos
> y dio dones a los hombres.»

(¿Qué quiere decir eso de que «ascendió», sino que también descendió a las partes bajas, o sea, a la tierra? El que descendió es el mismo que ascendió por encima de todos los cielos, para llenarlo todo.) Él mismo constituyó a unos, apóstoles; a otros, profetas; a otros, evangelistas; y a otros, pastores y maestros, a fin de capacitar al pueblo de Dios para la obra de servicio, para edificar el cuerpo de Cristo. De este modo, todos llegaremos a la unidad de la fe y del conocimiento del Hijo de Dios, a una humanidad perfecta que se conforme a la plena estatura de Cristo. Así ya no seremos niños, zarandeados por las olas y llevados de aquí para allá por todo viento de enseñanza y por la astucia y los artificios de quienes emplean artimañas engañosas. Más bien, al vivir la verdad con amor, creceremos hasta ser en todo como aquel que es la cabeza, es decir, Cristo. Por su acción todo el cuerpo crece y se edifica en amor, sostenido y ajustado por todos los ligamentos, según la actividad propia de cada miembro. (Efesios 4:7-16)

¿Qué o quién equipa?	¿Quién está siendo equipado?	¿Cuál es el resultado?

Dios, enséñame

Medita en la en la información que anotaste en los recuadros. Vuelve a leer los pasajes si es necesario para asegurarte de que has registrado todos los detalles. Pídele a Dios que te enseñe a través de los pasajes y utiliza las siguientes preguntas. ¿Qué es lo que notas acerca de quién o qué realiza el equipamiento? ¿Puedes detectar una tendencia? ¿Qué es lo que percibes acerca del que está siendo equipado? ¿Qué notas sobre los resultados? Lleva un registro de tus reacciones y pensamientos.

En cada uno de estos tres pasajes de las Escrituras podemos ver a un agente divino equipando. En Hebreos 13 es Dios el que a través de Jesús equipa. En 2 Timoteo 3, es la Palabra de Dios la que equipa. En Efesios 4 los que equipan son los líderes dotados de dones, usando los dones que les fueron dados por Jesús.

Dios Equipa

Es fácil que esta simple verdad se pierda así como se deslizan las monedas entre los cojines del sillón. Eso es algo muy desafortunado porque esta pequeña verdad podría salvar a muchos creyentes de millones de preocupaciones y esfuerzos inútiles. Dios mismo puede equipar. ¿Te diste cuenta por qué? Para hacer su voluntad.

Si no hubiera perdido esta verdad en los cojines de mi sillón en mi etapa de joven adulto, posiblemente me habría ahorrado mucho del dinero que gasté comprando libros con títulos como *Encuentra la voluntad de Dios para tu vida*. Dios ha estado listo y dispuesto a ayudarme a hacer su voluntad desde el principio.

¿Pero *cuándo* y *cómo* nos equipa Dios? Si podemos encontrar el *cuándo* (como cuando en medio de nuestra ajetreada vida le damos a Dios la oportunidad), Dios se encargará del *cómo*.

Una de mis personajes favoritos de las Escrituras es Asaf, un músico levita autor de varios Salmos. Asaf inicia el Salmo 73 lamentándose por el hecho de haberse mantenido puro para nada. Los malvados, haraganes y flojos, que no se han mantenido puros en lo absoluto, no muestran tener preocupaciones ni cuidados. Y se divierten en grande. Asaf se pone celoso hasta el punto de querer tirar la toalla y alejarse de Dios.

Hasta que entra en el santuario de Dios. Y en una explosión de epifanía espiritual, logra ver a través del engaño que está a punto de destruirlo. Inicia el salmo listo para cruzar al lado oscuro, sin querer saber nada de Dios. Sin embargo, lo concluye *deseando* todo lo que tiene que ver con Dios. ¿Qué fue lo que produjo esa diferencia?

Su tiempo en el santuario.

¿De qué se trata eso? Como levita del tiempo del reinado de David, encargado de ministrar frente al Arca del Pacto, Asaf entraba y salía del santuario de Dios una y otra vez, posiblemente todos los días. Pero su entusiasmo espiritual había decaído completamente. Asaf había llegado al límite de querer abandonarlo todo.

Yo conozco ese sentimiento. Se parece mucho a tener que levantarse temprano el domingo por la mañana, prepararse para ir a la iglesia, revisar frenéticamente todo lo que hay que hacer, y mientras tanto ver a los vecinos recoger el periódico todavía en pantuflas, o a los golfistas aprontándose para salir al campo de golf.

Eso debe ser bueno, muy a menudo pensaba.

Pero algo sucedió en una ocasión en particular en la que Asaf entraba y salía del santuario. Algo poderoso e inesperado.

Asaf se percató de la presencia de Dios. Y eso lo cambió. De hecho, lo equipó para vencer la tentación que lo estaba acechando.

Eso es lo que sucede cuando dejamos que Dios sea el que equipe. Experimentamos a Dios. Y de repente nos damos cuenta de que podemos conocer la voluntad de Dios y cumplirla. Nuestro trabajo es buscar ese tiempo en el santuario. Dios hará el resto.

Al ministrar a los jóvenes, nuestro trabajo es *proveer* esos momentos de santuario y confiar en que Dios los equipará.

La Palabra de Dios capacita

El hecho de que la Palabra de Dios equipa es lo que me motivó a escribir este libro, y posiblemente sea lo que te haya guiado a leerlo. Espero que sea un buen primer paso para descubrir el *cómo*, y que te anime a encontrar el *cuándo*.

En 2 Timoteo 3:16-17 se nos ofrece una magnífica visión de lo que la Palabra de Dios puede hacer para equiparnos: enseñar, redargüir, corregir, instruir en justicia. No es casualidad que precisamente eso sea lo que tú y yo deseamos alcanzar dentro del ministerio juvenil. Sin embargo, las Escrituras lo pueden hacer mucho mejor que nosotros. Y las Escrituras lo hacen sin manipular ni cargar con sentimientos de culpas. Las Escrituras van directamente hasta las coyunturas y la médula (Hebreos 4:12).

¿El resultado? El cumplimiento del sueño de todo líder juvenil: los jóvenes son equipados para toda buena obra.

Eso suena a que los jóvenes están cumpliendo el llamado de Dios para sus vidas. Y eso se ve como un ministerio juvenil vigoroso.

Uno de los primeros pasos que podemos dar para experimentar el equipamiento que viene de la Palabra de Dios es este: *Permitir que las Escrituras nos enseñen*. Confía en el hecho de que Dios está mucho más interesado en usar su Palabra para transformar a nuestros jóvenes que cualquiera otra de nuestras fascinantes historias o conmovedoras ilustraciones.

Las Escrituras son poderosas en sí mismas. De hecho, probablemente es mejor que sea así.

Considera una de las victorias más decisivas de Israel en la que aniquilaron la ciudad de Hai. La batalla tenía todos los elementos como para convertirse en una película de acción y suspenso: astucia, emboscadas, todo listo a tiempo, un bloqueo de las comunicaciones, dependencia total entre los soldados, y una absoluta y rotunda victoria.

Después de que el polvo se asentó (literalmente), Josué reunió a todo Israel para hacer una fiesta por la victoria. La escena era como la que se ve en los vestuarios deportivos después de una victoria peleada. Se daban entre ellos palmadas de celebración, había historias que contar, y abundaban los abrazos. Cuando Josué se paró para dirigirse a la multitud, pudo haber sonado como un entrenador de fútbol americano en una reunión de prensa después de ganar el Súper Tazón de la NFL.

Pero eso no fue lo que él hizo. Una vez que todos estuvieron reunidos, Josué leyó el libro de la ley. Cada palabra de ella (Josué 8:34-35).

En medio de toda la conmoción, Josué dejó que las Escrituras fueran las que enseñaran. Al escuchar las palabras de Dios, especialmente las bendiciones y maldiciones que Dios había señalado por la obediencia y desobediencia, la gente descubrió que su magnífica victoria había venido por sorpresa. Si ellos eran obedientes, Dios siempre los libraría. En tanto que Israel se preparaba para una celebración final, Josué les decía: «Actúen como si ya hubieran estado ahí antes. Y por todos los medios, vivan en obediencia, para encontrarse en este punto de nuevo».

Sin embargo, él permitió que las Escrituras se los dijeran.

Los líderes dotados equipan

Aquí es donde tú, el líder de jóvenes, entras en la tríada de equipamiento.

Muchas veces yo sospecho que lo mejor que pueden hacer los líderes dotados para encender el verdadero *katartizo* (equipamiento) es quitarse de en medio y dejar que los otros dos elementos (Dios y su Palabra) hagan el trabajo. Pero Dios tiene un papel especial para los líderes y sus dones. Efesios 4:7-16 revela una lista de resultados que los jóvenes pueden experimentar cuando los líderes usan al máximo sus dones espirituales. Si esto no te impresiona, deja que se metabolice la Palabra en ti un poquito más. Te garantizo que lo hará.

Posiblemente te estés preguntando: *¿Soy yo uno de esos líderes? ¿Será que califico para uno de los cinco dones que menciona Pablo en Efesios 4?*

Esto es lo que sabemos: los dones espirituales son habilidades sobrenaturales dadas por el Espíritu Santo a los creyentes en Cristo (1 Corintios 12:7). Todo creyente tiene por lo menos un don espiritual, y te aseguro que tú no eres la excepción, sin que importe que sientas que *no tienes dones* en algún momento en particular.

El estudio inductivo de estos tres importantes pasajes te dará un amplio panorama caleidoscópico de la riqueza tan variada de los dones espirituales mencionada en el Nuevo Testamento: 1 Corintios 12, Efesios 4 y Romanos 12. Si nunca has identificado cuál es tu don espiritual (o dones), o si cuestionas que los dones estén vigentes en nuestra era, te recomiendo enfáticamente que hagas tu propia investigación en estos capítulos llenos de poder. Pocas cosas en la vida (y me atrevo a decir *nada* en la vida) traen tanta recompensa como descubrir la manera en que Dios te ha llamado, equipado y dotado de forma única para las buenas obras que él ha preparado de antemano para que solo tú andes en ellas (Efesios 2:10).

Mientras tanto, aquí tenemos algunos pensamientos acerca de los dones específicos mencionados en Efesios 4. Los cinco dones mencionados ahí, apostolado, profecía, evangelismo, pastorado y enseñanza, comparten un denominador común muy importante. Cada uno de ellos involucra comunicación (es hablado). Por eso estos dones se conocen como los dones del habla[40].

Si estás inmerso en el liderazgo de jóvenes, hay grandes probabilidades de que tengas un don del habla; posiblemente alguno de los dones de liderazgo que menciona Efesios 4[41].La comunicación es un elemento clave en el ministerio juvenil, ya sea que estés al frente dando las pláticas o guiando la alabanza, o que seas un voluntario que acompaña a los jóvenes en una relación uno a uno.

La comunicación es la comunicación, independientemente de que tu audiencia esté conformada por cientos de chicos o por un puñado de ellos.

Por qué no lo desglosamos un poco más. La evidencia de que el Espíritu Santo te ha equipado para hablar en su nombre tiene poco o nada que ver con el hecho de que te guste hablar, de que detestes o te encante ser la persona que se para al frente, o de que la audiencia o los jóvenes crean que eres bueno. La comunicación sobrenatural se puede dar en una conversación telefónica, al costado de una cancha de fútbol, o en un estudio bíblico de hogar. No limites las formas en las que Dios puede usar tu boca para comunicar sus verdades.

Si después de haber escudriñado las Escrituras y haber hablado con Dios, sinceramente no crees que él te haya dotado para guiar a los adolescentes en un estudio bíblico, entonces considera esto: Tal vez, solo tal vez, no seas el indicado para esa actividad.

Posiblemente haya un voluntario o alguien del equipo de líderes o de tu entorno que tenga un corazón dispuesto hacia la Palabra de Dios y amor por los jóvenes. Esa persona puede ser un maestro-discipulador dotado con los dones espirituales que produzca los resultados de Efesios 4 en tu ministerio juvenil. Así que dale toda la libertad para hacerlo.

Dios, cámbiame

Volvamos a nuestro estudio acerca del equipamiento al estilo *katartizo*. Basándonos en lo que hemos observado en las Escrituras, la pregunta final que debemos hacernos es: ¿qué tengo que hacer ahora?

Piensa en tu agenda del ministerio juvenil. (De verdad, hazlo. Yo te espero).

Al echarle un vistazo a tus esfuerzos por discipular, ¿cómo se compara esto con los diferentes usos de *katartizo* mencionados anteriormente? (Por cierto, te sugiero firmemente que lleves un registro escrito de tus respuestas sobre aplicación, tales como estas. A mí me funciona, y estoy dispuesto a apostar que también te funcionaría a ti).

Al considerar tu agenda, ¿puedes ver en ella una oportunidad para que Dios haga el equipamiento?

Al evaluar los diferentes tiempos que tienes para enseñar, ¿confías en la Palabra de Dios para que sea la que enseñe? Piensa en alguna de las técnicas o ilustraciones que normalmente usarías para hacer llegar el mensaje. ¿En qué rango pondrías a la Palabra de Dios en comparación con esas herramientas?

Piensa en tus líderes y sus dones espirituales, las personas que encabezan estos esfuerzos. ¿Están ellos entusiasmados con la Palabra de Dios, y tienen la pasión para asegurarse de que los jóvenes la comprendan? ¿Son ellos los líderes dotados espiritualmente a los que Dios les ha encomendado el ministerio?

Un modelo para el discipulado

Pongámonos hiperprácticos por un momento. Imagínate pasar una hora con tus jóvenes estudiando un pasaje bíblico como un líder dotado espiritualmente que ha dedicado tiempo a estudiar el pasaje, le ha preguntado a Dios que es lo que él quiere que vea y le ha pedido que le enseñe lo que él quiere enseñarle. Te has comprometido a cambiar, ya has hecho diferentes ajustes después de entender lo que Dios te ha enseñado. Hasta has tenido varios momentos de *¡oh!* y *¡ah!* en el camino.

Ahora es tiempo de guiar a tus jóvenes. Pero en lugar de *decirles* lo que Dios te ha enseñado, permites que lo descubran por ellos mismos. Les permites que experimenten los beneficios que trae el hecho de que sea Dios mismo el que les muestre.

Puesto que ya te has preparado, tienes una idea clara acerca de cómo guiarlos y animarlos a encontrar palabras claves que les ayuden a entender mejor el pasaje, así como tú mismo lo descubriste.

Observaciones de *Katartizo* en las Escrituras

Juntos hemos visto tres instancias de *katartizo* en las Escrituras. ¿Quieres un panorama más completo? *Katartizo* es traducido en algunas versiones como *equipar* en Hebreos 13:21, 2 Timoteo 3:17 y Efesios 4:12. En los siguientes pasajes bíblicos, los traductores han interpretado *katartizo* de diferentes formas.

Cuando leas estos versículos en tu Biblia, busca quién es el que equipa, quién está siendo equipado y cuáles son los resultados. Registra especialmente quién es el agente especial que participa en el proceso.

1 Corintios 1:10 (estar perfectamente unidos)

2 Corintios 9:5 (estar listos)

2 Corintios 13:9 (ser completamente restaurado)

2 Corintios 13:11 (experimentar restauración)

Gálatas 6:1 (restaurar)

1 Tesalonicenses 3:10 (suplir lo que hace falta)

Hebreos 11:3 (formar)

Dado que Dios habla suave y personalmente a cada corazón, debes incluir un poco de quietud, algún espacio para que puedan estar a solas con Dios y con el pasaje. Esto les garantiza disponer de unos minutos sin tener que escucharte, oír a sus amigos, o cualquier otra cosa que suceda en ese momento. Eso también permite que Dios y su Palabra entren directa y poderosamente para que ellos experimenten el proceso de equipamiento.

Después de unos minutos, pueden regresar todos al grupo para juntos procesar en comunidad la información que los jóvenes recibieron individualmente.

Como líder espiritualmente dotado, debes tomar las riendas para guiar el debate. Tienes que saber cuándo dar libertad, a medida que los jóvenes piensan en voz alta sobre el pasaje. Y también debes tener en claro cuándo los debes regresar al tema si se están desenfocando, para que nadie se pierda la aplicación que Dios mismo tiene para su Palabra.

Totalmente preparado y listo para actuar

No pierdas de vista lo que *katartizo* (equipamiento) logra: *los hace completamente preparados, sin ninguna deficiencia.*

Mi forma favorita de usar esta palabra en la literatura griega es la imagen de preparar un barco para la batalla. No es solo que resulte seguro para navegar (léase *imposible de hundir*), sino equiparlo con todas las armas necesarias para atacar y defenderse.

¿Es eso lo que tú y yo estamos procurando hacer con nuestros jóvenes?

Es más que entrenar. Es más que un programa de discipulado. Hebreos, 2 Timoteo y Efesios nos sugieren que eso sucede en el ámbito espiritual... cuando los jóvenes experimentan personalmente a Dios y su Palabra bajo la dirección de líderes llamados por Dios y dotados divinamente.

Al dar lugar a esta tríada de equipamiento en tu ministerio juvenil, empezarás a ver más de lo que Dios promete en esos pasajes.

Sinceramente, ¿qué más queremos que lo que Dios nos ha garantizado?

Contesta esta pregunta, y la vida de tus jóvenes nunca será la misma.

Capítulo 12
Festín nutritivo

*Luego me dijo: «Hijo de hombre, cómete el rollo que te estoy
dando hasta que te sacies.» Y yo me lo comí, y era tan dulce
como la miel.* Ezequiel 3:3

Cuando mi madre era adolescente, una vez le dieron la
responsabilidad de alimentar al canario de la familia. Y digo *una
vez*, porque bajo su cuidado el canario se fue directamente al cielo
de los canarios.

Mamá era diligente en revisar la bandeja de la comida todos los días.
Y cada vez que revisaba, la bandeja estaba llena. *Esto es fácil,* pensó
ella. El pájaro casi nunca necesitaba que se la llenara de nuevo.

Lo que ella no sabía era que luego de comer las semillas, quedaban
en el mismo lugar unas cáscaras que *parecían* semillas. El canario
murió de hambre. Tenía una bandeja de cáscaras y no de comida.

¿Esto es comida?

Como líderes de jóvenes, hemos hecho un calendario que incluye
estudios bíblicos. Pero, ¿es nuestro estudio la comida que los
jóvenes necesitan, o pura cáscara? Tal vez mantenga a los jóvenes
ocupados por una hora o más, pero ¿les está proveyendo sustancia?
¿Digieren la comida que ponemos en la mesa?

El metabolismo es un proceso necesario para mantener la vida.
Podemos tener toda la comida nutritiva del mundo frente a nosotros,
pero si no abrimos nuestras bocas y comemos, no viviremos. Incluso
comer la comida no es suficiente. Debe ser metabolizada, o sea,
descompuesta y absorbida en un nivel molecular.

Nuestros jóvenes pueden codearse con las cosas de Dios en la iglesia y en su casa. Pueden estar involucrados profundamente en actividades cristianas. Pueden tener Biblias a su alrededor. Pueden incluso participar activamente de un estudio bíblico, pero si no se produce una aceptación de la Palabra de Dios en su corriente sanguínea espiritual, es como si estuvieran escogiendo alimentarse de una bandeja de cáscaras vacías.

En este capítulo vamos a llegar hasta el nivel molecular de los jóvenes, para ayudarlos a metabolizar la Palabra de Dios, asegurándonos de proporcionarles experiencias bíblicas con alta probabilidad de aceptación, no solo algo a lo que llamamos estudios bíblicos.

Consideraremos algunas maneras prácticas de implementar los puntos de los capítulos anteriores, y vamos a abordar algunas cuestiones más amplias relacionadas con la puesta en marcha y el mantenimiento de un festín nutritivo de la Palabra de Dios. Por último, usaremos nuestro trabajo en Hechos 4 (vuelve a los capítulos 7-9) para crear un ejemplo de lo que es un pequeño grupo de estudio bíblico en el que podamos evaluar a nuestros jóvenes.

Escoge el ambiente

Cada aspecto de tu ministerio juvenil puede beneficiarse al incrementar intencionalmente el conocimiento de la Palabra de Dios. La adoración puede crecer. El discipulado uno a uno puede adquirir una mayor determinación. Los sermones y pláticas de los líderes pueden resultar más penetrantes y eficaces.

Pero la puerta de entrada más natural para introducir el estudio de la Biblia en un ministerio de jóvenes es el ambiente de grupo pequeño. Según mi punto de apreciación, no hay mejor lugar para que los jóvenes metabolicen la Palabra. La intimidad de un grupo pequeño promueve la participación. El formato relajado lleva a detenerse más en las Escrituras. Y reunirse con aquellos que han escogido ser parte de un grupo pequeño comunica un sentido de seriedad y desafío.

Así que mientras nos ocupamos de algunas cuestiones claves para poner en marcha y mantener un ministerio eficaz de la Palabra, usemos el ambiente de grupo pequeño como nuestra plataforma de lanzamiento. Pronto descubrirás que no constituye un gran salto llevar esa información a otros ámbitos, como el del discipulado uno a uno, la Escuela Dominical, las reuniones de adoración, las capacitaciones para viajes misioneros, y otros semejantes.

Recluta un equipo de oración

Antes de incluir a los jóvenes y el estudio bíblico en una misma frase (por no decir colocarlos en la misma habitación), antes de crear un formulario de inscripción, o de hacer el primer anuncio, recluta un equipo de oración por este esfuerzo.

Pídele a tus compañeros que oren para que los jóvenes hambrientos deseen participar. Una vez que el estudio haya comenzado, pídeles que oren por cada joven en el transcurso del estudio. (Asegúrate de enviarles una lista de nombres). Algunos de tus compañeros de oración podrían estar disponibles para orar al mismo tiempo que tu grupo se reúne.

Como viste en el capítulo 11, los resultados que estás buscando son sobrenaturales. La oración es un catalizador para invitar y liberar al Espíritu de Dios a que ilumine su Palabra.

Inscripciones voluntarias, ubicación y tiempo

La mejor forma de atraer a los jóvenes hambrientos es ofrecer tu estudio en un lugar y a una hora que promueva la asistencia voluntaria. Haciendo eso les comunicas a los jóvenes (y a sus padres) que este tiempo es para aquellos que tienen curiosidad o que desean aumentar su fe, lo que luego te dará el permiso necesario para profundizar.

Reunirse en un hogar es ideal. Pero si no resulta práctico, usa una iglesia u otra ubicación que sea cómoda y sirva a los fines de persistir con las Escrituras.

Cuando un grupo superó la sala de nuestra casa, uno de los mejores lugares para el estudio de la Biblia fue la pequeña capilla de la iglesia. El salón de jóvenes resultaba demasiado espacioso. Las aulas de la Escuela Dominical se parecían al colegio. Pero la capilla era ideal, con su luz tenue y su piso alfombrado. Los jóvenes dispersaban sus cosas y se acomodaban en el suelo. Y en las raras ocasiones en las que nuestra búsqueda en la Palabra se transformó en adoración, ese pequeño santuario se convirtió en la clase de santuario que Asaf describía en el Salmo 73, un lugar en el que los jóvenes pudieron experimentar la presencia de Dios.

Abrir la sesión

Una vez que tus jóvenes se encuentran reunidos, siempre es bueno, para facilitar el estudio, realizar un ejercicio que una al grupo, conduzca sus mentes y prepare sus corazones para enfocarse en la Palabra de Dios. Puede ser algo tan simple como: «¿Cuál fue el mejor momento de tu día hoy?». (O el peor). Otra posibilidad es hacer una pregunta que se responda en el transcurso del estudio: «¿Qué piensa Dios sobre el enojo? ¿Es bueno o es malo?». Si dicen que es malo, puedes continuar con: «¿Habrá algún momento en el que resulte bueno enojarse?».

Si la composición de tu grupo exige una actividad rompe hielo o un juego, no dudes en utilizarlos. No tiene por qué relacionarse con el tema a estudiar, puede ser algo rápido que haga que los jóvenes se unan.

Escrituras del tamaño de la pared

Si hacer que los jóvenes busquen en la Palabra en soledad suena como una receta para el desastre, haz que trabajen en grupo para buscar o marcar la información en las Escrituras.

Ve a cualquier tienda de impresión rápida y haz que tus hojas de las Escrituras se conviertan en impresiones gigantescas que puedas pegar en la pared y sobre las que escribir con marcadores. También puedes hacer tus propias Escrituras del tamaño de la pared con un marcador y papel de periódico o cartulina.

Pide a los voluntarios que dibujen símbolos sobre las palabras y frases en los enormes papeles de las Escrituras. (Por cierto, esto funciona muy bien con alumnos de secundaria.) Si estás estudiando el mismo pasaje durante varias semanas, es bueno usar los mismos papeles semana tras semana.

Una variación de esta técnica es proyectar las Escrituras en la pared. Los jóvenes pueden subrayar las palabras desde la computadora o bien señalarlas con un láser. Si proyectas la imagen en una superficie en la que se puede escribir, como una gran pizarra o una sábana, los jóvenes pueden marcar directamente esas superficies.

La transición hacia el estudio

Después de uno o dos minutos, podrás introducir el tema. Puedes utilizar un video corto de alguna banda cristiana, un cortometraje que presente el tema, o una lluvia de preguntas de discusión rápida como: *¿Qué sabes sobre el libro de Hechos? ¿Quién lo escribió? ¿De qué trata? Ponte en el lugar de los apóstoles luego de la resurrección de Jesús, ¿cómo crees que fueron esos días?*

La experiencia con las Escrituras

Dios, Muéstrame

Piensa en la experiencia con las Escrituras como la columna vertebral de su tiempo juntos. Nada es más importante que darles a tus jóvenes un tiempo amplio para tener interacción directa con la Biblia.

En el capítulo 7 sugerimos varias herramientas que te ayudarán a ti y a tus jóvenes a excavar más profundo. Herramientas como usar símbolos para marcar el *quién, qué, cuándo, dónde, por qué* y *cómo* en el pasaje, señalar las palabras y frases repetidas, y buscar cualquier promesa o mandamiento.

Debes recordar que el propósito de estas herramientas es ayudarte y ayudar a tus jóvenes a percibir con exactitud lo que las Escrituras dicen. Sin la observación exacta (Dios, muéstrame), notarás que el debate deriva mayormente hacia opiniones («Yo pienso…»), hacia información que los jóvenes han tomado de otras fuentes («Yo escuché que…»), e incluso hacia cosas inventadas (lo último que quieres escuchar en un estudio bíblico).

Las herramientas para el estudio inductivo, probadas a través del tiempo, han producido un gran impacto en los estudiantes de la Biblia de todas las edades. Pero como todas las cosas en el ministerio juvenil, las herramientas pueden ser ajustadas para que se adapten a tu grupo o ambiente en particular.

1. Hojas de las Escrituras: Cada joven necesitará una copia del libro de la Biblia o capítulo que el grupo estudiará. La mejor manera de asegurarse de que todos tengan la misma traducción (y mantener a algunos padres calmados cuando sus hijos vuelvan a casa con las Biblias marcadas) es darle a cada joven una copia de las Escrituras.

Si tu grupo está estudiando un libro corto como el de Colosenses, puedes copiar todo el libro de un software bíblico o desde un sitio web como www.biblegateway.com y pegarlo en un documento de algún procesador de palabras. Si estás trabajando con un libro más grande, entrégales un capítulo semanal. Dale un formato a esas hojas de las Escrituras con un margen amplio y mucho espacio para marcar y hacer anotaciones. Entrégale a cada joven una carpeta para guardarlas. Cuando hayan terminado el estudio, tendrán su propio registro de cómo Dios les habló durante el estudio.

2. Elementos para buscar y marcar: Compra algunos lápices de colores, y ponlos a mano para cada sesión de estudio. Cada joven necesitará dos o tres colores para marcar cualquier palabra o hecho que les digas que busquen.

Entonces, ¿qué deberías pedirles que buscaran? Ya que tú, el líder, le has dedicado tiempo al pasaje, tendrás algunas ideas. Si el capítulo se enfoca en Abraham, podrías hacer que buscaran y marcaran cada palabra de Abraham, localizando todo lo que dijo e hizo en el pasaje.

Si se trata principalmente de un concepto, como la manera en que deberíamos usar nuestras lenguas (Santiago 3), podrías pedirles que dibujaran un par de labios en todas las palabras relacionadas con la boca, como: boca, lengua, alabar, y maldecir.

Si el pasaje está lleno de mandamientos y promesas, pídeles a los jóvenes que busquen y marquen primero los mandamientos (tal vez con un megáfono), y luego las promesas (tal vez con un arcoíris).

No hace falta ser un genio para esto. Solo haz que los jóvenes busquen algunas de las cosas que les llamaron la atención y les ayudaron a desentrañar el pasaje. Si tu grupo está conformado por chicos muy lectores o por jóvenes un tanto más grandes, les puedes dar varios asuntos para buscar.

No temas que resulte intenso. Y no dudes en pedirles a los jóvenes que lean el pasaje más de una vez y busquen lo que pudieron haber pasado por alto. ¿Recuerdas la intensidad de las cartas de amor en el capítulo 6? Es difícil ir por la Palabra de Dios con intensidad en una sola pasada.

3. Soledad: Obviamente, leer con la intensidad con que se lee una carta de amor no constituye una actividad grupal. Durante el transcurso de cada sesión, dales a los jóvenes unos cuantos minutos para tener un pequeño retiro con Dios. Después de que les hayas dicho lo que deben buscar, pídeles que tomen sus copias de las Escrituras y lápices de colores y que busquen un lugar a solas con Dios.

Si te reúnes en la iglesia o en una casa, eso podría consistir en dirigirse a un rincón, a un corredor, a una habitación vacía, o incluso sentarse debajo de un árbol afuera. Si estás trabajando en un lugar pequeño, estas opciones pueden no resultar tan prácticas; simplemente dales tiempo para experimentar las Escrituras por ellos mismos mientras se reúnen con el grupo.

Dios, enséñame

Luego de que los jóvenes hayan tenido algunos minutos para experimentar por ellos mismos un pasaje de la Biblia, llámalos de nuevo a que se junten todos para procesarlo como grupo.

Al ser el líder del debate, tu trabajo es lograr que las Escrituras transmitan su enseñanza. ¿Cómo? Haciendo preguntas que inciten a los jóvenes a buscar de nuevo en lo que han marcado y se mantengan analizando el pasaje hasta extraer la mayor parte de los detalles pertinentes. Tus mejores aliados en este proceso serán tus viejas amigas, las preguntas.

A medida que guías a tu grupo por el pasaje, tus preguntas deberían ser semejantes a estas:

¿A quién ves en el pasaje?

¿Qué estaba haciendo?

¿Dónde lo estaba haciendo?

¿Por qué lo estaba haciendo?

¿Cómo reaccionó la gente?

¿Qué sucedió como resultado?

Algunas veces las respuestas resultarán obvias. En otras ocasiones el grupo se verá forzado a volver a leer y se sorprenderá por lo que descubra. Otras veces descubrirán una o dos cosas que tú no viste.

Este es un consejo práctico: haz que tus jóvenes participen y extraigan sus respuestas a partir de las Escrituras, no desde la parte superior de sus cabezas. Tú puedes ayudar a limitar el tipo de preguntas que no resulta posible contestar a partir del pasaje.

Por ejemplo, una pregunta como *¿Qué significa esto para ti?*, atraerá una gran cantidad de opiniones. *¿Qué crees que Jesús hizo cuando era un niño?*, los llevará a una respuesta inventada. Mejores preguntas podrían ser: *¿Qué ves?* o *¿Qué acción se está llevando a cabo aquí?*

El propósito de las etapas de estudio *Dios, muéstrame* y *Dios, enséñame* es llevar el corazón a lo que Dios está diciendo, y no a nuestras opiniones, o a lo que creemos que Dios quiere decir. Las Escrituras enseñarán si tú, como líder, llevas permanentemente al grupo de regreso a lo que ellas dicen.

Opciones interactivas

Si piensas en una manera más creativa de ayudar a los jóvenes a experimentar los puntos clave de un pasaje, no dudes en usarla. Eso puede contribuir a romper la rutina de sesión en sesión.

Hace poco nuestros jóvenes estaban estudiando a Jesús como «la luz» en el libro de Juan. Dado que los versículos estaban llenos de palabras como luz y oscuridad, los líderes cortaron cuadrados blancos para representar luz, negros para representar oscuridad, y de papel gris para la opción intermedia.

Cuando alguien leía el pasaje en voz alta, los jóvenes tomaban un cuadro blanco cada vez que la palabra luz se leía, un cuadro negro cada vez que se pronunciaba la palabra oscuro, u oscuridad, y un cuadro gris cada vez que se mencionaba algo intermedio.

Eso nos proveyó una manera práctica de enfatizar las dos palabras clave en Juan, y los jóvenes inmediatamente quedaron atrapados por el contraste entre la luz y la oscuridad. También notaron que no habían recolectado cuadrados grises, lo que constituyó una ilustración bien gráfica de que no existen maneras intermedias de seguir a Cristo.

A un amigo mío, pastor de jóvenes, le gusta hacer teatro improvisado con las Escrituras. Asigna partes y les pide a sus jóvenes que dramaticen la escena, o que lean las líneas si hay algún diálogo, mientras el narrador lee el pasaje. Esto introduce acción en el pasaje de esa página impresa y ayuda a los jóvenes oír y visualizar lo importante.

1. Escríbelo: Yo soy un adicto a la pizarra. Olvídate de tallarlo en piedra. Para mí, algo no muestra verdaderamente el punto hasta que se lo garabatea sobre una pizarra (a menudo resulta ilegible) con un marcador maloliente.

No tienes que ser tan obsesivo como yo. Pero usar un pizarrón para registrar el debate y organizar los puntos clave te ayudará a atraer la atención de tu grupo hacia la información correcta, la información que quieres que retengan y apliquen.

Mantén una pizarra a la mano y úsala libremente, incluso si se reúnen en una casa. (Si escribir en una pizarra te parece muy de escuela, ve al recuadro *Listas creativas*). Allí se provee material adicional: al finalizar la sesión, permite que tus jóvenes tomen una foto de la pizarra con la cámara de sus teléfonos y que lo usen como un recordatorio. También pueden crear un fondo de pantalla con las imágenes para sus computadoras o celulares.

2. Referencias cruzadas: ¿Recuerdas las tres preguntas de la interpretación exacta? Pregúntale a Dios, pregúntale a las Escrituras, pregúntale a otros. (Si no es así, vuelve al capítulo 8).

Esas preguntas entran en juego cuando el pasaje de la Biblia que tu grupo está estudiando plantea más interrogantes que respuestas. La oración responde a la primera pregunta. Trabajar en comunidad para analizar y discutir el pasaje cubre la tercera.

Pero detengámonos ahora en la segunda: pregúntale a las Escrituras. Habiendo estudiado el pasaje de antemano, encontrarás unas cuantas referencias cruzadas clave que expliquen o arrojen más luz sobre las preguntas o principios planteados en el pasaje. Podrías proveer copias de esos versículos a los jóvenes para que los marquen o podrías pedirles que los busquen en sus Biblias. Tú tomas la decisión.

Yo acostumbro a que los jóvenes usen su propia Biblia. Las copias son buenas, pero cada oportunidad que tengamos de conducir a los jóvenes a usar sus Biblias es dar un paso adelante para enseñarles cómo usar «una de esas cosas». Sugiero incluir por lo menos un ejercicio práctico, un ejercicio de búsqueda, en casi todas las sesiones de estudio.

3. Irse por la tangente: Cuando los adolescentes debaten acerca de la Biblia, me recuerdan aquella frase antigua de Yogi Berra: «Si ven un desvío en el camino, lo tomarán». Cada vez que tú y tus jóvenes abran la Palabra juntos, te encontrarás con muchos desvíos extraños, oscuros, e incluso tangenciales al texto pero fascinantes, que rápidamente pueden desencadenar una discusión y llevarnos a kilómetros del punto principal. Las Escrituras están llenas de situaciones interesantes, y un buen estudio de la Biblia estimula la mente. No sería de extrañar que los estudiantes comenzaran a girar sobre cuestiones y verdades que no estaban en tu plan de clase. Aquí hay una regla general para hacer frente a las cosas tangenciales: reconocerlas. Pasa un minuto o dos discutiendo sobre ellas. Lo único que no debes permitir es que el debate sobre algo tangencial se coma tu precioso tiempo de Biblia. Mantén el punto principal como el punto principal. Por ejemplo, estudiar Génesis 1 puede plantear una cuestión vagamente relacionada, como «¿Por qué Dios no mencionó a los dinosaurios en Génesis 1?». Eso puede llevarlos a «¿Estaban los dinosaurios durante la creación?». Si la respuesta es sí, ¿a dónde se fueron? Preguntas como esas pueden generar mucha especulación, y no encontrarán las respuestas en Génesis 1. Si algo tangencial resulta tan valioso como para abordarlo, entonces sugiere la posibilidad de ir a tomar un café para discutir sobre ello. Si es una pregunta que requiere más estudio de las Escrituras, agrega una o más reuniones para estudiarla. O simplemente reúne las preguntas de tus jóvenes, especialmente las teológicas, que surjan en el camino. (Puedes tener a la mano otra pizarra para esto). Y considera cómo Dios les da respuestas a muchas de estas preguntas a medida que sigues buscando en la Palabra.

Las asuntos tangenciales pueden constituir indicadores interesantes de lo que sucede en la mente de tus jóvenes y de la manera en que Dios trabaja en sus vidas. Si el Espíritu te mueve a ir por la tangente, siéntete en libertad de dejar todo tu plan temporalmente. Siempre podrás volver la próxima semana.

Dios, cámbiame

Pasa los últimos minutos de cada sesión analizando formas de aplicar las verdades principales que los jóvenes han descubierto. La aplicación se trabaja tanto de manera individual como grupal.

Dales a los jóvenes una oportunidad de asumir sus propios compromisos. Haz que compartan sus aplicaciones personales si es que existe un alto nivel de confianza dentro del grupo. Luego, como grupo, identifiquen formas en las que los jóvenes puedan trabajar juntos para vivir instrucciones y verdades específicas.

1. Responsabilidad: El estudio de la Biblia resulta convincente cuando se hace en profundidad. Tus jóvenes (y tú) irán asumiendo compromisos a lo largo del estudio. Ayúdense unos a otros a mantener esos compromisos elaborando un plan de responsabilidad.

Por ejemplo, cuando termine cada sesión podrías crear un mensaje de texto que los jóvenes puedan enviarse unos a otros como un recordatorio para hacer lo que han aprendido o programar un cheuqeo a mitad de la semana, ya sea en un restaurante de comida rápida u on-line.

2. Algo que llevarse: Al terminar cada reunión, dales a los jóvenes la oportunidad de resumir la sesión entera en uno o dos puntos que puedan llevarse de esa hora con la Palabra de Dios. Utiliza unas de las siguientes preguntas para hacerlos pensar:

¿Qué es lo que nunca olvidarás de este pasaje?
¿Qué te sorprendió?
¿Qué verdad nueva sobre Dios aprendiste hoy?
¿Qué es lo que te planteó un desafío o te condenó?
¿Sobre qué te gustaría aprender más?

Ofréceles a los jóvenes una forma de guardar la evidencia de lo que se están llevando al proveerles una hoja de repaso, o realizando una rápida manualidad. Cualquiera de estas opciones les dará una visión de conjunto de los puntos clave del estudio y les ayudará a conservar sus propios puntos importantes y «las perspectivas de Dios» que les proveyó la experiencia.

Cuando nuestro grupo de jóvenes estudiaba las cuestiones básicas de la fe cristiana, al terminar cada sesión, nosotros les entregábamos un pequeño objeto que representaba cada cuestión básica que habían estudiado. Representamos el pecado con un anzuelo con el plomo que lo hunde. Simbolizamos el Espíritu Santo con un adaptador de corriente (como señal de conectarse al poder). Los jóvenes registraban todas estas cosas en un cuaderno grande de espiral. Eso servía como una gran herramienta de memoria y un aparato eficaz para repasar.

3. Devocionales personales: La meta de cualquier estudio inductivo de la Biblia a largo plazo con los jóvenes es ayudarlos a convertirse en personas capaces de autoalimentarse de la palabra de Dios de por vida.

A medida que los jóvenes y tú utilicen las herramientas inductivas en las reuniones, puedes estar seguro de que ellos profundizarán su relación con Dios por lo menos durante unos minutos cada semana. Lo que sucede *en* estas sesiones es que se les provee una plataforma, un lugar en el que la teoría se convierte en realidad.

Lo que los jóvenes hagan entre sesión y sesión dependerá del grupo. (Pedirles a los jóvenes que estudien la Biblia en casa para prepararse para la reunión de estudio puede tener un resultado incierto. La línea entre desafiar a los jóvenes y conducirlos a un fracaso es muy delgada).

Listas creativas

No temas pensar en algo fuera de la pizarra para anotar las percepciones del grupo. Si estás estudiando un pasaje cargado de promesas, compra una gran pelota de playa con gajos de colores que represente un arco iris, y utiliza un marcador permanente para escribir las promesas en ella. Cuelga la pelota en algún lugar de tu área para predicar. O compra unas pelotas pequeñas en las que los jóvenes puedan escribir y llevárselas a casa.

Un megáfono es un gran símbolo a usar cuando se marcan instrucciones y mandamientos en las Escrituras. Y un megáfono real sirve como una gran «pizarra» en la que grabar los mandamientos de Dios. Puedes buscar la imagen de uno on-line (busca en suministros de animadores) o en una tienda de deportes. Escribe las instrucciones y los mandamientos para pegarlos en un gran megáfono, o en pequeños megáfonos para que los jóvenes se lleven.

Si tus jóvenes piden más o se preguntan cómo llevar a cabo su propio tiempo devocional para que resulte interesante y significativo, experimenta dándoles algunas minibúsquedas en la Palabra que ya hayas hecho. Eso los motivará a desarrollar hábitos santos y proveerá un significado a que lo hagan. Pero haz de esto algo opcional o disponible si lo solicitan.

Manos a la obra

Guiar al grupo. Hechos 4:1-13

Una vez hayas estudiado el pasaje inductivamente, casi de manera instintiva sabrás cómo guiar a los jóvenes en un recorrido similar.

¿Cómo sabré eso?, te preguntarás.

Primero, habrás tenido algunas epifanías personales, momentos, convicciones y desafíos que te habrán cambiado de alguna manera. Segundo, conocerás el camino a tomar para llegar allí, incluyendo las palabras clave que abrieron el pasaje para ti, la información preparatoria que te resultó especialmente relevante, las definiciones que te proveyeron un significado extra, y las referencias cruzadas que en verdad arrojaron luz.

En pocas palabras, sabrás qué cosas no quieres que tus jóvenes se pierdan. Aunque no puedes esperar abarcar todo lo que has aprendido con tus jóvenes (tendrás que hacer algo un poco simplificado), tendrás una idea bastante cabal de cómo enseñar el pasaje.

En los capítulos 7 al 9 realizamos un estudio práctico de Hechos 4:1-13. ¿Has pensado en cómo podrías guiar a tus jóvenes por el mismo recorrido? Lo que sigue a continuación es mi sesión de grupos pequeños que se asemeja a nuestro estudio práctico. Nos uniremos a la sesión en progreso luego de la apertura y transición del tiempo de estudio.

Ambiente: Grupo pequeño de estudio de la Biblia.

Materiales requeridos:

- Hechos 4:1-13, impreso a doble espacio con márgenes amplios (una copia por joven)

- Lápices de colores (dos por joven)

- Una pizarra

- Biblias (motívalos a traer su propia Biblia)

Distribuye las copias de Hechos 4:1-13. Comparte los puntos que aparecen a continuación como algo previo al pasaje:

- Hechos 1: Jesús, justo antes de ascender al Padre, les dijo a sus discípulos: «Vayan a Jerusalén y permanezcan juntos hasta que el Espíritu Santo se les aparezca».

- Hechos 2: El Espíritu Santo se les apareció, y la iglesia explotó.

- Hechos 3: Recién investidos por el Espíritu Santo, los apóstoles comenzaron a hacer las cosas que Jesús había hecho, incluyendo una sanidad a alguien que pedía limosnas y era cojo de nacimiento. Eso atrajo la atención de algunos líderes judíos que pensaban que se habían deshecho de Jesús.

Dile al grupo que busque la información sobre estos líderes judíos y sobre los apóstoles. Y que también encuentren referencias de tiempo.

Pídeles a los jóvenes que te digan qué símbolos se pueden utilizar para representar a los líderes judíos, los apóstoles, y las referencias de tiempo. Aquí hay algunas sugerencias:

Dios, muéstrame

Dales a los jóvenes unos cuantos minutos de soledad para analizar el pasaje. Pídeles que busquen un lugar en el que puedan estar a solas con Dios para leer y marcar los versículos usando los lápices de color. Si el espacio es limitado, pídeles que permanezcan donde están.

Después de que la mayoría haya terminado, reúne al grupo de nuevo. Pídeles que te digan qué acción tuvo lugar en el pasaje, quiénes estaban ahí y qué hicieron. Confecciona una lista poniendo la información en orden cronológico, podrías comenzar preguntando: «¿Cuántos días cubre el pasaje?». Luego divide la pizarra en dos columnas: Día uno y Día dos.

Aquí hay algunas preguntas que podrías usar para incentivar la discusión. Compara las respuestas con la pizarra de ejemplo que incluimos.

¿Qué líderes judíos estaban presentes el día 1?
Sacerdotes, saduceos, el jefe de la guardia del templo (v. 1)

¿Qué apóstoles estuvieron presentes el día 1?
Pedro y Juan (v. 1)

¿Cuál fue la actitud de los líderes judíos hacia los apóstoles en el día 1?
Se mostraron resentidos (v. 2)

¿Qué les hicieron los líderes judíos ese día a los apóstoles?
Los encarcelaron (v. 3)

¿Qué líderes judíos estaban presentes el día 2?
Anás, Caifás, Juan, Alejandro (v. 6)

¿Había diferencia entre esos líderes y aquellos presentes en el día 1?
Sí, estos eran perros grandes.

¿Qué apóstoles estuvieron presentes el día 2?
Pedro y Juan (v. 7)

¿Cómo fueron descritos los apóstoles?
Como hombres sin letras y del vulgo (v. 13)

¿Cómo respondieron los líderes judíos al discurso de Pedro?
Estaban asombrados (v. 13)

¿Qué fue lo que los asombró?
Su valentía (denuedo) (v. 13)

¿De dónde sacaron los apóstoles esa valentía? ¿Da el pasaje algunas pistas?
1. *Ellos habían estado con Jesús (v. 13).*
2. *Ellos habían sido llenos del Espíritu Santo (v. 8).*

Pizarra de ejemplo

DÍA 1	DÍA 2
Líderes judíos:	**Líderes judíos:**
Sacerdotes, saduceos, jefe de la guardia del templo (v. 1) Estaban resentidos Encarcelaron a los apóstoles	Anás, Caifás (v. 6) Eran perros grandes Estaban asombrados por el denuedo de los apóstoles
Apóstoles:	**Apóstoles:**
Pedro, Juan (v. 1)	Pedro, Juan (v. 7) Eran personas sin letras y del vulgo (v. 13) Tenían gran valentía (v. 13) Valentía que provenía de: Estar con Jesús (v. 13) Haber sido llenos del Espíritu Santo (v. 8)

Dios, enséñame

Ahora ayuda a tus jóvenes a procesar la información que han descubierto, haciéndoles algunas preguntas:

¿Cuál es el punto de esta escena? ¿Por qué está registrada en la Biblia para nosotros?

Posibles respuestas: Para mostrarnos cómo era la vida cristiana en la antigüedad. Para que sepamos cómo responder cuando somos cuestionados por nuestra fe.

¿Qué sabemos sobre la relación que había entre los líderes judíos y los apóstoles?

Que era muy antagónica. Esos líderes judíos estaban tras los apóstoles, tratando de mantenerlos lejos de la vivencia de su fe.

¿Qué es lo que se destaca en el modo en que los apóstoles abordan esta situación?

Estos hombres sin letra y del vulgo no se sentían intimidados por las amenazas de los líderes judíos.

¿Qué se destaca para ti acerca del efecto que los apóstoles tuvieron sobre los líderes judíos?

Los perros grandes no querían meterse con los apóstoles.

Referencias cruzadas

Hay varias rutas que podrías tomar para dejar que las Escrituras interpretaran a las Escrituras. Si te parece que podrías agregar un ejercicio de referencias cruzadas a tu reunión, escoge una de las tres opciones que te presentamos a continuación. Haz que los jóvenes lean los pasajes de la Biblia. Luego analiza la manera en que esos versículos arrojan luz sobre la acción de Hechos 4:

1. Nombres familiares en el juicio y crucifixión de Jesús. La última vez que Pedro y Juan habían visto a esos líderes judíos había sido durante el juicio y la crucifixión, cuando esos mismos hombres habían ordenado que Jesús fuera entregado a los romanos. Haz que el grupo busque en Mateo 26:57-61, Lucas 22:52-53, y Juan 18:19-24.

2. Pedro, antes y después del cambio de imagen. Compara las respuestas que Pedro les dio a estas personas, que eran menos poderosas e impactantes físicamente que aquellos a los que se enfrentaría luego en Hechos 4. Ve a Mateo 26:69-75, Marcos 14:66-72, Lucas 22:56-62, y Juan 18:15-18, 25-28.

3. Características de las personas que Dios usa para su obra. En estos pasajes nota las características de las personas a las que Dios usa. ¿En qué se parecen a la descripción de los apóstoles en Hechos 4? Busca Mateo 11:25, 1 Corintios 1:27, y Jueces 6:11-16.

Dios, cámbiame

Destaca el hecho de que no solo los líderes judíos no causaron impacto sobre los apóstoles, ¡sino que en lugar de eso, los apóstoles impactaron a los líderes judíos! Luego lleva a los jóvenes a realizar aplicaciones específicas a través de unas cuantas preguntas.

¿Qué situaciones similares afrontas ahora en tu vida? ¿Qué personas o situaciones son antagónicas a tu fe y hacen difícil para ti vivir de la manera en que sabes que Jesús quiere que vivas?

Posibles respuestas: Personas y situaciones en la escuela, el trabajo, la familia, y algunos amigos. Ciertas tentaciones, negocios, maestros de escuela que procuran menospreciar al cristianismo o enseñan ideas que contradicen la Biblia.

¿Cómo sería tu vida si impactaras a otros en lugar de que ellos te impactaran a ti?

Posibles respuestas: Tendría mejores soluciones para enfrentar la tentación; me sentiría más seguro para compartir mi fe; sería un mejor ejemplo del estilo de vida cristiano.

¿Qué cambios podrías efectuar para lograr un impacto similar al que los apóstoles tuvieron sobre los líderes judíos?

Posibles respuestas: Considerar el ser «iletrado» y «del vulgo» como fortalezas que Dios puede usar; orar para que el Espíritu de Dios me dé fuerza y confianza similares a las de Pedro.

¿En qué forma podrías experimentar el poder del Espíritu de Dios cada vez más? ¿Qué necesitas cambiar para confiar en que el Espíritu vendrá a ti?

Posibles respuestas: Tengo que estar alerta para confiar en el Espíritu en las situaciones diarias; contar con el hecho de que el Espíritu está esperando pacientemente para actuar a través de mí; desarrollar una vida de oración que le dé al Espíritu una oportunidad para obrar a través a mí.

¿Pasar tiempo con Jesús constituye un aspecto en desarrollo en tu vida? ¿Eres más audaz y más valiente? ¿Qué necesitas para priorizar la parte devocional de tu día?

Posibles respuestas: Tengo que determinarme a pasar tiempo con Jesús, debo mejorar la calidad de mi tiempo, preciso escuchar más las palabras de Jesús en las Escrituras, tengo que hablar menos con mis propias palabras en la oración.

Motiva a tus jóvenes a aplicar específicamente sus respuestas. En lugar de: «Tengo que pasar más tiempo con Jesús», invita a tus jóvenes a hacer citas con Jesús escribiéndolas en el calendario de esta semana. O anímalos a leer uno de los evangelios este mes.

Cierre

Usa una de las siguientes preguntas para ayudar a tus jóvenes a identificar algo que se puedan llevar de la enseñanza dada en este encuentro. Invítalos a escribir sus respuestas:

¿Qué es lo nunca olvidarás de este pasaje?

¿Qué te sorprendió?

¿Qué verdad nueva sobre Dios aprendiste hoy?

¿Qué te desafió o te condenó?

¿Sobre qué te gustaría aprender más?

Piensen en conjunto algunas formas de llevar a cabo un control de los cambios que se han propuesto realizar. No finalices la reunión sin haber establecido un plan.

Finalmente, escoge cinco preguntas del ejercicio de *Dios, muéstrame*. Haz de esto una sucesión de preguntas rápidas, y solicítales a los jóvenes que digan sus respuestas de memoria. Se sorprenderán de lo expertos que son en Hechos 4:1-13.

Parte tres
Herramientas para la búsqueda

Capítulo 13
Provocar el deseo de profundidad en los jóvenes

«¿No es bueno ser parte de algo donde la Palabra de Dios es la estrella del show?» Tic Long, DCLA 2003

Esta generación de jóvenes tiene la habilidad de insuflarle nueva vida a nuestro Texto Sagrado. Tony Jones, *Postmodern Youth Ministry*

La búsqueda de una profundidad espiritual auténtica ha sido documentada por los más grandes autores, conferencistas e investigadores del ministerio juvenil, así como por las redes vanguardistas de ministerio juvenil. Incluso la revista *Time*, una improbable voz profética, ha notado la tendencia. Es probable que tú también lo hayas observado.

Los adolescentes están pidiendo, incluso rogando y clamando, por profundidad.

Muchos componentes vitales de un ministerio de jóvenes se han beneficiado enormemente por esta búsqueda de profundidad, como la adoración y las misiones, por nombrar solo dos. O quizás sea al revés; a lo mejor ellos fueron catalizadores que impulsaron el hambre. De cualquier forma, hemos visto un enorme renacimiento en la adoración de los jóvenes en estos años. Y las experiencias misioneras juveniles están floreciendo como nunca antes.

Pero un componente del ministerio juvenil que no ha guardado el mismo paso con respecto a la búsqueda de profundidad espiritual es el estudio de la Biblia.

¿Por qué? Después de todo, la Palabra de Dios tiene el poder no solo de alimentar al hambriento, sino de transformar a la persona a través de un supremo renacimiento con resultados perdurables que se mantendrá en las futuras generaciones y asegurará que también ellas permanezcan deseosas de profundidad. Con la correcta inyección de la Palabra de Dios en este momento de la historia, estoy convencido de que podemos golpear esa puerta y abrirla por completo.

Así que consideremos juntos tres componentes del ministerio juvenil contemporáneo: adoración, misiones, y posmodernidad. Y veamos cómo podemos aprovecharlos para darles a los jóvenes lo que están pidiendo a gritos: una experiencia más profunda con la Palabra de Dios.

Deshacerse de los dulces

«El ministerio juvenil azucarado al estilo MTV ha terminado».

Así se titula una nota de dos páginas sobre el ministerio juvenil moderno, redactada por la escritora de religión de *Time*, Sonja Steptoe, que documenta el desinterés creciente entre los adolescentes por el empaque de cultura pop tan de moda en los ministerios juveniles de las décadas de los años 80 y 90[42].

Citando una conocida estadística de Barna, el 61% de los jóvenes de veinte y pico que fueron entrevistados dijeron que solían participar de la iglesia cuando eran adolescentes, pero que ya no lo hacían[43]. El artículo indica que el hecho de que se hubiera aguado el ministerio juvenil constituía la razón por la que los jóvenes habían dejado de acudir.

Steptoe describe varios ministerios juveniles prominentes que han visto un incremento marcado de conversiones y crecimiento espiritual después de cambiar el enfoque de entretenimiento por un enfoque más centrado en la Biblia.

En el siguiente artículo, ella cita la investigación de Barna, que revela las razones por las que los adolescentes asisten a la iglesia[44]. Encabezando la lista están «para adorar o establecer una conexión con Dios» y «para entender mejor lo que creo».

Estas razones representan un salto espectacular desde la encuesta de 1996 llevada a cabo por el Search Institute, en la que

los adolescentes dijeron que la razón número uno era que deseaban que los ministerios juveniles los ayudaran a desarrollar la habilidad de entablar amistades.

Compárate con tus colegas del ministerio juvenil de hace dos décadas, y te encontrarás en una posición envidiable. Los jóvenes quieren hoy lo que tienes para ofrecerles.

Espiritualidad de cortar y pegar

Algunos observadores dedujeron que los jóvenes de hoy buscan más una mezcolanza de Nueva Era que una fe bíblica y genuina. Pero en *The New Faithfulness* [La nueva fidelidad], Colleen Carroll Campbell pone en duda el hecho de que los jóvenes busquen una espiritualidad de cortar y pegar, como algunos podrían pensar.

Durante un tiempo del año, Campbell entrevistó a cientos de jóvenes, a varios jóvenes adultos de entre veinte y treinta años, y también a sociólogos expertos, líderes religiosos, y líderes de jóvenes de toda la nación[45]. He aquí cuatro de sus conclusiones:

> [Ellos] no son buscadores eternos. Están comprometidos con una cosmovisión religiosa que fundamenta sus vidas y moldea su moralidad. No son creyentes tibios ni disidentes apasionados. Cuando abrazan la fe tradicional o profundizan su compromiso con ella, quieren hacerlo incondicionalmente o no hacerlo para nada.

> Ellos abrazan compromisos desafiantes de fe que les proveen directrices firmes sobre cómo vivir sus vidas.

> Su adhesión a la moralidad tradicional y devoción religiosa con frecuencia les acarrea un costo personal, y la naturaleza sacrificial de estos compromisos es a menudo exactamente lo que los hace atractivos.

> Se esfuerzan por alcanzar una santidad personal, autenticidad y unidad en sus vidas espirituales, y les atraen las personas y congregaciones que hacen lo mismo. A la inversa, sienten rechazo por la complacencia, la hipocresía y el consentimiento[46].

Basados en las observaciones de Campbell, la mayoría de los adolescentes de hoy está evaluando sus experiencias de fe de acuerdo con su profundidad. Estos jóvenes no están buscando lo mínimo indispensable. Nuestra responsabilidad como líderes de jóvenes es tomar su clamor por encontrar una profundidad en serio, dejando que eso impacte nuestra planificación, nuestra visión, nuestra interacción con ellos, y finalmente, nuestra forma de percibir su espiritualidad.

¿Cómo sacar ventaja del deseo de nuestros jóvenes por lograr una profundidad? He aquí algunas ideas:

- Que sea una meta personal el asegurarte de que los jóvenes que se gradúan de tus clases no tengan razón para decir: «Me hubiera gustado ir más profundo», e incluso, «Me gustaría haber entendido mejor lo que creo». Maximiza su deseo por profundizar mientras aún los tienes contigo.

- No temas demandarles más tiempo y compromiso. Esos son los parámetros que los adolescentes usan para medir el factor sacrificio. No retrocedas y déjalos evaluar el costo.

- Si la Biblia aborda un tema en blanco y negro no agregues escalas de grises. Dales a tus jóvenes medidas claras de santidad y autenticidad por las que esforzarse.

- Deja que los jóvenes descubran la marcada diferencia que existe entre una cosmovisión bíblica y una cosmovisión secular. Permite que esa distinción conmueva sus corazones y sus pasiones.

Adoración

La adoración de los jóvenes ha sufrido un cambio palpable en años recientes. Fue un tremendo alivio notar que desde hace algunos años ya no cantamos más «Conejito Fu, Fu» en los campamentos y convenciones juveniles. (Apuesto que para los ratones del campo también lo fue).

El canto grupal se ha transformado en adoración total, todo el tiempo, y no solo tocar por tocar. Ahora que los ministerios de jóvenes de todas las formas y tamaños tienen sus propias bandas de adoración, los jóvenes forman parte de experiencias auténticas de adoración *semanalmente*. Y ellos *esperan* una adoración vigorosa en los grandes eventos como retiros regionales y convenciones nacionales.

Piensa en la manera en que este renacimiento de la adoración nos provee la oportunidad de vivir la instrucción de Pablo en Colosenses 3:16: «Que habite en ustedes la palabra de Cristo con toda su riqueza: instrúyanse y aconséjense unos a otros con toda sabiduría; canten salmos, himnos y canciones espirituales a Dios, con gratitud de corazón».

Este es el ideal, la perfecta declaración de misión de un equipo de adoración. Usa toda clase de adoración que esté a tu alcance, salmos, himnos, cantos espirituales, para crear un escenario cálido y familiar en el corazón de cada adorador, en el que la palabra de Cristo pueda establecerse. Dejemos que la Palabra y la adoración se entrelacen.

Podemos alcanzar ese ideal actuando con más deliberación para que la adoración y la enseñanza se estimulen a crecer una a la otra. Colosenses 3:16 señala que la idea nunca fue que la adoración y la enseñanza estuvieran separadas. De hecho, Pablo repetía lo que Jesús mismo había dicho acerca de la verdadera adoración, que debe ser en espíritu y en verdad (Juan 4:24). Jesús afirmó que el Padre buscaba esa clase de adoradores.

Las declaraciones de Pablo y de Jesús nos hablan de que Dios está buscando adoradores que le adoren en espíritu, cantando salmos, himnos y cánticos espirituales con pasión genuina. Y que está buscando adoradores que le adoren en verdad, que permitan que la palabra de Cristo more abundantemente en ellos.

Muchos de nosotros hemos visto un ejemplo real de esta combinación de Palabra y adoración en las recientes conferencias de DC/LA, las conferencias de tres días en las que se proporciona entrenamiento para la evangelización, en Washington D.C., y en Los Ángeles, realizadas en base al Evangelio de Juan.

La enseñanza provino de Juan. Los largos tiempos de adoración colectiva fueron cuidadosamente planeados para que los jóvenes experimentaran todo el Evangelio de Juan, ¡cada palabra!, para cuando el evento terminara. Ya fuera una lectura dramatizada, una canción de hip-hop, una actuación de comedia, o una caricatura, el contenido se relacionaba con el mensaje de Juan acerca de Jesucristo.

En otras palabras, la adoración y la enseñanza estuvieron bien entrelazadas.

Esa intencionalidad con respecto a unir la Palabra y la adoración se puede dar en cualquier escala, sea grande o pequeña. Puede suceder con una banda o sin ella. La adoración auténtica ha atrapado a nuestros jóvenes. Con un poco de estímulo de nuestra parte, la adoración puede orientarse hacia un intento de estudio de la Biblia; del mismo modo la Palabra puede dirigirse hacia la adoración. El resultado es que ambas resultan enriquecidas.

A continuación incluimos algunas ideas que nos ayudan a aprovechar el deseo de nuestros jóvenes de una adoración auténtica:

- Considera agregar un pequeño tiempo de adoración en las reuniones de grupos pequeños.

- Integra la enseñanza de las Escrituras a tus reuniones de adoración. Cuando canten un salmo o un pasaje de la Biblia, establece el contexto en el que fue escrito para tu grupo. Muchos jóvenes no tienen idea de que esas palabras provienen de la Biblia ni de las circunstancias en que fueron escritas.

- Planifica adorar alrededor de verdades o temas clave de la Biblia, como la misericordia o la gracia. Luego enseña sobre la misma verdad o concepto. Basa tus otros programas de enseñanza en el mismo tema.

Misiones

Las experiencias de misiones a corto plazo (campamentos de trabajo, proyectos de servicio, y otros por el estilo), se han incrementado exponencialmente en los pasados veinte años. No solo se ha elevado el número de organizaciones que se ocupa en las misiones, sino que las organizaciones existentes han expandido grandemente sus ofrecimientos evangelísticos ante la demanda creciente. También ha habido un crecimiento exponencial en el voluntariado entre los adultos y jóvenes, tanto cristianos como seculares.

¿Qué es lo que hace de un viaje misionero una gran experiencia para muchos creyentes y un momento clave en las vidas de muchos jóvenes?

Jesús dijo: «¿Quién es el que me ama? El que hace suyos mis mandamientos y los obedece. Y al que me ama, mi Padre lo amará, y yo también lo amaré y me manifestaré a él». (Juan 14:21).

Una revelación real y personal de Jesús es una recompensa al *hacer suyos mis mandamientos* y *obedecer*. Mi intriga es si eso hace que uno regrese por más.

Las experiencias en cuanto a misiones constituyen oportunidades que tienen las personas para *hacer suyos* y *obedecer* otro de los mandatos de Jesús. En la mayoría de los casos la experiencia surge de la obediencia a uno o más mandamientos de Jesús: servir a los demás, visitar a los prisioneros, cuidar a los enfermos, alimentar al hambriento, lavar los pies de otros, cuidar del pobre, ir y hacer discípulos.

Y trabajar codo a codo dentro de una comunidad de compañeros creyentes provee la oportunidad de obedecer otro de los mandatos de Jesús: ámense los unos a los otros.

Mientras que el factor *obedecer* se intensifica con las experiencias de misiones, el factor *hacer suyos*, también apunta alto. Muchos jóvenes participan de un tiempo previo de preparación que incluye el estudio de la Biblia, lo que ayuda a hacer propios los mandatos de Jesús. Y frecuentemente el estar lejos de casa los motiva a tener un tiempo a solas con Dios con mayor determinación.

¿Sería una sorpresa luego que muchos de los participantes tuvieran experiencias profundas con Jesús mientras sirven en viajes misioneros? Jesús les ha hecho una promesa a aquellos que *hacen suyos* y *obedecen* sus mandatos. Él se les ha mostrado personalmente a ellos. Y eso es suficiente para hacer que vuelvan por más.

Por supuesto, la palabra *cima* implica un descenso luego. Pero no tiene que ser de esa manera. La combinación de *hacer suyos* y *obedecer* los mandatos de Jesús no tiene que detenerse cuando el proyecto misionero termina. En lugar de eso, puede volverse una plataforma de lanzamiento para una nueva forma de vida, una búsqueda de Dios que invite a las apariciones regulares de Jesús.

Aquí incluimos algunas maneras en las que podemos sacar buen provecho del deseo de nuestros jóvenes de servir y realizar misiones:

- En tus reuniones de preparación para cualquier viaje o proyecto misionero, habla más acerca de la Palabra que solo acerca de la lista de cosas que deben traer y de la logística. Muéstrales a tus jóvenes las razones bíblicas por las que ellos van a hacer lo que harán. Deja que su participación sea dirigida más por un llamado de Dios a través de su Palabra que por cualquier otra cosa.

- En el transcurso de *hacer suyos* los mandatos de Jesús, proporciónales a los jóvenes un tiempo amplio para que se adueñen de los mandatos de Jesús. Asígnales momentos de quietud cada día, y ofrece ideas inductivas y cualquier material de estudio que les permita interactuar con la Palabra de Dios. No te pierdas la increíble oportunidad de ayudar a los jóvenes a desarrollar hábitos de santidad.

- Cuando los jóvenes vuelvan a casa, tienes que estar preparado para un estudio semanal o quincenal de la Biblia. Transmíteles a tus jóvenes mandamientos frescos y un entusiasmo renovado acerca de Dios en experiencias más profundas con él y con su Palabra. Los corazones de los jóvenes nunca habrán estado tan blandos. No dejes pasar la experiencia que acaban de tener con Dios, y haz todo lo posible para que se convierta en una relación diaria y eterna con él.

La era posmoderna, ¿libre para todos?

Nosotros, los que estamos en el ministerio juvenil, pasamos mucho tiempo dándole vueltas a algunas ideas sobre cómo alcanzar a los jóvenes posmodernos.

He leído autores posmodernos que parecerían sugerir que si no ajustamos nuestros métodos de presentación del evangelio a las mentes posmodernas, vamos a perder una generación. Aunque no es mala idea reevaluar nuestros métodos, no perdamos de vista la descripción más común de Dios acerca de su Palabra:

Ella permanecerá.

La Palabra de Dios tiene la capacidad de hacer su obra en cualquier época: antes de los patriarcas, en el tiempo de los patriarcas, mientras el reino estuvo dividido, en los años de silencio, durante la encarnación (incluso la cosa se pone más candente aquí), en la era de los apóstoles, durante el Oscurantismo, en el Siglo de las Luces, en El Renacimiento, durante La Revolución Industrial, en la Edad Moderna, en la era de los Boomers, en la de la Generación X o en la de la Generación Yo, y hasta durante la posmodernidad.

Todos nosotros llegaremos al ministerio posmoderno a su propio tiempo. Algunos llegaron antes y están entusiastamente enfrascados en lo que se ha denominado durante muchos años el movimiento de la iglesia emergente. Otros, un poco más tarde, están descubriendo de qué se trata la cosa.

Algunos críticos miran al postmodernismo como a una moda manoseada y confusa (enciende una vela y comparte tus sentimientos). Algunos de sus defensores lo consideran como la única esperanza antes de que la iglesia se extinga. (Si no nos adaptamos a la forma de pensar de esta era, la iglesia pronto será irrelevante).

Dondequiera que te encuentres en el proceso, necesitas saber que el ministerio posmoderno no es solo para algunos. Está aquí. Incluso aunque no veas al ministerio posmoderno como una preocupación legítima, se trata de un tema ampliamente documentado y meticulosamente analizado que se convierte hoy en día en parte integral de cualquier diálogo sobre el ministerio juvenil. Planifica toparte con él.

Esta es la razón por la que tenemos que dedicar un espacio al tema del posmodernismo. Simplemente porque ha habido una discusión significativa de cómo el ministerio juvenil debería adaptarse a algunas de las características posmodernas. Y porque estas características pueden proporcionarle al ministerio juvenil oportunidades doradas para lanzar un festín desenfrenado, alimentando a la gente con la Palabra de Dios, tanto la Palabra escrita como la vivida.

Propongo estos resúmenes del paisaje posmoderno del libro de Tony Jones, *Postmodern Youth Ministry* [Ministerio juvenil posmoderno]:

> La narración se está convirtiendo en el medio primordial para comunicar las creencias. Dado que las propuestas de la lógica pasan por malos tiempos, las historias tienen más peso para comunicar verdades.

> Los posmodernos argumentan que conectarle significados fijos a un mensaje es difícil, debido a que cada lector le transfiere significados a la lectura del texto; incluso se desarticula el significado que el autor le había dado.

> La objetividad queda afuera; la subjetividad está adentro. Una persona, o grupo de personas, no puede reclamar un punto de vista como objetivo.
> Todo se cuestiona. Nada escapa a la fragmentación.

No hay pensamientos, teorías, suposiciones, o hipótesis que tengan un pase libre, aun cuando parezcan tener perfecto sentido.

No hay Verdad con V mayúscula. La verdad está en el ojo del observador; la verdad de una persona es la teoría de la otra[47]. (Por cierto, mientras escribía este punto, recibí una llamada de un pastor joven preguntando si nuestro ministerio ofrecía un estudio bíblico que pudiera ayudar a sus jóvenes a contestar su pregunta número uno: «¿Cómo sé que la Biblia es verdad?»).

Los posmodernos son experimentales, espirituales (en contraposición a lo religioso), pluralistas y comunitarios. Eso representa un cambio de la postura tradicional, monoteísta y aislada. Ustedes, los que trabajan con jóvenes que están incluidos en esta transición, notarán que se trata de una adaptación ardua de realizar.

Sin embargo, es realizable.

Mientras el ministerio juvenil iba procesando estas características en años recientes, he visto que algunas personas que trabajan con los jóvenes intentan adecuar lo que saben en cuanto al estudio de la Biblia a estas perspectivas recién descubiertas que tienen los adolescentes posmodernos. Esto los ha llevado a hacerse ciertas preguntas: ¿Cómo se puede conectar el estudio de la Biblia, un ejercicio sobre el texto y la Verdad (con V mayúscula), con los adolescentes de hoy, orientados hacia la experiencia y programados para considerar la verdad como relativa? ¿Por qué estudiar los hechos cuando los posmodernos responden mejor ante una historia o una narración? ¿Cómo se adecua la subjetividad a la búsqueda de la Verdad objetiva?

De repente, suena como si el estudio de la Biblia fuera opcional. Y para algunos, puede serlo.

Pero creo que es un error de lectura lo que se está enseñando y escribiendo sobre el ministerio juvenil posmoderno. Podemos especular con que un enfoque posmoderno podría iluminar el rol de la Biblia, dándonos permiso para contar más historias y enseñar menos la Escritura. Por el contrario la posmodernidad puede haber

elevado su rol, colocando más responsabilidad sobre los líderes de jóvenes para que conozcan mucho mejor las Escrituras de modo que puedan contar la historia.

Escritores que hablan sobre la era posmoderna, como Brian MacLaren, Rob Bell y Tony Jones, sin duda alguna desafían nuestros enfoques convencionales de las Escrituras. Y eso es bueno. Pero decir que estos y otros escritores están abogando para que aflojemos nuestra postura con respecto a la Biblia, sería no captar la idea. De hecho, un análisis más minucioso revela que esos escritores recalcan la necesidad que tenemos de intensificar nuestra enseñanza de las Escrituras con el fin de sacar ventaja del pensamiento posmoderno.

En particular los escritos de McLaren han generado algunas animadas discusiones dentro de la iglesia acerca de la verdad absoluta y la verdad puesta en consideración, provocando que algunos reconsideren el rol de la Biblia en el ministerio. Aun así, a través de sus escritos McLaren hace declaraciones como esta: (tomado de *A Generous Orthodoxy* [Una ortodoxia generosa]):

> He pasado mi vida entera aprendiendo, entendiendo, reevaluando, luchando, confiando, aplicando, y obedeciendo la Biblia, y tratando de ayudar a otros hacer lo mismo. Creo que es un regalo de Dios, y que ha sido inspirada por Dios para beneficiarnos de la manera más importante: equipándonos para que seamos capaces de beneficiar a otros, para que podamos hacer nuestra parte en la misión que Dios lleva adelante. *Mi respeto por la Biblia es más alto que nunca*[48]. (Énfasis de Mc Laren).

En *Una obra de arte original*, Rob Bell hace afirmaciones que han generado discusiones animadas en relación con el uso y la autoridad de la Biblia. Con todo, Bell escribe: «Entiendo la necesidad de basar todo lo que hacemos y decimos en la Biblia, lo que constituye el trabajo de mi vida»[49].

Por cierto, Bell frecuentemente desafía los paradigmas y sistemas modernos que introducimos en el estudio de la Biblia, declarando firmemente que es imposible leer las Escrituras desprovistos de nuestros antecedentes y agenda personales. Bell también nota que la idea de enseñar «la Biblia pura» y la idea de los creyentes del siglo XXI de convertirse en una «iglesia del Nuevo Testamento», son simplemente inalcanzables[50].

Pero Bell concluye que estas son las cosas que hacen tan viva la Palabra de Dios hoy en día. Nos fuerzan a *conocer* las historias de las personas que leyeron primero la Tora, o escucharon cierta profecía, o leyeron una carta del Nuevo Testamento, para que podamos determinar de una mejor manera la forma en que aquellos oráculos santos se aplican a nosotros en la era posmoderna.

La posmodernidad, ¿es gratis para todos?

Las características del adolescente posmoderno que leímos anteriormente pueden llevarnos a pensar que se nos concede el permiso de que nuestros pequeños grupos de estudio de la Biblia tengan libertad para todo tipo de debates, lo que nos suena bien porque no tenemos tiempo para preparar nada más y el estudio de la Biblia no es una de nuestras actividades favoritas, ¿verdad? Y con eso salimos del apuro.

No tan rápido. Jones nos proporciona algunas percepciones que nos ayudan a ajustar nuestro enfoque de modo que le demos lugar a los principios posmodernos citados. Y verás que no los estamos ajustando de modo que convirtamos el estudio de la Biblia en un tiempo de rendición de cuentas y debate, sino que nos acercamos a ellos para que se transformen en una experiencia más profunda con la verdad.

De hecho, Jones concluye que la era posmoderna debería brindarnos las mejores oportunidades para comunicar el documento de Dios a nuestros jóvenes. Jones escribe sobre las consecuencias del analfabetismo bíblico de hoy en día, señalando que eso incluso les roba a los jóvenes las alusiones espirituales en obras culturales que van desde *Moby Dick* hasta *Matrix*. Él lo señala así:

> La Biblia, con sus historias de bien y mal, su romance, poesía, muerte y destrucción, y ciencia ficción, no solo está llena de ideas como para escribir guiones, sino que debe ser la base de la imaginación moral de la juventud De hecho, las Escrituras fueron por mucho tiempo la lengua de la mitad del mundo. Con su degradación cultural, nuestra habilidad de comunicar se ha visto disminuida. Con su recuperación, los

jóvenes con los que trabajamos pueden revitalizar y revalorizar la conversación cultural, rescatándola del nivel banal que actualmente tiene.

Es decir, que *esta generación de jóvenes tiene la habilidad de insuflarle nueva vida a nuestro Texto Sagrado*, particularmente porque el posmodernismo ha influenciado a muchas personas que están abiertas a la narración bíblica[51]. (énfasis añadido)

La posmodernidad y el estudio de la Biblia por parte de los jóvenes no son mutuamente excluyentes. De hecho, se realzan el uno al otro. Las características posmodernas aportan autenticidad y profundidad a las Escrituras. La Biblia está hecha para ser analizada, para debatir con ella y hacerle preguntas. Da la talla.

Sí, debemos evaluar crítica y constantemente nuestros métodos y enfoques. La alerta, sin embargo, es que no convirtamos nuestros ministerios juveniles, particularmente el aspecto del estudio de la Biblia, en nada más que una respuesta a lo que creemos que los jóvenes quieren. Aquí está lo esencial: Dios nos ha dado el mandato de enseñar y discipular con su Palabra. Si los jóvenes no responden a nuestros intentos de llevar a cabo estudios de la Biblia, lo mejor que podemos hacer no es descartar el estudio de la Biblia ni tampoco desperdiciar una hora en mucho debate y poca Biblia.

Si no se encienden con el deseo de estudiar la Biblia, no es culpa de la Biblia.

Las características y los deseos de nuestros jóvenes deben fundirse con lo que Dios desea en su Palabra.

Anteriormente en estas páginas mencionamos al Centro para el Ministerio de Jóvenes y de la Familia del Seminario Teológico Fuller (CYFM) [por sus siglas en inglés] y sus esfuerzos. En particular dieron inicio al Programa de Transición a la universidad, un estudio de tres años diseñado para ayudarnos a saber lo que les sucedía a los jóvenes cuando hacían su transición del grupo de jóvenes al ámbito universitario de vida adulta, y para identificar los componentes del ministerio de jóvenes asociados con una saludable o positiva transición a la universidad[52].

En este proyecto, el 70% de los estudiantes del último año que fueron encuestados dijo que querían tener «más» o «mucho más»

tiempo para las conversaciones profundas en sus ministerios de jóvenes. (El tema ocupó el segundo lugar, detrás de los proyectos de servicio). Esto realmente le da apoyo a la gran necesidad de comunidad o «tribu» que, según informes, existe en los posmodernos y se relaciona con uno de los propósitos del ministerio juvenil: crear un lugar seguro para el intercambio sincero.

En nuestro celo por estar actualizados, puede resultarnos tentador darles a nuestros programas de grupos pequeños un formato de conversaciones profundas acerca de asuntos profundos. Pero el resultado final puede ser que nuestros jóvenes se conviertan en adultos equipados con cuatro años de opiniones profundas de otros sobre problemas profundos. En lugar de eso, abracemos esta necesidad y usémosla como vehículo para ayudar a los jóvenes a interactuar con la Palabra de Dios. ¿Qué mejor combo se puede presentar que llevar las conversaciones profundas a una interacción profunda con las Escrituras?

Una característica de los posmodernos, que parece común a todas las definiciones, es que los adolescentes están buscando algo real con qué comprometerse. (Esto es completamente cierto según mi experiencia con los jóvenes.) Están listos para enfrentar el desafío. Y dispuestos a comprometerse seriamente con aquello que perciban como auténtico.

Las Escrituras fueron pensadas para el que busca comprometerse. Dios colocó en su Palabra una gran recompensa para aquellos que van en busca de las Escrituras como si estuvieran buscando un tesoro escondido, y para aquellos que devoran su Palabra (Proverbios 2:1-15, Ezequiel 3:1-3, Apocalipsis 10:9).

He escuchado a algunos líderes de jóvenes mofarse del ministerio juvenil posmoderno. He escuchado a algunos líderes de jóvenes de los que abrazan los enfoques de la posmodernidad burlarse del estudio de la Biblia y tratarlo de arcaico y fuera de moda. Como la mayoría de las cosas, la solución está en el medio.

Déjame transmitirte lo esencial: vivimos en una era que ofrece un potencial sin precedente para reclamar el terreno perdido en relación con la Palabra de Dios. No nos perdamos la oportunidad.

Aquí incluyo algunas formas de poder influenciar la mente posmoderna:

Conduce el deseo posmoderno de éxito incondicional hacia un vigoroso estudio de las Escrituras.

Aprovecha la apertura de la posmodernidad hacia el misterio, ayudando a los jóvenes a aprender y experimentar las disciplinas reflexivas de la fe.

Maximiza la habilidad que tienen las Escrituras para relatar historias. Considera el estudio de la Biblia como el descubrimiento de la línea macrohistórica de Dios para la humanidad, así como la posibilidad de encontrar muchas microhistorias paralelas en nuestro recorrido.

Valora las discusiones vigorosas que aportan un equilibrio. Respeta la manera en que tus jóvenes procesan la información, pero sé osado en cuanto al hecho de que hay cosas que quieres que aprendan.

Usa todas las formas disponibles de arte y medios de comunicación para ayudar a los jóvenes a entender los conceptos bíblicos y las líneas históricas.

Agentes de cambio

Estoy convencido de que la profundidad espiritual que buscan los jóvenes hoy es más que una ventana a la oportunidad.

Es más que un viento a favor.

Es más que un impulso del momento.

Es un cambio que ocurre desde el interior. Una evidencia visible del mover de Dios para reanimar a su iglesia y alcanzar al mundo.

El ministerio juvenil puede fácilmente convertirse en el agente que Dios use para encender las llamas del avivamiento. El paisaje actual de la espiritualidad de los adolescentes ofrece una oportunidad fresca para zambullirse a profundidades que nunca hemos explorado. Y construir fundamentos en un nuevo estrato de la roca.

Nos han servido varios regalos en bandeja de plata: un aumento visible del deseo de los adolescentes por las cosas de Dios, una búsqueda nueva de adoración auténtica, un deseo constante de servir a través de experiencias misioneras.

Qué sufrimiento sería mirar esta era hacia atrás y descubrir que hubo profundidades que quedaron sin explorar.

Capítulo 14

Todo está en griego (o hebreo) para mí

Las palabras del Señor son puras, son como la plata refinada, siete veces purificada en el crisol. Salmo 12:6

Griego y hebreo, vale la pena aprender ambos, pero si no has tenido el privilegio, quédate con el español. Eugene Peterson, *Eat This Book* [Devórate este libro]

He sido un fan de Green Bay Packers desde finales de los años 60 cuando descubrí que mis iniciales eran las mismas que su famoso mariscal de campo, Bart Starr.

Habiendo descubierto la NFL (Liga Nacional de Fútbol Americano, según sus siglas en inglés) cuando los Packers dominaban la escena del fútbol americano, me fue fácil cerrar el asunto señalándolos como mi equipo favorito. Lo que no sabía era que me encaminaba a un buen período de sequía. Los Packers no volverían al campeonato hasta la era de otro famoso mariscal de campo, Brett Favre, alrededor de treinta años después.

El gran éxito de los Packers de 1960 se produjo bajo el entrenamiento de Vince Lombardi (el homónimo del trofeo del Súper Tazón). Luego de que el equipo ganara algunos campeonatos, tuvieron una temporada mediocre. Y la leyenda dice que Lombardi reunió al equipo y les anunció que era hora de regresar a las cosas básicas.

Sosteniendo un balón de fútbol americano, Lombardi señaló: «Caballeros, esto es un balón de fútbol».

A lo que uno de sus jugadores respondió: «Entrenador, ¿podría ir más despacio?».

En los mismos cimientos del estudio profundo de la Biblia descansan los más grandes idiomas originales del Antiguo y Nuevo Testamento, el hebreo y el griego. Ahondar en esos idiomas es sondear las lenguas de las culturas que dieron a luz a las revelaciones de Dios y pusieron en perspectiva su historia redentora. Profundizar esos idiomas es investigar el punto en el que los fundamentos se unen con los cimientos.

Esta es la buena noticia: no necesitas ser un experto en hebreo o en griego para aprovechar las riquezas que estos le pueden añadir a la Biblia en nuestro idioma. Ni siquiera necesitas conocer el alfabeto de estos idiomas. Solo tienes que saber contar. Luego consideraremos un poco más este tema.

Idiomas originales, ¿por qué molestarse?

Mi meta aquí no es convertirlos en expertos en griego o en hebreo, pero sí agregar una capa de riqueza y exactitud a nuestra observación e interpretación de las Escrituras. Cuanto más esfuerzo pongamos en estos primeros pasos vitales del estudio de la Biblia, más poderosa será nuestra aplicación.

Anteriormente mencioné toda la «diversión» de la que disfruté durante mis dos años de griego en el seminario. Cuanto más trabajaba en los idiomas originales, más se alejaba eso de parecerse a un paseo por el parque. Recuerdo que especulaba con que la única razón por la que me sentía obligado a estudiar griego era porque mis instructores habían sido forzados a estudiar griego. Y consideraba que ese era un eterno círculo vicioso.

Desde entonces me he dado cuenta de que, a pesar de que yo no me enamoré locamente del estudio del idioma, hay una gran recompensa en aprender lo suficiente como para por lo menos mantener cierta amistad con él. Especialmente cuando en la cultura actual de nuestro idioma muchas palabras importantes para nuestra comprensión de Dios se han convertido en un cliché. O han sido llevadas a una alta «religiosidad» nunca deseada por su autores originales, que eran un montón de renegados y habían sido marginados por la clase dirigente religiosa. O nos resultan tan complicadas que se nos escapan de las manos.

Sin embargo, el trasfondo griego o hebreo de estas palabras les aporta una perspectiva fresca a esos conceptos tan gastados, simplemente por llevarnos estrictamente a las bases.

Y hay otro beneficio en el estudio de las palabras: ese simple paso nos obliga a bajar el ritmo al que marchamos con la Palabra, a excavar un poco más profundo, y a reflexionar un poco más detenidamente en lo que buscamos. Ya sea que procuremos descubrir cómo se usa una de las palabras de nuestro idioma en otros pasajes de la Biblia, o que metamos la punta del pie en el griego o el hebreo original, ese simple paso puede ayudarnos a que nuestro tiempo de Biblia no se convierta en una mera lista de quehaceres.

Palabras en imágenes

¿Cuántas veces se te ha cruzado por la mente que enseñar a los adolescentes no es más que la búsqueda de La Gran Analogía?

La analogía es una de las herramientas más poderosas para ayudar a los adolecentes a alcanzar una verdad espiritual, especialmente cuando comienzan a experimentar con sus recientemente adquiridas habilidades de pensamiento abstracto. Excavar el significado original de una palabra con frecuencia abre una nueva y completa esfera de analogías, produciendo imágenes a partir de palabras que son mucho más acertadas (y más exactas) de lo que un líder de jóvenes podría inventar en el camino.

Nuestro estudio de la palabra *katartizo* («equipar») en el capítulo 11 sacó a luz muchas analogías que podemos usar para pintar una imagen más clara acerca del equipamiento bíblico: arreglar un hueso quebrado, preparar un barco para la batalla, restaurar los muros de una ciudad. Cada una de ellas se usa para representar la urgente necesidad de un equipamiento riguroso, e ilustra exactamente cómo debería ser ese equipamiento. Observar cómo las palabras de la Biblia fueron usadas en ambientes cotidianos, en términos no religiosos, nos ayuda a hacer en nuestros días lo que mejor hacía Jesús en los suyos: Ilustrar conceptos del Reino usando objetos e ideas que personas corrientes, incluidos los adolescentes, pudieran entender.

Selección de palabras

Algunas veces una palabra bíblica de nuestro idioma se usa para traducir diversas palabras en griego o en hebreo. Consideremos el vocablo *palabra* en español, por ejemplo. Los griegos tenían dos términos principales para traducir *palabra*. Uno es *logos*, que denota un pensamiento o concepto, y otro *rhema*, que expresa la palabra hablada. Entonces, si leemos Juan 1:1, ahí donde encontramos la frase «En el principio ya existía la Palabra» (Dios Habla Hoy), nos resulta de mayor utilidad buscar la definición y las referencias cruzadas relacionadas con el griego original, *logos*, en lugar del término en español *palabra,* menos específico.

Por el otro lado, algunas veces se puede usar más de una palabra en español para traducir una palabra en griego o en hebreo. La palabra griega *sozo* («salvar; rescatar») se usa de diferentes maneras en el Nuevo Testamento. Cuando localizamos esta palabra en diversos pasajes, notamos que se utiliza tanto para salvar del pecado (Romanos 5:10) como para sanar de la enfermedad (Mateo 9:22). La manera en que se usa en Mateo 8:25 da un ángulo completamente diferente: liberación del peligro. Cada matiz único ayuda a aportar información acerca de los otros significados, y ese compuesto puede otorgar nuevo poder a una palabra que se ha marchitado y que resulta un cliché para muchos creyentes.

¿Por dónde comenzar?

Podría concluir este capítulo en veinte segundos con un consejo rápido: Escribe en Google la frase *estudio de palabras de la Biblia* (o algo similar), y ve allí.

Estarías listo para la carrera.

Esa es la razón por la que la riqueza de los programas bíblicos y las herramientas de estudio on-line con que hoy en día contamos han revolucionado literalmente nuestra habilidad para hacer el estudio de palabras en sus idiomas originales.

Pero para maximizar estas herramientas, ayuda el tener un entendimiento básico de lo que son y de cómo nos pueden ayudar. Estudiemos juntos algunas palabras, primero con las palabras griegas del Nuevo Testamento, luego con las palabras hebreas del Antiguo Testamento, así cuando exploremos los recursos on-line y las ayudas disponibles, entenderemos lo que vemos.

Aquí están las herramientas que usaremos. Y por cierto, ninguna requiere que sepamos hebreo o griego ni el alfabeto de ninguno de estos idiomas:

- Otras traducciones de la Biblia en español (para estudiar paralelamente)

- Una concordancia

- La Biblia interlineal

- Diccionarios de palabras/léxicos (Vine, Zodhiates)

- Comentarios de textos

Estudio de palabras griegas en el Nuevo Testamento — Mostrar

Quizás has notado que Juan 14:21 es mi versículo favorito: «El que recibe mis mandamientos y los obedece, demuestra que de veras me ama. Y mi Padre amará al que me ama, y yo también lo amaré y me mostraré a él». (Dios Habla Hoy)

Estoy sorprendido por la promesa de Jesús de mostrarse a nosotros en una manera notable si tan solo demostramos nuestro amor por él guardando y obedeciendo sus mandamientos.

Pero, ¿cómo me anoticio yo de esa «manera notable»? Y, ¿cómo puedes estar seguro de que yo estoy en lo correcto, dada mi confesión de no ser un experto en griego?

Usemos el siguiente ejercicio para descubrirlo.

Otras versiones en español (estudio paralelo)

Comparar cómo se traduce una palabra en versiones diferentes de la Biblia es un gran primer paso en el estudio de las palabras. Esto te ayudará a ver si hay más de una forma en la que una palabra griega se traduce al español. También puede ayudarte a construir una imagen más completa de la palabra que estás estudiando.

Una buena regla de comprobación es consultar por lo menos tres versiones de la Biblia, y que cada una represente una parte diferente de la gama de traducciones. Primero, consulta una traducción más literal (y posiblemente la que suene más rígida) de

palabra a palabra, como la versión Reina Valera. Segundo, consulta una traducción frase por frase, menos literal (y que posiblemente suene más fluida), como la Nueva Versión Internacional, o la versión Dios Habla Hoy. Y en tercer lugar, échale un vistazo a alguna de las paráfrasis modernas, como la Biblia al Día.

Si no tienes muchas versiones a tu alcance, revisa algún sitio web como www.biblegateway.com, que te permite comparar muchas versiones muy conocidas al mismo tiempo.

Cuando diriges un grupo de estudio con jóvenes que han traído sus propias Biblias, puedes revisar rápidamente una palabra, preguntando a los jóvenes cómo aparecen en sus diferentes versiones. Aquí está lo que encontrarás en Juan 14:21:

> Los que aceptan mis mandamientos y los obedecen son los que me aman. Y, porque me aman a mí, mi Padre los amará a ellos. Y yo los amaré y me daré a conocer a cada uno de ellos. (NTV)

> ¿Quién es el que me ama? El que hace suyos mis mandamientos y los obedece. Y al que me ama, mi Padre lo amará, y yo también lo amaré y me manifestaré a él. (NVI)

> El que hace suyos mis mandamientos y los obedece, ese es el que me ama. Y al que me ama, mi Padre lo amará, y yo también lo amaré y me mostraré a él. (NBD)

Comparando estas tres versiones en español, ya has obtenido una imagen más detallada de las promesas de Jesús en cuanto a mostrarse. Sin embargo, esto también da lugar a algunas preguntas: ¿Cuál de estas versiones se acerca más a comunicar lo que realmente dijo Jesús?, ¿Cuál comunica con más exactitud las palabras que Juan, el escritor, fue inspirado a usar cuando registró la promesa de Jesús para nosotros?

La concordancia

El segundo paso en nuestro estudio de palabras es buscar en la concordancia de la Biblia.

Una concordancia bíblica exhaustiva es un índice de todas las palabras griegas o hebreas contenidas en la Biblia. Las miniconcordancias se encuentran en la parte final de la mayoría de las Biblias; estas contienen muchas de las palabras usadas con más frecuencia en la Biblia. Pero, como se dijo antes, *exhaustiva* es la palabra clave a buscar en la concordancia de la Biblia que usarás para el estudio de las palabras.

Las concordancias exhaustivas que se tienen a la mano han andado por ahí desde hace tiempo ayudando a los buscadores a que las Escrituras cobren sentido, y han servido para elevar el asiento de los niños en los tiempos en que aún no se habían inventado las guías telefónicas. La primera concordancia en inglés fue la Robert Young, la *Concordancia Analítica de la Biblia*, y salió a la venta 268 años después que la versión King James. Implicó cuarenta años de trabajo, incluyendo los tres años que tomó transcribirla a máquina.

En 1894 James Strong produjo la *Concordancia Exhaustiva de la Biblia*, también basada en la versión King James. Este enorme volumen, aún altamente popular hoy en día, requirió tres décadas de producción. La concordancia Strong presenta la invaluable innovación de codificar cada palabra griega o hebrea con un número, haciendo de esta la herramienta de referencia para generaciones de estudiantes de la Biblia[53]. (Esto explica por qué no es necesario saber hebreo o griego para utilizar esta herramienta increíble; solo tienes que ser capaz de contar).

Usar la *Concordancia Exhaustiva* de Strong es fácil:

1. Puesto que Strong está unida a la versión Reina Valera o a la Nueva Versión Internacional, busca la palabra que deseas consultar en la versión correspondiente.

2. Busca esa palabra en la sección principal de la concordancia de Strong. Ahí encontrarás una lista completa de todos los lugares en los que una palabra específica ha sido usada en las Escrituras. Puedes usar esta información para comparar de qué manera ese término fue utilizado de un versículo a otro o de un escritor de la Biblia a otro (digamos, si quieres comparar cómo usa una palabra Juan con respecto a la forma en que la usa Pablo).

3. Considera la lista de versículos de referencia en los que tu palabra aparece en las Escrituras y busca los versículos específicos que quieres hallar. A la derecha de ese versículo, encontrarás un número: el número de Strong para tu palabra.

4. Vuelve al final de tu concordancia Strong, a los diccionarios de hebreo y griego. Ahora mira el número. (Si es una palabra del Antiguo Testamento, usa la sección de hebreo). Encontrarás demasiadas cosas al lado del número de Strong: la palabra tal como aparece en hebreo o en griego, la traducción de ese término (la palabra en griego o en hebreo escrita con letras latinas), una guía para pronunciar la palabra, y una pequeña definición.

Regresa al ejemplo de Juan 14:21. Digamos que quiero saber cuál fue la palabra griega que Juan usó para el término *mostrar*, en la promesa de Jesús.

Uso mi concordancia Strong, busco la palabra manifestar (recuerda, Strong está codificado con la versión Reina Valera o con la NVI). El número Strong para la palabra es 1718.

Mientras estoy allí, veo que hay muchos otros versículos de la Biblia que contienen la palabra *manifestar*. Y noto que esos versículos ofrecen números diferentes para la palabra manifestar. Eso me indica que hay más de una palabra griega que puede ser traducida por *manifestar* o *mostrar*.

¿Por qué es importante esto? Porque si me tomo el tiempo para analizar esas palabras y sus significados, aprenderé sobre muchas palabras griegas que Juan podría haber usado para *mostrar*, pero no lo hizo. Esas palabras griegas pueden agregar luz a mi comprensión de Juan 14:21 diciéndome un poco más de lo que no es mi palabra.

Armado con mi número confiable de Strong, 1718, me dirijo a la parte de atrás de la concordancia para localizar mi palabra en el diccionario griego. Aquí encuentro la traducción de mi palabra: *emphanizo*. También encuentro la definición: exhibir (en persona) o descubrir (a través de palabras), aparecer, declarar (de forma clara), informar, (voluntad) manifestar, mostrar, indicar.

Listo.

No soy una autoridad, pero ahora conozco la palabra griega que se traduce por *manifestar* y sé un poco de lo que significa. Antes de avanzar al siguiente paso, me gustaría grabar esa información en mi computadora, y apuntar unas cuantas notas, ya sea en papel o en mi Biblia.

Biblia interlineal

La Biblia interlineal nos ayuda a profundizar más en la gramática de los hebreos y griegos, de nuevo, sin necesidad de saber cómo escribir o hablar ninguno de los dos idiomas.

En una Biblia interlineal, el texto hebreo o griego se lee paralelamente a la traducción en español. Interlineal es el término técnico para «entre líneas», lo que explica por qué es mejor tener a mano los anteojos antes de usar una Biblia interlineal. El texto hebreo o griego frecuentemente va en letras pequeñas entre las líneas de la traducción en español.

A pesar de las letras chiquitas, la Biblia interlineal provee muchas cosas extras, que aquellos a los que les gusta bucear en la Biblia aman. Al mismo tiempo que tienen el número de Strong en cada palabra, muchas Biblias interlineales dicen qué función gramatical cumple esa palabra (si es sustantivo, verbo, preposición, adjetivo). También provee tiempos verbales, modos y voces, lo que influye sobre la mejor manera de traducir y entender la palabra.

También verás términos gramaticales que nunca antes habías visto en español, como *nithpael,* el tiempo perfecto en hebreo, y el tiempo *aoristo* en griego. (No te preocupes; se describen en la Biblia interlineal que estás usando. Busca en las secciones de «notas gramaticales» o «ayudas léxicas»).

Veamos lo que sucede cuando consulto una Biblia interlineal, en este caso *The Complete Word Study New Testament with Greek Parallel* [El estudio completo del Nuevo Testamento con paralelo en griego][54], acerca de mi palabra *emphanizo*. Volviendo a Juan 14:21, veo la palabra *manifestar* con el siguiente código gramatical impreso sobre él: ft1718.

El número 1718 es, por supuesto, el número de la referencia de Strong para *emphanizo*. Las letras *ft* me dicen el tiempo verbal. La hoja de pistas del libro me hace saber que ft indica el tiempo futuro activo.

La hoja con claves también me informa sobre la sección del libro a la que puedo recurrir para aprender sobre el tiempo futuro activo. Ahí descubro que en el antiguo griego, el tiempo futuro por lo general se refería a una acción puntual, en lugar de una acción lineal, lo que no significa absolutamente nada para la mayoría de nosotros.

Afortunadamente, el libro lo explica: *Puntual* indica algo que sucede en un punto específico en el tiempo, mientras lineal describe algo que continúa sucediendo en un modo secuencial.

También recuerdo que el escritor de Juan 14:21 usó la voz activa, lo que indica que es el sujeto el que llevaba a cabo la acción en ese versículo.

Para resumir las perspectivas que he recogido al usar una Biblia interlineal, diré que: De acuerdo con el uso que Juan le da a *emphanizo*, Jesús realizará la acción cuando yo haya obedecido sus mandamientos. Él (el sujeto en este versículo) se mostrará a mí en un tiempo definido.

Podríamos detenernos ahí, conociendo una buena parte de lo que Jesús prometió en Juan 14:21. Pero, ¿por qué parar cuando ya estamos en la marcha?

Léxicos/Diccionarios de estudio de palabras

Estos nos indican de qué modo eran utilizadas las palabras bíblicas en los diálogos cotidianos de los pueblos antiguos y en la literatura extra bíblica. También nos muestran en qué otro lugar de las Escrituras fueron utilizadas esas palabras y nos proveen más definiciones completas[55].

Estos diccionarios, por lo general, vienen abreviados, y contienen palabras clave del Antiguo y Nuevo Testamento, pero no todas las palabras. Suelen estar escritas en lenguaje popular (en vez de erudito), y puesto que la información está contenida en un solo volumen, no son muy caros.

Solo necesitas el número de Strong para encontrar la palabra que estás buscando, y de nuevo, no hay necesidad de saber el alfabeto griego o hebreo. Algunas incluso están ordenadas alfabéticamente en nuestro idioma.

Puede resultar tentador simplemente quedarte con la definición que más te guste, así que asegúrate de que estás buscando la definición clave para tu pasaje. El contexto inmediato de una palabra determinará su significado, así que no supongas que puedes escoger cualquier posibilidad basándote en lo que vaya a generar la respuesta más fuerte de los jóvenes.

Buscando en el *Diccionario Expositivo de Palabras del Nuevo Testamento de Vine*, veo que *manifestar* (*emphanizo*) en Juan 14:21 se define como «manifestar, hacer manifiesto». Eso no agrega mucha perspectiva.

Pero luego, Vine me manda a otra forma de la palabra, *emphaino*, que significa «mostrar, exhibir», o «hacer brillar».

En el *Complete Word Study Dictionary* [Diccionario completo de estudio de palabras] de Zodhiates (Nuevo Testamento), busco el número de Strong 1718 y encuentro la definición de *emphanizo*: «hacer claro, hacer que se vea, mostrar». También veo una referencia de Juan 14:21 con una definición más específica: «de una persona, manifestarse uno mismo, permitir ser conocido y entendido íntimamente».

Ahora el uso que Juan hace del término *manifestar* en Juan 14:21 está enfocado. Me intriga saber si estas definiciones se alinean para comunicar una manifestación de Jesús que solo se puede describir de manera obvia... una clara y presente realidad... algo que no se puede perder.

Una parada más antes de concluir mi estudio de la palabra *emphanizo*, por lo menos por ahora.

Comentarios

Cuando realices el estudio de una palabra, los comentarios que más te ayudarán son aquellos que se apoyan en el griego o hebreo original, en lugar de aquellos que, por naturaleza, son más devocionales. Desafortunadamente, las series de comentarios son algo caras. Tu mejor apuesta es buscarlos en la biblioteca de tu pastor o de la iglesia, en la biblioteca local, en la universidad cristiana más cercana, o en la biblioteca de un seminario.

En la mayoría de los casos, estos tipos de comentarios presuponen algún conocimiento básico de los idiomas antiguos, o por lo menos que estemos familiarizados con los alfabetos. Pero puedes obtener buena ayuda de estas herramientas incluso sin ese conocimiento básico[56].

Verás que he reservado los comentarios para nuestro último paso. Es intencional. ¿Por qué? Porque es fácil lanzarse a la búsqueda de

un comentario y perder la recompensa del descubrimiento personal. La dependencia de los comentarios también nos enseña (y algunas veces nos tienta) a depender más de la opinión de alguien que de nuestra propia experiencia de primera mano con la Palabra de Dios. Te recomiendo hacer primero tu propio estudio de las palabras, y luego usar comentarios para comparar las conclusiones y tal vez ponerle algún adorno al pastel.

Soy afortunado de tener en la biblioteca de mi oficina el *New International Commentary on the New Testament* [Nuevo comentario internacional sobre el Nuevo Testamento], publicado por Eerdmans. En el volumen de Juan, aprendí que la palabra *emphanizo* en Juan 14:21 tiene el sentido de una muy clara y llamativa aparición[57].

El ensamble

Entonces, ¿qué significa todo esto? Vamos a cargar nuestra nueva información de la palabra *emphanizo* en nuestro versículo original: «Los que aceptan mis mandamientos y los obedecen son los que me aman. Y, porque me aman a mí, mi Padre los amará a ellos. Y yo los amaré y me *daré a conocer* a cada uno de ellos» (Juan 14:21, NTV, énfasis añadido).

El uso específico que hace Juan de *emphanizo* indica que la aparición de Jesús será notable, y no una señal misteriosa. El tiempo verbal nos indica que eso sucederá en un tiempo definido. Y el uso de la palabra en la literatura clásica griega nos indica que está será una aparición llamativa, que no nos la podemos perder.

Eso no suena, ni por lejos, como algo que vaya a suceder «en teoría», ni tampoco como algo para el fin de los tiempos. Suena a que cuando *aceptamos* y *obedecemos* los mandamientos de Jesús, experimentaremos la notable y palpable presencia de Jesús. Él hará una aparición. Él brillará. Tendremos un entendimiento más íntimo de él.

Ahora comprendemos mejor la palabra manifestar, la promesa de Jesús es mucho más vívida, real, y menos difusa en las Escrituras. Eso nos da una nueva meta para apuntar en nuestra interacción con las palabras de Jesús. Nuestros devocionales personales quizás nunca vuelvan a ser iguales.

Imagina a tus jóvenes teniendo esta clase de experiencias con Jesús. Considera cuántas soluciones espirituales y fortaleza para tu fe puedes ganar al experimentar la tangible presencia de Jesús de forma regular.

Estudio de palabras hebreas en el Antiguo Testamento— Expiación

Hagamos un estudio de otra palabra, esta vez, la palabra del Antiguo Testamento *expiación*. Primero encontramos la palabra aplicada a las ofrendas hechas por Aarón y sus hijos en Éxodo 29:33: «Con esas ofrendas se hizo expiación por ellos, se les confirió autoridad y se les consagró; sólo ellos podrán comerlas, y nadie más, porque son ofrendas sagradas».

Otras versiones en español (estudio paralelo)

Primero veamos cómo otras traducciones en español han traducido la palabra expiación:

> Sólo ellos pueden comer la carne y el pan usados para su purificación en la ceremonia de ordenación. Nadie más tiene permiso porque estos alimentos son apartados y santos. (NTV)

> Los comerán porque fueron ofrecidos para obtener el perdón de sus pecados, cuando fueron consagrados y recibieron plena autoridad como sacerdotes. Pero ningún extraño deberá comer de estas cosas, porque son sagradas. (DHH)

Vemos acá algunas traducciones diferentes de la palabra *expiación*.

Excavemos un poco más profundo.

La concordancia

Usando la *Concordancia Exhaustiva Strong*, veo que a la palabra *expiación* usada en Éxodo 29:33 se le asigna el número 3722. También me encuentro con muchos usos de la palabra en español en otros pasajes, incluyendo Romanos 5:11, en dónde veo que la expiación es ahora alcanzada a través de Jesucristo.

Con el número 3722 en mano, me dirijo al diccionario en hebreo en la parte de atrás de la concordancia Strong. Aquí encuentro esta definición para *kaphar*: «una raíz; cubrir (específicamente con betún); fig. expiar o condenar, aplacar o cancelar; apaciguar, hacer (una) expiación, limpiar, invalidar, perdonar, ser misericordioso, pacificar, lanzar, purgar, postergar, (hacer) reconciliar (-ación)».

En esta definición veo algunas palabras que me pueden ayudar a entender expiación, como: cubrir, limpiar, anular. Y también encuentro una aplicación no espiritual: cubrir con betún, que según el diccionario Webster es como alquitrán de brea. Puse esto en la categoría de «cosas de las que dices hmmm».

La Biblia interlineal

Mi siguiente parada es el *Complete Word Study Old Testament* de Zodhiates, que contiene una traducción interlineal y ayudas de diccionario. De nuevo, usando el número de Strong 3722, voy al diccionario, en donde encuentro esta entrada: «El verbo deriva probablemente del sustantivo *kippurim* 3725. *Kaphar* es una de las palabras más importantes de la Biblia. Su primer uso aparece en Génesis 6:14, donde a Noé se le dan instrucciones de cubrir el arca por dentro y por fuera con brea. La mayoría de las veces el verbo se usa con referencia a cubrir (esconder) el pecado con la sangre de un sacrificio. Levítico 4:13-21 da instrucciones detalladas a los sacerdotes. Cuando Isaías recibió el llamado de Dios en una visión, un carbón encendido del altar de Dios tocó sus labios. Por lo tanto, su pecado fue purgado (kaphar; ver Isaías 6:7). Algunas veces se traduce este término como "limpiar"»[58].

Muchas cosas en esta definición apoyan lo que aprendí de la concordancia Strong, y agregan otros puntos de vista.

Veo en qué lugares de las Escrituras se utilizó la definición de «cubrir con brea», y descubro que con Noé y el arca. Esa es una buena relación, y me brinda una gran imagen mental de la clase de protección o cobertura que la expiación provee.

También veo una forma derivada de *kaphar*, el sustantivo *kippur* o *kippurim* (número 3725 de Strong). Zodhiates me dice que esta palabra significa «expiación».

En la traducción interlineal veo este código sobre la frase «expiación fue hecha»: plpf3722. Esto me dice que la frase está en el tiempo verbal pluscuamperfecto, que se define de esta manera: «El pluscuamperfecto indica el logro de un resultado o estado perfecto, visto como un todo, expresado en voz pasiva».

El ensamble

Por el proceso del estudio de las palabras, he aprendido que la raíz para la palabra *expiación* es la misma raíz que Dios usó cuando instruyó a Noé para que cubriera el arca con brea, por dentro y fuera, para que fuera a prueba de agua y flotara. El uso de la palabra en Éxodo no se refiere directamente a la construcción del arca de Noé en Génesis, esto me da una imagen que puedo usar para entender expiación.

Era la brea que cubría el arca la que la hacía apta para navegar. Era la sangre de los animales que cubría los pecados de Israel la que los hacía valiosos ante Dios. Romanos 5:11 me dice que es la sangre de Cristo la que cubre nuestros pecados y nos reconcilia con Dios.[59]

La raíz de la palabra expiación describe la acción de cubrir o limpiar. Cuando somos cubiertos con la sangre de Cristo, es la sangre lo que Dios ve, no el pecado. Además, el tiempo verbal pluscuamperfecto comunica un «resultado perfecto; visto como un todo». Esto no es para sugerir que alcanzamos la perfección, pero describe cómo nos ve Dios. Nuestros pecados son perfectamente cubiertos.

Dios no ve nada más que la sangre.

Nuestros jóvenes necesitan desesperadamente el mensaje de expiación. Si la palabra suena muy religiosa o elevada, el antecedente de la palabra hebrea puede proveer algunas palancas para sostenerla. A través del estudio de la palabra ahora tenemos muchas herramientas para explicarles esta palabra a los jóvenes. Tenemos el ejemplo de la brea que cubría el arca. También tenemos la imagen mental de la sangre de Jesús que nos sirve de abrigo, como una capa entre Dios y nosotros, lo que nos permite ser valiosos ante Dios, no importa los pecados que esa sangre esté cubriendo.

Estudio de palabras con los jóvenes

Podrías tener uno o dos jóvenes más avanzados a los que les resultara interesante hacer un estudio de las palabras e incluso tal vez quisieran agregar el estudio de las palabras a su propio plan de estudio de la Biblia. En raras ocasiones te toparás con un grupo que disfrute de buscar unas palabras en griego o hebreo de vez en cuando.

Sin embargo, el uso más frecuente del estudio de palabras con tus jóvenes tendrá que ver con tu preparación personal como líder. El comprender los significados de ciertas palabras griegas y hebreas y la manera en que fueron usadas en las Escrituras fortalecerá tu enseñanza y te preparará para responder las preguntas que surjan a medida que estudien el pasaje con los jóvenes.

Herramientas on-line

Muchas versiones de la Biblia están disponibles on-line, así como muchas de las más conocidas herramientas de estudio de la Biblia. La ventaja de las herramientas de estudio, como las concordancias y diccionarios, es que, por lo general, son gratuitas.

Pero hay una desventaja. Frecuentemente son gratis porque son de dominio público, lo que puede significar que estén desactualizadas. Aun así pueden resultar útiles, pero tienes que saber que no te estás beneficiando con la última erudición disponible.

Aquí hay una pequeña lista de algunos sitios web que ofrecían recursos útiles al momento en que este libro fue escrito:

> Bliblegateway.com
> Blueletterbible.org (disponible en inglés)
> Crosswalk.com
> Greekbible.com
> Lightsource.com (disponible en inglés)
> Onlinebible.net (disponible en inglés)
> Scripture4all.org (incluye un paquete gratis de
> software interlineal)
> Zhubert.com

Programas bíblicos para computadora

Un buen programa bíblico para computadora no es barato, pero vale la pena la inversión. Te sorprenderá todo el trabajo que hace por ti con solo mover tu cursor. Logos (Libronix), e-Sword, Bibleworks, QuickVerse, y la Zondervan Bible Study Library incluyen las más nuevas (y las más antiguas) traducciones. También puedes escoger entre paquetes estándar y de lujo; los paquetes de lujo contienen las mejores herramientas para el estudio de las palabras.

Purificada siete veces

En el Salmo 12 David cita a Dios diciendo que él protegerá a aquellos que son débiles y necesitados. Luego David cierra con esa promesa, confirmando que las palabras del Señor son perfectas, como plata refinada en horno, purificada siete veces.

En los tiempos antiguos, un refinador calentaba la plata hasta que se volvía líquida, forzando a las impurezas del metal a subir. Luego el refinador raspaba las impurezas, dejando la plata más pura que antes.

Este proceso de calentamiento y raspado continuaba hasta que el líquido era tan puro que reflejaba el rostro del refinador como si fuera un espejo. Cuando el refinador veía su propio rostro reflejado, esa constituía la evidencia de que la plata había sido totalmente refinada y estaba lista para el uso deseado.

Las palabras de las Escrituras han sido refinadas en un horno, «purificadas siete veces». En otras palabras, Dios escogió sus palabras cuidadosamente. En ellas, Dios ve su reflejo.

Entender una palabra en su idioma original nos acerca a un reflejo como el de un espejo, es el momento en el que Dios raspa la última capa de impureza y dice: « ¡Ah, eso es! Esa es la palabra que mejor me refleja».

Capítulo 15
Seguirles la pista a los personajes

Todo eso les sucedió para servir de ejemplo, y quedó escrito para advertencia nuestra, pues a nosotros nos ha llegado el fin de los tiempos. 1 Corintios 10:11

Sin embargo, yo la considero [a la Biblia] como un grandioso e hilvanado compendio de escritos, el propósito fundamental y unificador de todo ello es mostrar cómo Dios obra a través de los Jacobs y de los Jabboks [río al este del Río de Jordania] de la historia para darse a conocer al mundo y atraer al mundo de regreso a él. Frederick Buechner, *Now and Then* [Ahora y entonces]

Muy poco después de que los huracanes Rita y Katrina devastaran el golfo sur, me embarqué en un vuelo hacia Sacramento que hizo escala en Houston. Allí encontré que mi compañera de asiento estaba vestida completamente con ropa de la Universidad Estatal de Louisiana: pantalones cortos, camiseta, e incluso los aretes.

No cabía duda alguna de dónde era. Sin embargo, tan pronto tomó su lugar, me informó (realmente, a todo el avión): «Yo sobreviví al Rita y al Katrina, ¡y me largo de aquí!».

Mi nueva compañera de asiento se encontraba camino a irse a vivir con sus padres en California. Mientras hablábamos me enteré de que Katrina no había sido un golpe tan duro. Pero que el huracán previo, Rita, había anegado su negocio, una distribuidora de licores.

Cuando ella se enteró de mi área de trabajo, el ministerio cristiano, se retractó un poco, diciendo: «Bueno, vendemos licor, pero no tomamos».

«Sin embargo», agregó, «si tienen cerveza Corona en este viaje, me tomaré una». Supongo que ella pensaba que una o dos cervezas era lo menos que merecía después de sobrevivir a dos huracanes.

Continuamos tratando de conversar un poco mientras yo procuraba leer mi libro, que casualmente era el de Mike Yaconelli, *Espiritualidad desordenada*.

Después de un rato, llegó el carrito con las bebidas. Y aunque no tenían cerveza Corona, tenían otras bebidas alcohólicas, cosa que ella rápidamente pidió, diciéndome: «No tomamos, pero creo que una está bien».

Yo seguí leyendo mi libro. Ella siguió pidiendo bebidas alcohólicas. Y con cada una que pedía, me seguía recordando: «No tomamos, pero…».

Entre párrafos (míos) y tragos (de ella), de vez en cuando me hablaba acerca del tema de beber alcohol y su relación con el cristianismo y la eternidad buscando mi consejo, pero quizás más allá, buscando mi absolución.

Mientras tanto, yo estaba absorbido por un capítulo en el que Mike describe a Noé y sus actividades después del diluvio. (¿Recuerdas qué hizo Noé después de que el arca llegó a tierra firme? ¿No? Bueno, yo tampoco. Parece que las actividades después del diluvio de Noé no tienen mucho púlpito en estos días).

Mientras mi nueva amiga seguía presionando con el asunto del alcohol, y continuaba pidiendo más y más bebidas, yo me preguntaba si mi papel era ser la voz de la conciencia en la vida de esta mujer. Generalmente no me gusta interferir, así que pronto me convencí de que era una providencia divina que yo estuviera sentado al lado de esta, ahora ebria, sobreviviente de dos huracanes. ¡Quizás yo debía sugerir un límite de bebidas!

Incluso formulé las palabras en mi mente, algo suave pero que propusiera un límite: «No, yo no creo que una bebida alcohólica haga que alguien se vaya al infierno, pero diez, sí». Las tenía en la punta de la lengua cuando mis ojos se detuvieron en una observación en el libro de Mike acerca de Noé, uno de los más grandes hombres de fe de toda la historia.

Después de sobrevivir al diluvio, Noé se emborrachó y se desnudó[60].

Eso lo leí en el momento justo, como en una comedia.

Y en menos de un segundo me di cuenta de que mi compañera de asiento, como Noé cuando todavía tenía encima el horror de haber sobrevivido al diluvio, no estaba tan mal. (Afortunadamente, solo estaba un poco ebria y no desnuda).

Mientras los otros pasajeros y yo (algunos de los que se dirigían a la misma convención de Youth Specialties [Especialidades Juveniles] que yo) ayudamos a nuestra sobreviviente del diluvio a bajar del avión, me di cuenta una vez más de que las personas en la Biblia y los eventos en sus vidas no están en las Escrituras por accidente.

Cada punto de interacción que vemos entre Dios y el hombre en la Biblia nos enseña acerca de la interacción que existe entre Dios y nosotros. Pablo dijo incluso, hablando acerca de los padres de la fe, que lo que se ha registrado de ellos en las Escrituras «quedó escrito para advertencia nuestra» (1 Corintios 10:11).

En otra carta él señaló que todo lo escrito en el pasado «se escribió para enseñarnos, a fin de que, alentados por las Escrituras, perseveremos en mantener nuestra esperanza» (Romanos 15:4).

Santiago nos dice que Elías fue un hombre como nosotros (Santiago 5:17). *¡Como nosotros!* No un gigante espiritual o una maravilla de otro planeta, sino un tipo ordinario con los mismos problemas y fracasos que nosotros.

Aún más, la descripción que Santiago hace de Elías se aplica a todos los demás personajes de la Biblia, incluyendo a Santiago. En sus vidas vemos decepciones, victorias, fe fallida, fe poderosa, errores, momentos pecaminosos, y una restauración completa.

Encontramos personas como nosotros usadas por Dios. Yo le llamo a eso esperanza.

Gente a la que le gusta la gente

Menciona a una persona a la que *no* le guste la idea de echar un pequeño vistazo a la vida privada de alguien que admire. A la mayoría de nosotros nos gustaría dar un vistazo detrás de escena, detrás de la puerta de la vida de los ricos y famosos. Eso es lo que puso a la televisión por cable en el mapa.

La revista *People* es otra muestra. La circulación de la revista en 2006 fue de tres millones setecientas treinta mil copias con ventas más allá de los mil millones y medio de dólares[61].

¿Así que por qué no usar esa fascinación que sentimos por las personas, sus pasiones e intereses y debilidades y rarezas, como una vía de entrada para el estudio bíblico? Escarbar en la vida de alguien en la historia bíblica se llama hacer un estudio de personaje. Y créeme, hay muchos *personajes*.

Sin embargo, el propósito principal de realizar un estudio de personajes no es obtener información de los personajes como tales, sino aprender acerca del carácter de Dios. Dios es el personaje principal en la Biblia; los otros son actores de reparto que tienen un destello de protagonismo.

Para ponerlo de forma más enfática, si todo lo que has obtenido con un estudio de María, la madre de Jesús (o de Daniel, Pablo, José, o David), son principios acerca de la persona, entonces has perdido el objetivo del estudio de los personajes.

El punto es observar el carácter *de Dios*, sus trazos y formas de actuar, que se ven con mayor claridad en medio de la interacción de Dios con la gente.

Conectar los puntos

Hace unos años desarrollé una teoría que quise poner a prueba.

Estaba muy seguro de que mis jóvenes sabían bastante acerca de la gente que aparecía en la Biblia. Pero supuse que sabían muy poco acerca de Dios a través de las historias de estas personas.

Así que preparé una pequeña encuesta en la que incluí una lista con los nombres de siete personajes bíblicos, y tres columnas vacías a la derecha. En la primera columna vacía, les pedí a los jóvenes que colocaran a los siete personajes en orden cronológico. En la segunda columna, les solicité que escribieran lo que sabían acerca de ese personaje. Y en la tercera columna, les indiqué que anotaran lo que sabían con seguridad acerca de Dios a través de las historias de estos personajes de la Biblia.

En el transcurso de pocas semanas, les entregué este cuestionario a unos trescientos jóvenes cristianos en distintas conferencias. Y mi pequeña teoría, lamentablemente, resultó cierta.

Menos del diez por ciento de los jóvenes fue capaz de colocar a los personajes de la Biblia en orden. En la segunda columna los jóvenes escribieron una buena cantidad de características de los personajes. Pero la tercera columna, donde tenían que incluir información acerca de Dios, quedó casi siempre en blanco.

Mis jóvenes podían ser muy elocuentes acerca de las personas y las historias de la Biblia, pero fueron casi incapaces de decir algo acerca de Dios, el personaje principal que yo quería que conocieran a través de las Escrituras. Y su incapacidad para poner a los personajes en algo que se asemejara a un orden cronológico solo reveló lo confusa que resultaba la revelación de Dios para ellos.

Cada historia de los personajes revela un rasgo o un aspecto del carácter de Dios que quizás no se presenta en ningún otro lugar de las Escrituras. Cuando vamos reuniendo las vidas de las personas como si fuera un juego de unir los puntos, un cuadro gigante de Dios emerge. Cada personaje y cada historia contribuyen al cuadro general. Aun en un libro como Ester, en el que Dios no se menciona por su nombre, vemos la mano providencial del Señor y su carácter trabajando.

Cómo hacer un estudio de los personajes

La mayoría de los jóvenes que ha crecido en la iglesia tiene una imagen en dos dimensiones, como una caricatura de los superhéroes de muchos de los grandes personajes bíblicos que proviene de sus días de la Escuela Dominical.

Así que, ¿cómo tomas las caricaturas de hombres como Abraham, Moisés, Pedro y Pablo para presentarlos como personas multidimensionales, de carne y hueso, tal como eran en realidad?

Es aquí en donde el estudio inductivo puede ayudarte.

Al observar a las personas de primera mano en las Escrituras, sin edición ni alteración, los jóvenes pueden ver lo reales que eran en verdad estos personajes. Y allí es donde ellos se convierten en la clase de personas de las que tus jóvenes pueden aprender y con las que pueden relacionarse.

Cuatro pasos

1. Decide a quién quieres estudiar.

Comienza tu estudio del personaje buscando dónde se menciona en las Escrituras a la persona a través de una concordancia exhaustiva, un programa bíblico para computadora o una herramienta de búsqueda on-line. Asegúrate de llevar un registro de los pasajes principales que hablan acerca de la persona (tales como la historia de Abel en Génesis 4) y cualquier referencia cruzada pertinente (como una mención importante de Abel en Hebreos 11:4).

2. Reúne la información básica.

Lee esos pasajes en tu Biblia y anota lo que sea posible descubrir, o copia los versículos en un procesador de palabras.

3. Profundiza la información.

Muévete a través de los pasos básicos de observación e interpretación, pidiendo: *Dios, muéstrame* y *Dios, enséñame*. Plantéate también los siguientes interrogantes:

- ¿Hay alguna escena en la que Dios llame a este personaje a realizar alguna tarea especial? De ser así, ¿qué descubres acerca de cómo Dios llama a las personas a hacer su obra?

- ¿Por qué se ha incluido la historia de esa persona en la Biblia? ¿Qué verdades que trascienden el tiempo se comunican?

- ¿Cuál fue el trasfondo histórico de la vida de esa persona? ¿Dónde encaja dentro de la gran historia de Dios?

- ¿Qué nos enseña la interacción entre Dios y esta persona acerca de cómo seguir a Dios?

- ¿Qué te muestra el pasado o el presente de este personaje acerca de la clase de persona que Dios decide escoger y usar?

- Si estás estudiando un personaje del Antiguo Testamento, ¿se hace mención de él en el Nuevo Testamento? ¿Qué visión de esta persona nos ofrece el Nuevo Testamento? ¿Cómo interpretó Jesús o el escritor del Nuevo Testamento la historia de esta persona?

- ¿Escribió algo este personaje que esté incluido en la Biblia? ¿Qué perspectiva te dan estos escritos acerca de su historia o de su comprensión de Dios?

4. Aplica la verdad.

Después de que le hayas pedido a Dios que te muestre lo que él quiere que veas y te enseñe lo que él quiere que aprendas, haz la simple petición: *Dios, cámbiame.* Y agrega las siguientes preguntas para ayudarte a aplicar lo que has aprendido:

- ¿Qué tengo que hacer para imitar las características de esta persona en cuanto a honrar a Dios?

- ¿Qué situaciones de mi vida se parecen a las circunstancias de este personaje?

- ¿Qué puedo imitar en mi relación con Dios?

- ¿Qué aprendo acerca de Dios al verlo interactuar con este personaje? ¿Cómo puede ayudarme este conocimiento en mis circunstancias particulares?

Cuando sigas estos cuatro pasos en tu estudio personal, comenzarás a notar verdades importantes que también querrás que tus jóvenes descubran. Puesto que ya te has preparado, tendrás una muy buena idea de cuál es la mejor forma de presentarles este personaje a los jóvenes para que encuentren y marquen palabras que desplieguen esas verdades ante ellos, como se abrieron para ti. Los personajes más prominentes en la Biblia quizás requieran varias sesiones de estudio para poder abarcarlos cabalmente; otros personajes se pueden abordar en una sola sesión.

Ideas para el estudio en grupo

Revista People: Crea un libro al estilo de la revista *People* que les muestre a los jóvenes cómo reunir información acerca de los personajes bíblicos en cada sesión. Usa tu creatividad aquí.

Expedientes personales: Crea un álbum de «expedientes personales» de los personajes bíblicos que tu grupo estudiará. En cada página incluye un cuadro en blanco para una interpretación artística y una lista de datos y preguntas. Los jóvenes pueden dibujar un gesto del rostro de este personaje, basado en un momento importante de su vida. Se puede incluir información general:

Nombre:

Edad:

Tribu (de Israel):

Padres (si se mencionan):

Trasfondo espiritual:

¿A qué fue llamada esta persona?

¿Qué cualidades especiales (si se mencionan) mostraba esta persona que la hacía adecuada para la tarea?

¿Resultó exitosa en su tarea?

¿Cómo o por qué fue exitosa?

¿Cuál fue el momento más importante en la carrera de este personaje?

¿Cuál fue el impacto más duradero de la carrera de este personaje?

¿Qué nos enseña este personaje acerca de Dios?

¿En qué formas te gustaría imitar a esta persona?

¿Cómo puedes aprender de los errores de esta persona?

Haz una prueba con el estudio de un personaje

Las ideas para el estudio de personajes de las Escrituras son prácticamente ilimitadas. Los siguientes dos ejemplos de estudios te darán una prueba de cómo examinar la vida de Elías y la de Felipe. Cada ejemplo proporciona una lista de pasajes bíblicos pertinentes, observaciones sugeridas, y preguntas para investigar:

Elías

1. Atmósfera espiritual: 1 Reyes 16:29-33

   • ¿Cuál era la condición espiritual del pueblo de Dios?

2. Primera aparición: 1 Reyes 17:1

   • ¿Qué detalles de Elías aprendes a partir de este versículo?

3. El reto: 1 Reyes 18

   • Haz una lista de lo que está en contra de Elías.

219

• Observa los detalles relacionados con la reparación que Elías hace del altar (un gran indicador de la condición espiritual de Israel).

• Nota que Elías en su oración se refiere a él mismo, a Dios, y al pueblo.

4. Evaluación del personaje en el Nuevo Testamento: Romanos 11:16-6 y Santiago 5:17

• ¿Qué sobresale en el Nuevo Testamento acerca de Elías?

5. Aplicación

• ¿Cuántos de tus jóvenes sienten que son los únicos (en la escuela, en su hogar, o en un equipo deportivo) que intentan seguir a Cristo? ¿Qué pueden aprender de Elías?

• Tomando como clave la historia de Elías, ¿cómo pueden contar con Dios cuando sienten que son los únicos que viven para él?

Felipe

1. Trasfondo espiritual: Hechos 6:1-7

• ¿Qué nos enseñan estos versículos acerca de estar en un estado de disponibilidad para ser escogidos por Dios para una tarea?

2. Su impacto: Hechos 8

• ¿Cómo respondió Felipe a la enorme persecución espiritual?

• ¿Qué impacto tuvo en Samaria?

• ¿Qué pasos condujeron a la salvación del etíope?

3. Aplicación

• ¿Qué tienes que cambiar para que tú y tus jóvenes sean descritos como fue descrito Felipe en Hechos 6?

• ¿Cómo te anima a ti y a tus jóvenes el impacto de Felipe en Samaria?

• ¿Qué puedes aprender de la experiencia de Felipe con el etíope? ¿Cómo te ayudaría a ti y tus jóvenes compartir la fe?

• ¿Qué nos enseña la historia de Felipe acerca de cómo Dios usa a su pueblo?

Para profundizar

A continuación encontrarás una lista de personajes bíblicos cuyos perfiles y circunstancias de vida se prestan para estudios bíblicos con jóvenes. Estas cortas notas llevan la intención de brindar un vistazo general y captar tu interés para un futuro estudio. Utiliza tus herramientas de estudio bíblico electrónicas, escribe los nombres en la casilla de búsqueda o abre una concordancia exhaustiva, y muy pronto estarás en el buen camino.

Enoc

Este personaje se menciona principalmente en las genealogías, pero lo inusual de su vida y muerte (o falta de ella) le ganó una mención especial en el Nuevo Testamento. En una de las genealogías, su vida se resume en una frase digna de un epitafio envidiable hasta el día de hoy.

Noé

Cuando el mundo a su alrededor era malo, Noé encontró el favor de Dios. La historia de Noé revela una de las primeras situaciones en la historia en las que Dios demanda una obediencia contracultural y contraintuitiva. Las menciones especiales de Noé en el Nuevo Testamento nos ayudan a interpretar su historia hoy.

Abraham

Con un hombre Dios lanzó su historia redentora, una historia que al final nos incluyó a ti y a mí. De la nada, se le pidió a Abram que dejara su país, su casa, y la familia de su padre. Sorprendentemente, él lo hizo. Se le solicitaron algunas cosas increíbles a lo largo del camino (sacrificar a su único hijo y circuncidar a los varones adultos de su familia, por mencionar algunas). Abraham tuvo un pequeño episodio de debilidad en su fe, tomando el asunto de su descendencia en sus propias manos, y convirtiéndose en el padre de Ismael, pero luego fue incluido en Hebreos en la galería de los héroes de la fe.

Isaac

Siendo el muchacho del medio de los tres grandes patriarcas de Israel, Isaac comenzó su travesía de fe con esta observación un tanto temerosa: «Aquí tenemos el fuego y la leña [...] pero, ¿dónde está

el cordero para el holocausto?» (Génesis 22:7), y luego se encontró sobre un altar. Isaac recibe menos líneas en la Biblia que Abraham o Jacob, pero quizás desplegó más fe que cualquiera de ellos al no intentar superar por la fuerza a su padre anciano huyendo de la pila de leña.

Jacob

Haciendo un recorrido en nuestro estudio de los personajes, descubrimos que la historia de Jacob lo tiene todo. Conformidad. Rebeldía. Paciencia. Impulsividad. Obediencia. Luchas con Dios. Un caminar con Dios. El recorrido de la vida de Jacob no es solamente un estudio del personaje; se trata de un *mosaico* de carácter en el que cada título nos da una visión única de las maneras de obrar de Dios.

José

Puedes observar cualquier punto de la historia de José, y la situación siempre resulta desoladora. Sin embargo, es José el que nos deja la frase: «Ustedes pensaron hacerme mal, pero Dios transformó ese mal en bien» (Génesis 50:20). La historia de José nos proporciona una gran lección acerca de por qué a las personas buenas les suceden cosas malas.

Moisés

Moisés escribió el libro sobre liderazgo. Literalmente. Podemos aprender algo nuevo acerca de Dios en cada etapa de su vida: su niñez afortunada, su tumultuosa juventud, su sí renuente con respecto al liderazgo, su forma de enfrentar a Faraón durante las plagas, su tiempo ante Dios que no tiene precedentes, y su tarea de liderar al obstinado y quejumbroso pueblo de Dios en su travesía hacia la tierra prometida.

Caleb

No encontrarás un mejor ejemplo de vigor en el final de la vida que el de Caleb. Sin embargo, Caleb también comenzó siendo fuerte, confiando en que Dios liberaría la tierra prometida a pesar del informe negativo de sus compañeros espías. La demostración de fe de Caleb le hizo ganar una herencia en la tierra prometida (junto con Josué, el único otro sobreviviente de esa generación incrédula). Pero no escogió una ciudad relajada para su retiro cuando se trató de tomar la tierra prometida.

Josué

La vida de Josué es un ejemplo deslumbrante de las victorias que pueden esperarse cuando seguimos las instrucciones de Dios y tenemos el valor de mantenernos apegados a su Palabra.

Rahab

Rahab nos da un panorama sobre cómo ve alguien de afuera al pueblo de Dios. Su trasfondo nos ofrece esperanza a todos nosotros en cuanto a ser usados por Dios, y la mención que se hace de ella en el Nuevo Testamento indica que fue un famoso personaje de estudio aun en aquel entonces.

Débora

La época de los jueces ofrece una lección acerca de la paciencia de Dios y de su liberación. La vida de Débora nos da un cuadro de cómo se vive la fe con determinación, especialmente cuando el viento no sopla a favor. Mucho se puede aprender de Débora y de su gobierno a partir de la canción que escribió en Jueces 5.

Gedeón

El llamado de Gedeón constituye un ejemplo de manual sobre cómo Dios llama y usa a gente ordinaria e imperfecta. Su historia nos da gran esperanza a aquellos que nos sentimos inadecuados para la tarea o estamos experimentando una relación seca con Dios. Es también a través de Gedeón que aprendemos un rasgo muy interesante: ¡Dios ama a los perros!

Sansón

Sansón es un gran ejemplo de cómo *no* hacer las cosas, un cuadro de cómo resulta el liderazgo cuando el líder no puede mantener la carne bajo control. La historia de Sansón nos muestra a vuelo de pájaro cómo Dios usa a alguien a pesar de sus obvias debilidades y errores.

Samuel

Samuel es un caso único en términos de liderazgo: en parte juez, en parte profeta, en parte sacerdote. Seguro que conoces a Samuel desde los días de la Escuela Dominical por su famosa escena de «Heme aquí». Pero Samuel tiene mucho más que enseñarnos acerca de liderazgo y acerca de Dios.

El rey Saúl

Dios les dijo a los israelitas que se lamentarían por haber sucumbido ante la presión del grupo y haber pedido un rey. Ciertamente, sucedió en el primer intento. Pero no fueron los únicos que se arrepintieron. Las acciones de Saúl nos permiten echar un vistazo al corazón y el carácter de Dios que raramente se ve en las Escrituras.

El rey David

David quizás sea el personaje de estudio más famoso de todos los tiempos. Y por una buena razón: nos mostró cómo tener éxito al seguir a Dios, cómo fallar al seguir a Dios, y cómo triunfar cuando hemos caído, como se nota en su *mea culpa* del Salmo 51. Y desde entonces la palabra final acerca de David es que fue un hombre de acuerdo al corazón de Dios (Hechos 13:22). Averiguar el por qué es una búsqueda que vale la pena.

Salomón

¡Vaya! Podemos aprender muchísimo de este tipo. No solamente de sus acciones, sino también de sus escritos acerca de sus acciones (ver Proverbios, Cantares, y especialmente Eclesiastés). Sobre todo, Salomón implementó un plan que finalmente llevó a la división de Israel.

Los reyes

Después de que la nación de Israel se dividió en dos naciones (el reino del norte, Israel, y el reino del sur, Judá), Israel nunca tuvo ni un solo rey que se caracterizara por honrar a Dios, y Judá tuvo solamente unos pocos. Pero estos pocos reyes ofrecen un panorama fantástico de lo que Dios busca para traer un avivamiento espiritual a su pueblo.

Los profetas

Obviamente podemos aprender mucho acerca de ellos por medio de sus escritos. Pero también se escribe acerca de varios de ellos en los libros de historia, como 1 y 2 Reyes y 1 y 2 Crónicas. Es asombroso ver cuán similar es la atmósfera espiritual que había alrededor de estos profetas a la atmósfera espiritual que rodea a los jóvenes hoy. Y probablemente no haya una mejor ventana para ver el corazón de Dios que por medio de los mensajes de los profetas.

Esdras y Nehemías

¿Conoces esos momentos después de un retiro de jóvenes o de un viaje misionero en que los corazones están blandos y arrepentidos? Ese es el ambiente que enmarcan a Esdras y a Nehemías. Sus acciones establecen un precedente acerca de cómo mantener el impulso espiritual encendido.

Ester

Las acciones valientes de Ester a favor de su pueblo pueden brindarles a tus jóvenes una base sobre la manera de afectar la cultura secular y su entorno. Aunque Dios no se menciona por su nombre en todo el libro, su impacto en las acciones y actitudes de su pueblo resulta obvio. Que siempre sea así.

Juan el Bautista

Este es uno de los favoritos en el estudio de personajes. Quizás sea por su dieta extraña o por la ropa rara, pero Juan el Bautista es el hijo modelo que encarna lo radical y extremo. Sobre todo, la interacción entre Juan y Jesús provee un gran modelo para nuestra relación con Jesús.

Los apóstoles

Se puede rastrear y descubrir el perfil de todos los apóstoles a lo largo del Nuevo Testamento, aunque algunos son más prominentes que otros. ¿Recuerdas el viejo adagio: «Dime con quién andas y te diré quién eres?». Al conocerlos a ellos, podemos conocer a Jesús y ver un lado suyo que de otra forma perderíamos. Cuando reúnas la información de cada apóstol y analices las características de personalidad de cada uno, escoge al apóstol con el que tus jóvenes se sientan más identificados. Haz un estudio comparativo entre las acciones de los apóstoles antes de la resurrección y sus acciones después de ella.

Pablo

Probablemente tengamos más información personal y espiritual de Pablo que de cualquier otro personaje de la Biblia, no solo por sus escritos, sino también por el libro de Hechos. Encuentra los lugares en los que se describe el trasfondo de Pablo y haz una compilación de su travesía espiritual. Quizás te des cuenta de que él se parece más a nosotros de lo que habías pensado.

Los amigos de Pablo

Quizás hayas notado que Pablo nunca trabajó solo. De hecho, Romanos 16 contiene saludos que mencionan a treinta y cuatro individuos y a cinco grupos. Cada saludo incluye una descripción que puede enseñarnos algo acerca del trabajo en el Reino. Algunos de los nombres de este capítulo aparecen en otros lugares del Nuevo Testamento y nos proporcionan una mirada sobre las luchas espirituales de los creyentes del primer siglo.

Una mirada interna

No sé qué sucedió con mi compañera de asiento de aquel vuelo a Sacramento que había sobrevivido a los dos huracanes. Solo sé que la historia de Noé me ayudó a entenderla.

Y en el largo plazo, ella me ayudó a comprender a Noé. Mientras ella describía la pesadilla de salir de la tormenta y escapar de la devastación, yo podía ver la ansiedad que debió haber sobrecogido a Noé al oír los gritos de los que estaban fuera del arca, el temor lo debe haber intimidado al pensar de qué modo esa situación podría llegar a estar bien alguna vez.

Yo podía visualizar el desorden lodoso que habría tenido que atravesar cuando la rampa se abrió después de que las aguas se calmaron. Era capaz de imaginar sus pensamientos: *Bueno, lo logramos, pero qué desorden. Qué caos total. ¿Y ahora qué?*

Noé y otros individuos descritos en la Biblia fueron gente como nosotros. Sufrieron contratiempos. Cometieron errores. Algunas veces se levantaron con fe. Otras veces cayeron con el rostro en tierra.

Estas cosas fueron escritas para advertirnos y darnos esperanza. Lo mejor de todo es que fueron escritas para que pudiéramos ver los rasgos de la paciencia de Dios, que trabaja en y por medio de personas que reflejan quién es él.

Los *personajes* son como la huella interior del *carácter* de Dios.

Capítulo 16
Bolsa de sorpresas

Nadie es más grande que las Escrituras; el libro se ensancha y profundiza con nuestros años. C.H. Spurgeon

Demasiadas posibilidades, muy poco tiempo.

Uno de los regalos de las Escrituras es la vasta gama de maneras en las que podemos estudiarla. Hay algo para cada tipo de personalidad y cada estilo de aprendizaje.

Existe un texto para el que es más lector. Imágenes para aquel al que lo atrae lo visual. Mapas para el analítico. Cronologías para el lineal. Incluso cosas gruesas para los adolescentes.

Casi uno llegaría a pensar que la Biblia fue diseñada de esa forma. Y de hecho, quizás así sea. Tiene sentido que el Diseñador de nuestro aprendizaje incluyera en su Palabra una variedad de caminos para satisfacer la diversidad de *maneras* en las que aprendemos.

Si alguna vez has hecho la compra mayor de un vehículo o una casa, o incluso una compra mediana como equipo deportivo caro, sabes lo fácil que es sentirse abrumado ante la cantidad de opciones. Cuando compré mi primer (y hasta ahora único) equipo de golf, me sentí agobiado casi hasta la incapacidad por las posibilidades y variables involucradas. Afortunadamente, me conecté con un instructor que observó mi golpe y puso tres tipos de palos en mis manos, reduciendo mis opciones a algo que yo pudiera manejar.

Lo mismo puede ocurrir con las formas en las que estudiamos la Biblia. Decide hacer un estudio de los personajes y te sentirás abrumado al encontrar que la Biblia menciona más de tres mil de ellos[62].

El propósito de este capítulo es ayudarte a reducir las opciones a un tamaño manejable a medida que aprendes a acercarte a las Escrituras con la intensidad de una carta de amor. Quizás quieras experimentar con una de estas ideas en tu tiempo de estudio personal antes de hacerlo con tus jóvenes.

Aduéñate de un libro de la Biblia

A primera vista, ¿cuántos cuadros ves en la imagen abajo?

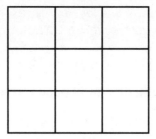

Si tu respuesta contiene un solo dígito, mira de nuevo.

Con una simple mirada a la imagen, la mayoría de nosotros diría nueve, quizás diez. Observa detenidamente durante un minuto más o dos, y quizás veas algunos más. Si te doy tiempo para estudiar la imagen, llegarías a un total de catorce[63].

Ahora transpola este ejercicio a tu conocimiento de cada libro de la Biblia. Todos nosotros tenemos al menos una visión en miniatura de aquello sobre lo que trata cada libro de la Biblia. Pero aun en los libros con los que más familiarizados estamos, hay mucho más en lo que podríamos profundizar.

Solo es preciso observarlos un poco más detenidamente, escarbar un poco más profundo.

Dios puede usar cualquier libro de la Biblia para develar su historia redentora. Solamente escoge un libro del que tú y tus jóvenes disfrutarían explorando, y observa a Dios hacer el resto. (Por supuesto, si dejas a tus jóvenes, ellos escogerán Apocalipsis. No es un mal libro para un estudio inductivo. Pero tal vez te vaya mejor si encaras un libro más pequeño y luego vas escalando. Cuando *llegues* a Apocalipsis puedes estar seguro de que desplegará la historia redentora de Dios de una forma increíblemente asombrosa).

Después de que hayas seleccionado un libro, sumérgete en él usando las tres peticiones: *Dios, muéstrame; Dios, enséñame; Dios, cámbiame.* Como líder, querrás estudiar lo suficiente como para tener un panorama del libro completo, así como también una percepción acerca de cómo el material de cada capítulo se relaciona con el tema y el propósito general del libro. Esto te ayudará a saber cuándo y dónde cavar con más profundidad.

Por ejemplo, con Colosenses (una carta) tal vez quieras enfocarte en el *¿quién?*, o quiénes, en el primer capítulo. (*Quiénes* incluiría al escritor y a los receptores de la carta, a Dios, y a Jesús). En el capítulo 2, podrías detenerte en las advertencias; hay muchas. En el capítulo 3, quizás desees hacer un parada en las instrucciones. Y en el capítulo 4, podrías volver a considerar los *quiénes*. Deja que el texto mismo dirija las preguntas a hacer para obtener la información correcta.

He aquí algunas reglas sencillas que te ayudarán en el proceso.

Comienza con algo pequeño.

Empieza con un libro de un capítulo, como Judas, Filemón, 2 Juan, o 3 Juan. Avanza hacia un libro de tamaño intermedio, como Colosenses o Filipenses.

Encuentra el propósito del libro.

Muchos escritores del Nuevo Testamento señalan explícitamente por qué han escrito su libro en particular. Si el libro que estás estudiando te brinda una declaración de propósito, anima a tu grupo a encontrarlo, luego mantenlo frente a tus jóvenes de una sesión a la otra.

Las declaraciones de propósito son tremendamente importantes para preparar el contexto de un libro y para interpretarlo correctamente. Aquí van algunos ejemplos:

> *Por lo tanto, yo también, excelentísimo Teófilo, habiendo investigado todo esto con esmero desde su origen, he decidido escribírtelo ordenadamente, para que llegues a tener plena seguridad de lo que te enseñaron.* (Lucas 1:3-4)

> *Pero éstas se han escrito para que ustedes crean que Jesús es el Cristo, el Hijo de Dios, y para que al creer en su nombre tengan vida.* (Juan 20:31)

Queridos hermanos, he deseado intensamente escribirles acerca de la salvación que tenemos en común, y ahora siento la necesidad de hacerlo para rogarles que sigan luchando vigorosamente por la fe encomendada una vez por todas a los santos. (Judas 1:3)

Ve pensando capa por capa.

En lugar de ir excavando versículo por versículo, profundiza tomando una sección de las Escrituras y avanzando capa por capa, como si quitaras las capas de una cebolla. Por ejemplo, en la primera sesión de estudio explora el *quién* y el *por qué* de un capítulo; en la siguiente sesión avanza una capa más, examinando las promesas y las instrucciones del mismo capítulo.

Abordarlos en combo.

Algunos libros de la Biblia parecen ir de la mano con otros. ¿Qué tal estudiar Deuteronomio junto con Romanos/Gálatas? ¿Levítico con Hebreos? ¿Lucas y Hechos juntos? (Se cree casi unánimemente que ambos fueron escritos por Lucas). ¿Colosenses con Efesios?

No tengas miedo de extenderte en el tema.

Piensa en lo bien que tus jóvenes conocerán el libro de Judas, o Génesis o Filipenses, si realmente te enfocas en él durante un tiempo. Hace unos años, mi esposa Dana estaba investigando Santiago junto con un grupo de chicas. Comenzaron en septiembre, y en Navidad iban por la mitad. Dado el ciclo normal de estudio de 12 semanas en las iglesias, Dana pensó que era tiempo de avanzar hacia algo más. A lo que las adolescentes replicaron: «¡No! ¡Esto está genial!».

Elimina las notas de estudio.

La mayoría de las Biblias contiene una vasta cantidad de comentarios en forma de notas de estudio y material introductorio para cada libro. Disciplínate a ti y a tus jóvenes para omitir ese material, al menos durante un tiempo. ¿Por qué? Porque mata el descubrimiento.

Permite que tus jóvenes descubran por ellos mismos quién escribió un libro y por qué fue escrito. Deja que el texto mismo les diga lo que los primeros lectores experimentaron. Deja el propósito (si se menciona explícitamente) enterrado como una gema que ellos deban desenterrar.

Pinta un cuadro

¿Recuerdas la primera vez que fuiste a ver una película basada en un libro que te gustaba, y el actor que representaba a tu personaje favorito no se parecía en nada a como lo habías imaginado? «Se equivocaron por completo», tal vez hayas dicho al salir de la sala de cine. «En mi mente era más alto y su voz era completamente diferente».

Cada vez que un texto se representa a todo color, requiere un ajuste en las expectativas. Es muy raro que una personificación se parezca a lo que habíamos imaginado en nuestra mente.

Cuando se trata de plasmar los eventos de la Biblia a todo color, resulta útil el buscar maneras de ajustar nuestras expectativas y abandonar nuestros estereotipos. La mayoría de nosotros tiene una vaga imagen mental de muchos de los sucesos y personajes de las Escrituras en la que los detalles son mínimos, y nuestras mentes llenan los vacíos con imágenes de nuestras clases de Escuela Dominical de la niñez. (¿Recuerdas la imagen del Jesús tierno? ¿O los dibujos de los animales obedientes subiendo al arca?).

Considera detenidamente las Escrituras, y encontrarás algunos cuadros completamente diferentes de los que has acopiado durante todos estos años.

Una forma de observar los detalles que hemos perdido en el camino es dibujar lo que la Biblia describe. (Si no eres un artista, realiza las figuras a grandes trazos). Por ejemplo, cuando dibujas el arca usando las dimensiones de los planos dados a Noé en Génesis 6, te sorprenderás de su aspecto monolítico (nada que ver con las de juguete que has visto ni con los libros para colorear).

También considera dibujar el tabernáculo del Antiguo Testamento, la visión que Isaías tuvo de Dios durante su llamado (Isaías 6), Daniel y los sueños del rey Nabucodonosor y sus interpretaciones, las parábolas de Jesús, y las visiones de Juan en Apocalipsis. No tengas miedo de usar papel milimetrado que te ayude a plasmar a escala los objetos que tienen medidas específicas en la Biblia. Y como una variante, considera hacer modelos de masa o barro.

Traza el mapa de un viaje

Mi esposa y yo tenemos filosofías completamente diferentes en cuanto a los mapas. Yo amo los mapas. Cuando viajamos estoy constantemente en contacto con al menos uno. Por alguna extraña razón (extraña para Dana, claro) a mí me gusta saber dónde estoy en relación con lo que estoy haciendo.

Dana aborrece los mapas. Dice que le quita la diversión de llegar a donde vas. Que le drenan la aventura al viaje.

Depende de dónde tú te encuentres en el espectro, amarás u odiarás el siguiente ejercicio.

La Biblia está llena de referencias geográficas. De hecho, los apologistas a menudo apuntan a la inclusión de estas referencias en la Biblia como un sello de su autenticidad. ¿Con qué razón, si estuvieras creando una historia inventada, incluirías diversos lugares y nombres fácilmente verificables?

Obviamente podrías consultar la última parte de tu Biblia para tomar ideas al realizar los mapas. Pero hacer un mapa de un pasaje por ti mismo te proveerá otro portal a través del que Dios puede mostrarte lo que él quiere que veas. Para los que aprenden visualmente, esto es una ventaja.

Yo sugiero que busques un mapa (o traces el tuyo propio) que señale las ubicaciones importantes, pero no la ruta que las personas tomaron. Mientras estudias, dibuja el movimiento de un punto hacia el otro al estilo de conecta los puntos, y haz una lista de los eventos importantes al lado de la ubicación en la que tuvieron lugar. Como una variante, haz el mapa en una superficie del tamaño del piso. Buenos pasajes como para trazar mapas son las travesías de Abraham, Isaac, o Jacob (Génesis); el viaje de Israel desde Egipto hasta la tierra prometida (Éxodo, Números); el ministerio de Jesús (escoge uno de los relatos de los evangelios); y los viajes de Pablo (Hechos).

Crea una línea del tiempo

Tu mejor apuesta para comprender un libro histórico pero futurista como Daniel es hacer una línea del tiempo. Luego utilízala para marcar cada suceso. Ocasionalmente te encontrarás con una referencia a fechas que conectará los eventos a un punto del pasado o del futuro en el calendario. El beneficio principal de una línea del tiempo es ayudarte a organizar y comprender los eventos que ocurren cronológicamente en las Escrituras. Una variante sería dibujar la línea del tiempo en una tira de papel tan larga como una de las paredes más grandes del salón. Comienza con los cuarenta años de Israel en el desierto (Éxodo, Números); o con los sueños y visiones de Daniel y Nabucodonosor (Daniel); con la última semana de Jesús en Jerusalén (escoge uno de los relatos de los evangelios); o con lo que Juan vio en Apocalipsis.

Síguele la pista a los temas

Los temas en la Biblia prácticamente no tienen fin. Selecciona una Biblia temática, una Biblia con referencias Thompson, o una concordancia. Después de escoger un tema que te gustaría investigar, haz una lista de los pasajes que se relacionan con él. Luego utiliza las tres peticiones (*Dios, muéstrame; Dios, enséñame; Dios, cámbiame)* para adentrarte en tu tema.

Al embarcarte en el estudio de un tema, busca el lugar en el que se presenta el tema por primera vez y síguelo a lo largo de la Biblia. Pregúntate si hay algún evento en el Antiguo Testamento que sirva como lección explicativa de un tema o concepto del Nuevo Testamento. Las llamadas «tipologías» (de la palabra griega *tupos*), son sucesos de la vida real de la historia de Israel que arrojan luz sobre los principios espirituales que llegan más tarde con Cristo. Por ejemplo, Israel fue físicamente redimido de la esclavitud en Egipto; los creyentes en Jesús son redimidos de la esclavitud del pecado.

Considera la manera en que un tema que comienza en el Antiguo Testamento toma un nuevo o más rico significado cuando lo encontramos en las enseñanzas de Jesús. Y pregúntate qué problemas en las vidas de tus jóvenes abordan ese tema.

Algunas buenas ideas para un estudio temático son las siguientes:

- Pacto
- Santidad y santificación
- Adopción y primogenitura
- Herencia

- Expiación y justificación
- Redención y redimidos
- Sangre y sacrificio
- Los «Yo soy» de Jesús en Juan y los «Yo soy» de Dios en Éxodo
- Los nombres de Dios
- Los nombres y títulos de Jesús
- Las parábolas de Jesús que comienzan con: «El reino de los cielos es semejante a…»
- Los llamados a seguir o ser parte de la misión de Dios
- Lugares en los que Dios habita

Seguir la pista de los hilos conductores

Los que llamamos estudios de hilo conductor son similares a los estudio temáticos; se trata de pasajes de diferentes partes de la Biblia que tienen un hilo conductor en común. He aquí algunos ejemplos.

Fluidos del cuerpo

Un pastor de jóvenes amigo mío y su grupo la pasaron muy bien estudiando los varios fluidos corporales que se mencionan en la Biblia, utilizando cada fluido para hablar acerca de algún problema de la vida. Esos ejemplos incluyen al perro que vuelve a su vómito (y habla de librarnos del pasado), la sangre (que habla de salvación y redención), y Dios soplando por la nariz (que habla de su soberanía).

Bendiciones y despedidas

El Antiguo y el Nuevo Testamento están llenos de oraciones, bendiciones, y escenas de despedidas. Cada una de esas escenas muestra un cuadro asombroso de Dios, y en algunos casos, mencionan algunas promesas que reclamar. Ejemplo de esto son la despedida de Josué en Josué 23—24, la despedida de Jesús en Juan 14—17, la de Pablo en Efesios 3:20-21, y la de Judas en Judas 1:24-25.

La lista de canciones elevadas a Dios

Algunas veces después de un hecho poderoso de Dios o de una revelación especial de su parte, el pueblo de Dios se sentía tan desbordante de gratitud que cantaba una canción allí mismo. Dios se aseguró de que algunas de ellas se incluyeran en la Biblia.

Así como puedes conocer mejor a un amigo por las canciones que le gustan, estudiar las canciones de Dios, de la mano de los acontecimientos que las inspiraron, nos ayuda a entender mejor los atributos de Dios. Considera la canción que cantaron Moisés y los israelitas (Éxodo 15:1-19), la canción de Débora (Jueces 5), los Cantares de Salomón, y la canción de María (Lucas 1:46-55).

Ora las oraciones

Vimos en el capítulo 9 que no hay una aplicación más directa de las Escrituras que literalmente *hacer* lo que las Escrituras hacen, como cuando un escritor de la Biblia ora y nosotros comenzamos a elevar esa misma oración.

Utiliza un programa bíblico de tu computadora o una concordancia para encontrar algunas de las oraciones registradas en la Biblia. Aquí van algunos ejemplos como para que comiences: Mateo 6:9-13; Hechos 4:24-31; Efesios 3:16-19; Colosenses 1:9-12. (No olvides que muchos de los Salmos son oraciones). Estudia estas oraciones usando las herramientas de estudio inductivo; comienza cuidadosamente a notar lo que sucedió cuando fueron elevadas.

Confecciona una lista de los principios importantes que tú y tu grupo van descubriendo acerca de la oración. Anima a tus jóvenes a llevar un registro escrito de sus oraciones favoritas de la Biblia y luego anímalos a que las oren ellos mismos. Cuando te quedes sin palabras para orar sobre algún problema particular en tu vida, deja que las palabras de las más grandes oraciones de la historia se encarguen de él.

Avivamientos de Judá

¿Necesitas algo para comenzar un recorrido espiritual? Estudia los avivamientos que experimentó la nación de Judá bajo los pocos líderes buenos que tuvo. El avivamiento de Asá (2 Crónicas 14—16), el avivamiento de Josafat (2 Crónicas 17—20), y el avivamiento de Ezequías (2 Crónicas 29—32) te ayudarán a ver el patrón de Dios para traer avivamiento a su pueblo hoy.

Lee las letras rojas

¿Y qué si las palabras de Jesús fueran lo único que tuviéramos en la Biblia? ¿Qué si tomáramos cada palabra de Jesús como los primeros discípulos lo hicieron, como si fueran realmente nuestro alimento diario?

Una de las mejores ideas y de las formas más simples de desarrollar un estudio bíblico transformador es tomar una edición del Nuevo Testamento con letras rojas y analizar las palabras de Jesús. Mientras te sumerges en sus palabras, organiza lo que encuentres en amplias categorías como mandamientos/instrucciones, enseñanzas y promesas. Al avanzar, tal vez quieras crear unas cuantas subcategorías, como enseñanzas acerca del fin de los tiempos o enseñanzas acerca del reino de los cielos.

La fiesta de Hechos 2:42

La vida de la iglesia nunca será más pura de lo que se describe en Hechos 2:42, una grandiosa vista panorámica de la primera iglesia después de la llegada del Espíritu Santo. Estudia la atmósfera espiritual de la primera iglesia según se registra en Hechos y las cartas del Nuevo Testamento. Luego planifica una fiesta que incorpore las actividades de los primeros creyentes mencionadas en Hechos 2:42. Ellos eran devotos de las enseñanzas de los apóstoles, del compañerismo, del partimiento del pan, y de la oración.

Esto no termina aquí

¿Puedes ver por qué una vida completa no resulta suficiente para investigar todas las posibilidades que existen en las páginas de la Biblia? Aprovecha el diseño de la Biblia y la vasta cantidad de formas en las que es posible examinarla. Encuentra un medio que alimente a los jóvenes de tu ministerio, y utilízalo como una puerta para alcanzar las riquezas de la Palabra de Dios.

Capítulo 17
¿Dónde estás tú en la Palabra?

La cuestión de tener una adecuada alimentación en nuestra propia vida devocional debe, por supuesto, abarcar el uso correcto de la lectura espiritual. Y dentro de la lectura espiritual podemos incluir la meditación formal y la informal sobre las Escrituras o sobre verdades religiosas: La consideración meditada, el saborear (masticar como si estuviéramos rumiando) lo que digerimos, aquello que hemos absorbido, y aplicarlo a nuestras propias necesidades.
Evelyn Underhill, *Concerning The Inner Life* [Acerca de la vida interior]

¿Recuerdas aquel día en que sacaron a Saddam Hussein de su ahora famoso hoyo de araña y lo llevaron como prisionero? Lo que tú muy probablemente no sepas es la tan inusual historia acerca del trabajo de inteligencia que llevó esa aprehensión.

Comenzó cuando un superintendente de la armada estadounidense les entregó a dos oficiales subalternos de inteligencia una lista de cuatro nombres que formaban parte de una red mucho más amplia, y de alguna forma conectada con Hussein. Los oficiales subalternos, que anteriormente habían realizado pequeños proyectos, creían que se trataba de un chiste.

Pero no lo era.

Casi no sabían por dónde empezar. Pero con las órdenes impartidas, los dos se lanzaron a la cacería. Y después de un algún trabajo preliminar, los cuatro nombres crecieron hasta convertirse en una lista de nueve mil personas.

¿Y ahora qué?

Ellos empezaron a estudiar minuciosamente la información. Después de varios meses, los nueve mil nombres se redujeron a trescientos. Luego conectaron esos trescientos nombres en gráficos a color de 46 pulgadas por 42, como si conformaran un árbol genealógico, con Saddam en el centro. Se cotejó el tipo de sangre y de relaciones tribales en la masiva red de nombres. Los dos oficiales se ocuparon de una gran cantidad de bases de datos y de pilas de informes que añadían detalles a cada nombre, incluyendo direcciones, cónyuges, edades y descripciones físicas.

A medida que se incorporaba la información, el par de investigadores empezó a observar patrones clave, estratos y tendencias, tales como las lealtades familiares o tribales que existían hacia Hussein de parte de algunos, y los otros que estaban ahí aparentemente por dinero. Al tener toda esa información, los oficiales estaban seguros de que surgiría alguna pieza importante para terminar de armar el rompecabezas.

Y así fue.

Con el tiempo, un solo nombre fuera de lo ordinario sobresalió en las gráficas, alguien con fuertes vínculos con Hussein y con otras personas de la lista. Después de varios intentos fallidos, ese hombre fue capturado en una redada en Bagdad. Saddam Hussein fue atrapado justamente al día siguiente[64].

A veces la Biblia puede parecerse a esa masiva lista de nueve mil nombres. ¿Por dónde empezamos a investigar en la Palabra?

Pistas en la Palabra

La Biblia no fue escrita para ser leída de principio a fin como una novela, aunque resulte un ejercicio muy satisfactorio, especialmente contando con una versión fluida, tal como *La Historia, teen edition* (publicada por Editorial Vida).

Las mejores recompensas se obtienen al realizar un acercamiento diligente que permita que las grandes verdades de Dios y los temas surjan a partir del laberinto. Los asombrosos regalos de Dios se convierten en gigantescos ganchos en los que podemos colgar todo nuestro entendimiento. La grandísima misión de Dios de redimir a un mundo perdido provee un sólido marco de referencia dentro del que podemos colocar la historia de todos aquellos que se unieron a su plan o se resistieron a él.

En poco tiempo, el Antiguo Testamento se convertirá para nosotros en algo más que una colección confusa de burros parlantes, arcas flotantes, victorias gloriosas, derrotas resonantes, líderes poderosos, profetas raros y reyes malos. Y el Nuevo Testamento llegará a ser más que un conjunto de cartas e historias de una fe sorprendente.

El carácter de Dios y sus caminos empezarán a surgir, y después, como sucedió con los oficiales y sus nueve mil nombres, un nombre comenzará a emerger.

Este capítulo está aquí para ayudarte a ti y a tus jóvenes a encontrar un lugar por el que empezar. Está organizado para analizar a las personas, escenas e historias familiares dentro de un contexto, y este es que Dios despliega ante nosotros una revelación. (Por cierto el Antiguo Testamento instantáneamente se achica cuando descubres que algunos libros se superponen con otros... la historia completa de Israel acontece desde Génesis hasta Nehemías; el resto de los libros se traslapan en ese mismo período).

Deja que los siguientes cuadros te conduzcan a través de la Palabra de Dios. A dónde te dirijas a partir de esto dependerá de ti. No hay nada abrumador (nada formal e intelectual) en la siguiente tabla. Únicamente los fundamentos para que la puedas pasar muy bien con Dios.

GÉNERO	LO BÁSICO DEL LIBRO	PORTALES PARA UN ESTUDIO A FONDO
PENTATEUCO	**Génesis** Como libro de historia, Génesis se presta para un estudio basado en el tiempo, la geografía, o cualquiera de las extraordinarias personalidades con las que te puedas topar. No solo es un registro de los comienzos de la humanidad, sino que encontrarás allí la génesis de la mayoría de los temas principales de la Biblia. **Período que abarca** Génesis nos lleva desde la creación hasta la familia de Jacob mudándose a Egipto.	**Génesis 1—3** Diseca la anatomía de la tentación y rastrea las consecuencias del pecado. Haz que los jóvenes coloquen todo lo que vayan aprendiendo en una tarjeta lo suficientemente pequeña como para que les quepa en el bolsillo del pantalón, y desafíalos a que no salgan de casa sin ella (especialmente los viernes y sábados por la noche). **Génesis 1—11** Encuentra las primeras menciones de los temas que atraviesan la Biblia completa, tales como obediencia y desobediencia, gracia, pacto y naciones. **Génesis 12—46** Mantén una lista abierta de todo lo que Dios revela sobre sí mismo cuando toma contacto con Abraham, Isaac y Jacob. **Génesis 39** Al rastrear la historia de José, presta atención cuando aparezca una frase de este tipo: «El Señor estaba con él». Establece paralelos entre las circunstancias que rodean esa frase y las circunstancias que rodean a tus jóvenes. Enséñales a proclamar la misma promesa.

GÉNERO	LO BÁSICO DEL LIBRO	PORTALES PARA UN ESTUDIO A FONDO
PENTATEUCO	**Éxodo** Aquí podemos ver un pequeño ejemplo de lo que conlleva ser el pueblo santo al que Dios puede usar. Abraza los detalles, dibuja lo que observas en Éxodo, tal como el tabernáculo y la vestimenta sacerdotal. **Período que abarca** Éxodo cubre el período desde la familia de Jacob (ahora la nación de Israel) en Egipto hasta cuando Dios llena el tabernáculo con su gloria antes de que su pueblo se dirija hacia la tierra prometida.	**Éxodo 6—8, 10, 14, 16, 29, 31** El propósito de todos los sucesos increíbles que acontecen en Éxodo se puede encontrar en la pequeña frase: «sabrán que yo soy Dios». Registra las diferentes personas a las que se les dirigió esta frase y considera qué acciones conducirán a nuestro conocimiento de que él es Dios. Desafía a los jóvenes a que hagan que sus vidas se conviertan en herramientas que Dios pueda usar para que otros conozcan quién es él. **Éxodo 32—34** El incidente con el becerro de oro marca un hito. Sigue el diálogo entre Dios (qué fue lo que él hizo y dijo) y Moisés en medio de este tenso escenario. Los jóvenes apreciarán el descubrimiento de un lado más blando de Dios.

GÉNERO	LO BÁSICO DEL LIBRO	PORTALES PARA UN ESTUDIO A FONDO
PENTATEUCO	**Levítico** Bienvenido al libro más citado como «aquí es donde me perdí» por aquellos que han querido leer toda la Biblia. Esta es la buena noticia: Levítico puede cobrar una nueva vida cuando simplemente registramos esta frase clave (y sus variantes): «Sean santos porque yo soy santo». **Período que abarca** Toda la acción transcurre en el Monte Sinaí.	**Levítico 11, 19—21** Las instancias en las que se le dijo a Israel que debía «ser santo» sirven como un entorno dentro del que anclar este difícil libro. De hecho, la dificultad de Levítico puede darles a tus jóvenes una mayor apreciación de lo que Jesús ha hecho por ellos y puede brindarles un poco de aire fresco a los versículos que en el Nuevo Testamento hablan sobre la santidad.

GÉNERO	LO BÁSICO DEL LIBRO	PORTALES PARA UN ESTUDIO A FONDO
PENTATEUCO	**Números** Lo que comienza cómo la crónica de un viaje de once días a la tierra prometida se convierte en la crónica de una estadía de cuarenta años en el desierto por una fatal decisión que tiene lugar en Números 14. **Período que abarca** Números cubre la salida de Israel del Monte Sinaí, su travesía por el desierto y la última parada antes de entrar a la tierra prometida.	**Números 13** Nota cómo los detalles de la escena de los espías nos abren una ventana a la naturaleza del ser humano: a menudo sufrimos por la falta de fe a pesar de las promesas de Dios. Con qué facilidad miramos hacia atrás cuando el camino por delante se ve cargado de gigantes.

GÉNERO	LO BÁSICO DEL LIBRO	PORTALES PARA UN ESTUDIO A FONDO
PENTATEUCO	**Deuteronomio** Este libro establece un recordatorio del Antiguo Testamento, dando una comprensión significativa del por qué Israel puede disfrutar de paz o de una perdurable opresión por el resto de sus días. **Período que abarca** Toda la acción toma lugar en la planicie de Moab en preparación para entrar a la tierra prometida.	**Deuteronomio 4—11, 28** La yuxtaposición que hace este libro de las bendiciones por obedecer en contraposición con las consecuencias por desobedecer prepara el terreno para el resto del Antiguo Testamento (y también para nuestras vidas). **Deuteronomio 28—31** Considera el corazón de Dios acerca de las cosas «escritas en este libro». Utiliza esto como un catalizador para tomar más en serio la Palabra de Dios en tu ministerio juvenil.

GÉNERO	LO BÁSICO DEL LIBRO	PORTALES PARA UN ESTUDIO A FONDO
HISTORIA	**Josué** Este libro representa el pináculo de la obediencia de Israel al expulsar a los «itas» (o mejor dicho, a la mayoría de los «itas») y tomar posesión de la tierra prometida. **Período que abarca** Comienza con Josué asumiendo el mando justo antes de entrar a la tierra prometida y termina con Israel disfrutando de paz en sus fronteras como recompensa por obedecer a Dios.	**Compara Números 33:51-56 con Josué 9 y 12—16** Contrasta lo que Israel hace con lo que Dios les dijo que hicieran. Esta vívida experiencia de obediencia parcial mostrará a tus jóvenes que no hay tal cosa como la «casi obediencia». Con Dios es todo o nada.

GÉNERO	LO BÁSICO DEL LIBRO	PORTALES PARA UN ESTUDIO A FONDO
HISTORIA	**Jueces** Israel tiene un ciclo de derrota- victoria-derrota; la causa de su ruina se explica con la frase «cada uno hacía lo que le parecía mejor» (Jueces 21:25). Jueces ofrece un excelente panorama de los ciclos de nuestra propia vida espiritual. **Período que abarca** Jueces cubre un periodo de aproximadamente 335 años, acercándose al tiempo de Samuel, el último juez.	**Jueces 2—4** Estos capítulos exponen con dramatismo el ciclo vicioso que se aprecia a través del libro: Alejamiento, opresión, arrepentimiento, restauración, y paz. Descubrir este ciclo puede darles a los jóvenes una mejor perspectiva de los ciclos que se producen en su propia vida (compromiso-caída-compromiso). También puede propiciar una muy buena evaluación de tu ministerio juvenil al entender en qué parte del ciclo se encuentra.

GÉNERO	LO BÁSICO DEL LIBRO	PORTALES PARA UN ESTUDIO A FONDO
HISTORIA	**Rut** Rut es una historia de amor que tiene lugar en el tiempo de los jueces. **Período que abarca** La acción ocurre durante el período que cubre el libro de los Jueces.	**Rut 1—4** El contenido de Rut tiene ingredientes similares a los de una excelente película. Es más, tú puedes invitar a tus jóvenes a realizar una pequeña película digital de la historia de Rut. Esto los hará vivir las dificultades de Noemí, la generosidad de Rut y la redención que despliegan los actos de Booz.

GÉNERO	LO BÁSICO DEL LIBRO	PORTALES PARA UN ESTUDIO A FONDO
HISTORIA	**1 Samuel** Cronológicamente es la transición que se produce entre el último juez de Israel, Samuel, y el primer rey, Saúl. Este libro es una excelente lección sobre las consecuencias que acarrea el vacío de un buen liderazgo espiritual. **Período que abarca** 1 Samuel abarca noventa y cuatro años, desde el nacimiento de Samuel hasta la muerte de Saúl.	**1 Samuel 8** Este poderoso capítulo documenta la insistencia de Israel en ser como las otras naciones (¡hablando de presión de grupo!) e introduce uno de los primeros sustitutos documentados de Dios, un rey. El pueblo de Dios ha continuado desde entonces intentando sustituir a Dios con otras cosas. Sigue los diálogos entre Israel, Samuel y Dios en este capítulo y compáralos con lo predicho por Dios en Deuteronomio 17:14-20. Después debate con tus jóvenes sobre los otros sustitutos de Dios que encontramos en el tiempo presente.

GÉNERO	LO BÁSICO DEL LIBRO	PORTALES PARA UN ESTUDIO A FONDO
HISTORIA	**2 Samuel** Observa el surgimiento, caída y restauración del rey David. **Período que abarca** 2 Samuel empieza justamente después de que el reinado de David comienza y termina justo antes de su muerte.	**2 Samuel 6** El retorno del arca del pacto bajo el reinado de David está lleno de momentos que contienen mucha enseñanza, incluyendo la consagración del arca, la importancia de la presencia de Dios y el valor que tiene la celebración. Los jóvenes pueden divertirse mucho con la reacción de Mical ante el modo en que David celebraba.

GÉNERO	LO BÁSICO DEL LIBRO	PORTALES PARA UN ESTUDIO A FONDO
HISTORIA	**1 Reyes** Este libro comienza con un reino y termina con dos. Subtítulo: lecciones sobre cómo no liderar un reino. **Período que abarca** Se extiende desde el reinado de Salomón sobre un reino hasta los reinados de Josafat en Judá y Ocozías en Israel.	**1 Reyes 3** Aprende lo que hizo el rey Salomón inmediatamente después de recibir su reinado, y considera por qué siempre es una buena idea pedir sabiduría cuando le solicitas algo a Dios. En el mismo capítulo, observa la sabiduría de Salomón puesta en acción en una de las historias más valientes de todos los tiempos.

GÉNERO	LO BÁSICO DEL LIBRO	PORTALES PARA UN ESTUDIO A FONDO
HISTORIA	**2 Reyes** Las consecuencias de la desobediencia descritas en Deuteronomio cobran vida en 2 Reyes. El reino del norte es conquistado por Asiria; y después el reino del sur es conquistado por Babilonia. **Período que abarca** El libro empieza con la división del reino y termina sin ningún reino.	**2 Reyes** Es sorprendente cuántos de los reyes de Israel y Judá son descritos haciendo el mal a la vista de Dios. El liderazgo espiritual no es ninguna garantía de inmunidad contra la tentación. Investiga la palabra maldad, y registra lo malo que cada rey hizo ante los ojos de Dios.

GÉNERO	LO BÁSICO DEL LIBRO	PORTALES PARA UN ESTUDIO A FONDO
HISTORIA	**1 Crónicas** 1 y 2 Crónicas sirven como un editorial espiritual de los sucesos registrados en 2 Samuel y en 1 y 2 Reyes, describiendo muchos de los mismos acontecimientos, pero enfocándose más en la perspectiva de Dios. **Período que abarca** Con un especial énfasis en el reino de David, 1 Crónicas incluye una genealogía que documenta la historia completa de Israel (y el mundo), desde Adán hasta el retorno del pueblo de Dios del exilio.	**1 Crónicas 17** Registra la respuesta que Dios le da a David cuando él le expresa su deseo de construirle una casa.

GÉNERO	LO BÁSICO DEL LIBRO	PORTALES PARA UN ESTUDIO A FONDO
HISTORIA	**2 Crónicas** Este libro es paralelo a 1 y 2 Reyes, y hace énfasis en los pocos reyes buenos de Judá que produjeron una reforma y trajeron avivamiento al reino. **Período que abarca** 2 Crónicas se inicia con el reinado de Salomón, documenta los reyes de Judá a través de la caída de la nación y cierra con el anuncio del rey Ciro de que todos los judíos pueden regresar a Jerusalén.	**2 Crónicas 14—20, 23, 27, 29—32, 34—35** Estos capítulos registran los pocos avivamientos que tuvo Judá. Observa las acciones y oraciones de los líderes, y procesa con tus jóvenes el modo en que esto revela lo que Dios desea de nosotros para que él produzca un avivamiento.

GÉNERO	LO BÁSICO DEL LIBRO	PORTALES PARA UN ESTUDIO A FONDO
HISTORIA	**Esdras** A través de los profetas Dios le dijo a su pueblo que saldría de Babilonia para regresar a su tierra después de setenta años. Esdras registra la forma en que Dios cumplió esa promesa. **Período que abarca** El libro empieza con las dos primeras olas de cautivos que salen de Babilonia, y termina con el pueblo de Dios restableciendo la vida y el orden espiritual en su tierra.	**Esdras 9—10** Después de que el pueblo de Dios regresa a su tierra, su obediencia y reverencia a Dios se hallan en la cima. Estos capítulos proveen un excelente modelo de lo que un grupo de personas puede hacer cuando se dan cuenta de que se han alejado del plan de Dios. Encuentra las transgresiones, los momentos de asombro, las respuestas de los líderes y las respuestas del pueblo.

GÉNERO	LO BÁSICO DEL LIBRO	PORTALES PARA UN ESTUDIO A FONDO
HISTORIA	**Nehemías** Así como Esdras fue un catalizador para restaurar la vida y el orden espiritual después del exilio, Nehemías fue el agente transformador para restaurar el orden físico, al reconstruir las murallas que rodeaban Jerusalén. **Período que abarca** La acción del libro tiene lugar después del exilio y registra los últimos acontecimientos del Antiguo Testamento.	**Nehemías 7—10** Estos capítulos proveen un excelente instructivo para aquellos que han metido la pata hasta el fondo y quieren recuperar el terreno perdido con Dios. Presta atención a las palabras de Dios y aprecia la misericordia de Dios.

GÉNERO	LO BÁSICO DEL LIBRO	PORTALES PARA UN ESTUDIO A FONDO
HISTORIA	**Ester** A pesar de ser uno de los dos libros que no incluyen referencias directas a Dios (Cantar de los Cantares es el otro), Ester muestra un maravilloso cuadro de la providencia de Dios. Da a conoce a una valiente mujer joven que estaba en el lugar correcto y en el tiempo exacto para salvar al pueblo de Dios. **Período que abarca** Todo el libro se desarrolla durante el tiempo de Esdras.	**Ester 4** Temor. Aprensión. Ansiedad. Estas solo son algunas de las emociones que sentimos cuando Dios nos pide que hagamos algo por él. El capítulo 4 ofrece un excelente ejemplo de alguien que pudo superar todos estos sentimientos.

GÉNERO	LO BÁSICO DEL LIBRO	PORTALES PARA UN ESTUDIO A FONDO
POESÍA	**Job** Job comienza con una extraña conversación entre Dios y Satanás, una conversación que inesperadamente involucra a un hombre íntegro llamado Job. **Período que abarca** Probablemente Job haya vivido en los tiempos de Abraham, de acuerdo con los elementos clave que se mencionan en el libro, tales como medir riquezas por la cantidad de ganado.	**Job 40—42** Analiza el ir y venir que se da entre Job y Dios. Observa lo que tú y tus jóvenes pueden aprender sobre Dios y la manera en que Job manejó esta prueba de fe.

GÉNERO	LO BÁSICO DEL LIBRO	PORTALES PARA UN ESTUDIO A FONDO
POESÍA	**Salmos** Hasta ahora Dios nos ha estado enseñando a nosotros. Ahora es tiempo de que nosotros le escribamos algo a Dios. Desde los sentimientos de angustia hasta la alabanza, los Salmos contienen todas las emociones humanas y una inmensa riqueza de información sobre Dios. **Período que abarca** Los 150 Salmos cubren un período aproximado de unos mil años, desde el tiempo de Moisés (Salmo 90) hasta el regreso de los exiliados (Salmos 126).	**Uno por uno** ¿Necesitas un estudio bíblico fácil? Toma un Salmo (cualquiera) y busca lo siguiente: 1. ¿Qué aprendes del escritor del Salmo? 2. ¿Qué aprendes de Dios? 3. Cualquier promesa de Dios que enfoque cualquier necesidad o emoción humana.

GÉNERO	LO BÁSICO DEL LIBRO	PORTALES PARA UN ESTUDIO A FONDO
POESÍA	**Proverbios** Muy a menudo llamado el libro más práctico de la Biblia, Proverbios nos ayuda a ver cómo es la vida justa. **Período que abarca** La mayoría de los proverbios fueron escritos por Salomón durante los acontecimientos registrados en 1 Reyes.	**Proverbios por temas** Elige un tema (cualquiera), seguro que Proverbios tiene unos cuantos versículos prácticos que hablan acerca de ello. Aquí hay algunas palabras y frases para ayudarte a comenzar: • Sabiduría/prudencia/ entendimiento • Integridad/honestidad • Rectitud • Trabajo • Boca/lengua • Desacuerdo/enojo/odio • Riqueza/pobreza • Disciplina/corrección/ instrucción • Orgullo/humildad

GÉNERO	LO BÁSICO DEL LIBRO	PORTALES PARA UN ESTUDIO A FONDO
POESÍA	**Eclesiastés** El gran experimento de Salomón de probar todo lo que está debajo del sol lo llevó a lo que realmente es importante: temer a Dios y obedecerlo. **Período que abarca** Eclesiastés probablemente registre los últimos años de Salomón descritos en 1 Reyes.	**Eclesiastés 4** El medio ambiente de desesperanza que se ve en este capítulo ofrece un contraste muy marcado con la esperanza que encontramos en Cristo. Compara la opresión, el descontento y la soledad de Eclesiastés 4 con el mensaje de libertad (Lucas 4:18-19), contentamiento (Lucas 18:18-23) y unidad (Juan 17:20-21) que transmite Jesús.

GÉNERO	LO BÁSICO DEL LIBRO	PORTALES PARA UN ESTUDIO A FONDO
POESÍA	**Cantar de los Cantares** Es el único libro catalogado como «Para mayores de 15 años» en toda la Biblia. Cantar de los Cantares es una excelente metáfora del amor de Dios hacia su pueblo. **Período que abarca** Tiene lugar durante el reinado de Salomón registrado en 1 Reyes.	**Cantar de los Cantares** El libro entero puede servir como una base para tu serie sobre sexo y citas amorosas. Considera este bosquejo: Citas amorosas/ noviazgo: capítulos 1—2 Matrimonio: capítulos 3—4 El tira y afloja del amor: capítulo 5—6 Amor profundo y adorado: capítulos 7—8

GÉNERO	LO BÁSICO DEL LIBRO	PORTALES PARA UN ESTUDIO A FONDO
PROFECÍA	**Isaías** Isaías contiene 66 capítulos; los primeros 39 profetizan acerca de la justicia y el juicio, mientras que los últimos 27 profetizan acerca de la esperanza de un Mesías. ¡Bastante bueno! **Período que abarca** Isaías ministró durante la época de 2 Reyes.	**Isaías 1, 11, 12** Contrasta la condición espiritual del pueblo de Dios en Isaías 1 con la restauración prometida en Isaías 11—12. Para entenderlo mejor lee 2 Reyes 19—20. La palabra salvación aparece más en Isaías que en todos los otros libros proféticos juntos. Busca esta palabra en Isaías, y guía a tus jóvenes en un recorrido enriquecedor por los pasajes que describen a Cristo en grandes detalles.

GÉNERO	LO BÁSICO DEL LIBRO	PORTALES PARA UN ESTUDIO A FONDO
PROFECÍA	**Jeremías** No le tocó un trabajo muy divertido; debió transmitir una profecía nada popular, una profecía de juicio que lo condujo a la soledad y el sufrimiento en manos de su mismo pueblo. Pero cada palabra de Jeremías se cumplió o se cumplirá. **Período que abarca** Jeremías profetizó sobre Judá durante el tiempo de 2 Reyes, justo antes del exilio en Babilonia, y mientras este tuvo lugar.	**Jeremías 13, 18, 24** A través de Jeremías, Dios despliega una gama de lecciones vívidas para mostrarle a Judá que todo su mal había destruido la relación con él. Estas lecciones pueden ayudar a tus jóvenes no solamente a ver la situación en los días de Jeremías, sino también a evaluar la condición de su propia relación con Dios en el presente.

GÉNERO	LO BÁSICO DEL LIBRO	PORTALES PARA UN ESTUDIO A FONDO
PROFECÍA	**Lamentaciones** Bien llamado así, este libro es un lamento de Jeremías sobre la destrucción de Jerusalén. **Período que abarca** La profecía tiene lugar durante el exilio de Judá en Babilonia, en el tiempo de 2 Reyes y Jeremías.	**Lamentaciones 2—3** El juicio sobre Jerusalén fue tan severo que parecía que Dios fuera el enemigo (lo que guarda relación con algo ya mencionado antes en Números 33:56). Observa cómo el asombro de Jeremías por el juicio de Dios se transforma en gratitud por su fidelidad.

GÉNERO	LO BÁSICO DEL LIBRO	PORTALES PARA UN ESTUDIO A FONDO
PROFECÍA	**Ezequiel** Ezequiel se hizo famoso por la analogía de los huesos secos, pero el libro es más que la canción de un esqueleto. Ezequiel reitera el juicio que el pueblo de Dios atrajo sobre sí mismo, pero trae un mensaje de esperanza y la promesa de restauración. **Período que abarca** El libro se ubica durante el tiempo del exilio en Babilonia, en el tiempo que va de 2 Reyes a Esdras.	**Ezequiel 37** Usa la famosa escena de Ezequiel (el valle de los huesos secos) como una entrada a este maravilloso libro. Explora el capítulo precedente (Ezequiel 36) para determinar la condición espiritual de Israel. Descubre lo que Dios señalaba a través de la escena de los huesos secos. Desafía a los jóvenes a examinar las áreas en las que ellos mismos necesitan restauración.

GÉNERO	LO BÁSICO DEL LIBRO	PORTALES PARA UN ESTUDIO A FONDO
PROFECÍA	**Daniel** Durante los días más oscuros para el pueblo judío (sin tierra, sin templo), Dios reveló su plan maestro de un reino eterno, trayendo esperanza a aquellos que estaban exiliados. **Período que abarca** La acción sucede durante el tiempo del exilio en Babilonia, en el tiempo que va de 2 Reyes a Esdras.	**Daniel 1—2** Las acciones de Daniel en los primeros dos capítulos son un ejemplo de cómo los jóvenes pueden vivir vidas santas en medio de una cultura totalmente apartada de Dios. Daniel y sus amigos proveen algunas concepciones prácticas que fácilmente se pueden imitar.

GÉNERO	LO BÁSICO DEL LIBRO	PORTALES PARA UN ESTUDIO A FONDO
PROFECÍA	**Oseas** Oseas ministró durante los días previos al cautiverio de Asiria. Su matrimonio con una prostituta es un paralelo de la fidelidad de Dios ante la infidelidad de Israel. **Período que abarca** Oseas ministró a Israel durante el tiempo del cautiverio en Asiria, registrado en 2 Reyes.	**Oseas 1—2** Este libro contiene una tremenda lección. El matrimonio de Oseas con una prostituta ilustra el amor incondicional de Dios para con la nación adúltera de Israel. Dios lleva su punto a otro nivel dándole nombres a los hijos de Oseas. Descubre lo que Dios quería decir a través de estos nombres y busca la restauración en Oseas 2.

GÉNERO	LO BÁSICO DEL LIBRO	PORTALES PARA UN ESTUDIO A FONDO
PROFECÍA	**Joel** Joel habla de «ponerse a cuentas con Dios o ser vulnerable ante los enemigos», utilizando una plaga de langostas para ilustrar lo que Judá puede esperar si no arregla sus asuntos con Dios. **Período que abarca** Los escritos de Joel no proporcionan ninguna fecha específica como referencia, pero todas las señales apuntan a un periodo pre-exilio (durante el tiempo de 2 Reyes).	**Joel** Busca la frase «el día del Señor» en Joel. Registra todo lo que puedas sobre ese «día» y anota lo que descubras acerca de las características de Dios que se encuentran en torno a esta frase en el libro de Joel.

GÉNERO	LO BÁSICO DEL LIBRO	PORTALES PARA UN ESTUDIO A FONDO
PROFECÍA	**Amós** Amós aparece en escena durante los días buenos de Israel, cuando la nación está prosperando. Desafortunadamente esos no son los mejores días del pueblo, y ese es el punto que Amós quiere destacar. **Período que abarca** El libro es anterior al cautiverio en Asiria (durante el tiempo de 2 Reyes).	**Amós 2** En Amós 1, el profeta pronuncia palabras de juicio sobre algunos de los pueblos vecinos a Judá e Israel. En Amós 2, la mirada está puesta sobre Judá e Israel. Haz una lista de las cosas malas que hizo el pueblo de Dios y observa el paralelo con nuestras propias vidas.

GÉNERO	LO BÁSICO DEL LIBRO	PORTALES PARA UN ESTUDIO A FONDO
PROFECÍA	**Abdías** Lo que empezó como una simple rivalidad entre Esaú y Jacob en Génesis se convirtió en un tema que recorre todo el Antiguo Testamento, mientras Israel continúa lidiando con los descendientes de Esaú, los edomitas. Aquí Abdías trae una palabra contra ellos. **Período que abarca** Toda la acción se desarrolla en el tiempo de 2 Reyes.	**Abdías** El juicio sobre Edom es una muy buena advertencia para el pueblo de Dios en estos días. La frase «no debiste» es una excelente frase para buscar y descubrir.

GÉNERO	LO BÁSICO DEL LIBRO	PORTALES PARA UN ESTUDIO A FONDO
PROFECÍA	**Jonás** Sabemos la historia del pez, pero casi siempre nos quedamos solamente ahí. Jonás es una historia de fe, en la que su mensaje debía producir arrepentimiento y salvación en los habitantes de Nínive. Jonás no quería que ellos se arrepintieran; él quería que Dios los destruyera y quería presenciar su destrucción. **Período que abarca** Todo sucede en el tiempo de 2 Reyes.	**Jonás 3** Una vez que pasamos la historia del gran pez, hay mucho más que aprender en este libro. Nota en Jonás 3 la respuesta de las personas paganas a un mensaje no muy popular de parte de Dios. Deja que esto les sirva a tus jóvenes para reconocer y entender cómo piensan los no creyentes a su alrededor.

GÉNERO	LO BÁSICO DEL LIBRO	PORTALES PARA UN ESTUDIO A FONDO
PROFECÍA	**Miqueas** Profetiza especialmente en contra de Judá; también le habla un poquito a Israel. Miqueas señala la desenfrenada injusticia de la nación, en contraste con la misericordia y justicia de Dios. **Período que abarca** Miqueas se desarrolla en el tiempo de 2 Reyes.	**Miqueas 6—7** Miqueas 6:8 tal vez sea el pasaje más famoso de los profetas menores y puede servir como una declaración para seguir a Dios. Al usar este versículo como una introducción al diálogo entre Dios y Miqueas, vas a darte cuenta de qué es lo que realmente le molesta a Dios.

GÉNERO	LO BÁSICO DEL LIBRO	PORTALES PARA UN ESTUDIO A FONDO
PROFECÍA	**Nahúm** El mensaje de Jonás para Nínive 150 años antes había iniciado una reforma, pero para el tiempo de Nahúm ya todo eso había terminado. Esta es otra de las pocas profecías en las Escrituras que va dirigida a las naciones gentiles. Nahúm declara que el tiempo de Nínive ha terminado. **Período que abarca** Nahúm tiene lugar durante el tiempo de 2 Reyes.	**Nahúm 1** En esta introducción del mensaje de Nahúm dirigido a Nínive vemos rasgos muy característicos de Dios, así como los beneficios de seguirlo a él.

GÉNERO	LO BÁSICO DEL LIBRO	PORTALES PARA UN ESTUDIO A FONDO
PROFECÍA	**Habacuc** Habacuc debió haber quedado atónito («¿Qué vas a hacer?») cuando escuchó la forma en que Dios planeaba enfrentar la maldad de su pueblo, permitiendo que fueran conquistados por pueblos más perversos que ellos. **Período que abarca** Habacuc tiene lugar en el tiempo de 2 Reyes.	**Habacuc** Esta profecía es única puesto que no se dirige a ninguna persona, sino que registra un intercambio entre Habacuc y Dios. Al pedirle a Dios una explicación, Habacuc refleja el corazón de muchos creyentes de hoy en día. Eso lo lleva a orar y hacer la más increíble oración de las Escrituras en Habacuc 3:17-19.

257

GÉNERO	LO BÁSICO DEL LIBRO	PORTALES PARA UN ESTUDIO A FONDO
PROFECÍA	**Sofonías** La nación de Judá experimentaba ocasionalmente avivamientos y reformas. La presencia de Sofonías sirvió como catalizador para una de esas reformas. **Período que abarca** Sofonías transcurre en el tiempo de 2 Reyes.	**Sofonías 3** Mientras estudias minuciosamente este capítulo, nota que reproduce el microcosmo en el que fueron dados casi todos los mensajes de los profetas del Antiguo Testamento: juicio y restauración.

GÉNERO	LO BÁSICO DEL LIBRO	PORTALES PARA UN ESTUDIO A FONDO
PROFECÍA	**Hageo** Todos necesitamos un Hageo, alguien que nos anime a desechar las distracciones y perseverar en completar la obra de Dios. **Período que abarca** Hageo se ubica en el tiempo de Esdras, después del regreso del exilio en Babilonia.	**Hageo** Al considerar estos capítulos, busca el paralelismo que existe entre las travesías de fe de los adolescentes de hoy y las de la gente de ese tiempo. Señala el paralelo que hay entre las palabras de ánimo de Hageo y el ánimo que hoy necesitamos.

GÉNERO	LO BÁSICO DEL LIBRO	PORTALES PARA UN ESTUDIO A FONDO
PROFECÍA	**Zacarías** Este libro es una lección sobre cómo infundir ánimo espiritual sin provocar un sentido de culpa. Zacarías motiva al pueblo judío a que termine el templo por una razón más grande que ellos mismos. ¡El Mesías vendrá! **Período que abarca** Zacarías aparece en el tiempo de Esdras, después del retorno del exilio en Babilonia.	**Zacarías 14** Analiza este capítulo con tus jóvenes, buscando cada detalle de la nueva era de la que habla Zacarías.

GÉNERO	LO BÁSICO DEL LIBRO	PORTALES PARA UN ESTUDIO A FONDO
PROFECÍA	**Malaquías** ¡Qué pronto se olvidan de todo! Después de regresar del cautiverio, unos cuantos años más tarde, el pueblo de Dios se desliza dentro del mismo patrón que los mandó al cautiverio. Malaquías registra las últimas palabras de Dios hasta que luego aparezcan aquellas palabras de esperanza de vendrán de esa voz que clamará en el desierto: «Arrepiéntanse, porque el reino de los cielos está cerca». **Período que abarca** Malaquías es contemporáneo con el tiempo de Nehemías.	**Malaquías 4** Utiliza este último capítulo del Antiguo Testamento para aprender todo lo que puedas sobre los beneficios de la venida del Mesías.

GÉNERO	LO BÁSICO DEL LIBRO	PORTALES PARA UN ESTUDIO A FONDO
BIOGRAFÍA	**Mateo** Para no dejar ninguna duda de que Jesús es el Rey profetizado en el Antiguo Testamento, Mateo comienza con el linaje judío de Jesús y trata el tema de su reinado a través de todo su evangelio. **Probable fecha de escritura:** 60 d.C.	**Mateo 5—7** El Sermón del Monte en Mateo podría ser uno de los estudios más eficaces que realices con tus jóvenes. Cada sección del sermón (las bienaventuranzas, el ser sal y luz, y otros) constituye una sesión hecha a la medida.

GÉNERO	LO BÁSICO DEL LIBRO	PORTALES PARA UN ESTUDIO A FONDO
BIOGRAFÍA	**Marcos** Marcos presenta el lado «servicial» de Jesús, la forma en la que ministró a las necesidades de la gente mientras predicaba y enseñaba por la región. **Probable fecha de escritura:** 57-67 d.C. (es el primer evangelio)	**Marcos 7—8** Quizás uno de los cuadros más humanos de Jesús sea el de él suspirando. Marcos es el único evangelio que registra esto. Encuentra esas instancia en Marcos 7 y 8, y explora cada detalle de esas escenas.

GÉNERO	LO BÁSICO DEL LIBRO	PORTALES PARA UN ESTUDIO A FONDO
BIOGRAFÍA	**Lucas** Los detalles eran el fuerte de Lucas. De esta forma nos ha transmitido un registro ordenado del ministerio de Jesús. Siendo gentil, él escribió con ese público en mente, especialmente los griegos. **Probable fecha de escritura:** 60-65 d.C.	**Lucas 15—16** Estos dos capítulos presentan parábolas que solamente Lucas registra para nosotros. Mientras las analizas con tus jóvenes, lleva un registro de lo que Jesús dijo acerca del cielo y de su Reino, y también de a quién se lo dijo.

GÉNERO	LO BÁSICO DEL LIBRO	PORTALES PARA UN ESTUDIO A FONDO
BIOGRAFÍA	**Juan** En contraste con un registro ordenado, Juan proporciona una concepción temática. Su evangelio incluye muchos detalles que no se encuentran en los otros tres evangelios. **Probable fecha de escritura:** 85-95 d.C. (es el último evangelio).	**Juan 13—17** Juan es el único evangelio que registra lo que se conoce como la despedida de Jesús. Sabiendo que esas son las palabras finales de Jesús a aquellos que debían llevar adelante la obra del Reino, considera sus dichos con la misma urgencia que tuvieron cuando los pronunció aquella vez ante sus discípulos.

GÉNERO	LO BÁSICO DEL LIBRO	PORTALES PARA UN ESTUDIO A FONDO
HISTORIA	**Los hechos de los apóstoles** Al ser una descripción de la iglesia de Dios en su forma más pura, Hechos nos proporciona un gran marco de referencia para entender cómo Dios moviliza a su pueblo en la era de su Espíritu. **Probable fecha de escritura:** 61 d.C.	**Hechos 1—2, 8, 13** Estos capítulos revelan el crecimiento del cristianismo tal y como había sido predicho por Jesús: en Jerusalén, en Judea, en Samaria, y hasta lo último de la tierra. Utiliza estos capítulos para mostrarles a tus jóvenes lo que puede suceder cuando ellos operan en el poder del Espíritu Santo, como fue prometido en Hechos 1:8.

GÉNERO	LO BÁSICO DEL LIBRO	PORTALES PARA UN ESTUDIO A FONDO
EPÍSTOLA	**Romanos** Constituye la obra magistral que explica lo que significa la fe en Cristo. Romanos es el libro del Nuevo Testamento que da un giro de lo que Jesús hizo (en los evangelios) hacia el por qué lo hizo (las cartas). **Probable fecha de escritura:** 55-57 d.C.	**Romanos 12** Este capítulo es uno de los favoritos de muchos creyentes. Permite que tus jóvenes descubran el porqué mientras les brindas la oportunidad de que se convierta en uno de sus favoritos también.

GÉNERO	LO BÁSICO DEL LIBRO	PORTALES PARA UN ESTUDIO A FONDO
EPÍSTOLA	**1 Corintios** Hay mucho que podemos aprender de una carta dirigida a una iglesia que luchaba contra divisiones internas y una cultura pagana externa. **Probable fecha de escritura:** 54-56 d.C.	**1 Corintios 11** Las instrucciones de Pablo en relación con la Cena del Señor contienen detalles que nunca debemos menospreciar. Estudia estas instrucciones con tus jóvenes, y luego ponlas en práctica al celebrar la Cena del Señor juntos.

GÉNERO	LO BÁSICO DEL LIBRO	PORTALES PARA UN ESTUDIO A FONDO
EPÍSTOLA	**2 Corintios** Después de su primera carta a estos creyentes, los falsos maestros emergieron buscando desacreditar a Pablo y su mensaje. Esto requirió una carta de seguimiento de parte de Pablo, afirmando su llamado como apóstol. **Probable fecha de escritura:** 55-56 d.C.	**2 Corintios 5** La enseñanza de Pablo sobre la reconciliación en este capítulo puede servir como introducción al mensaje más amplio que recorre por todas las Escrituras. Analiza con tus jóvenes el quién, qué, cómo y por qué de la reconciliación.

GÉNERO	LO BÁSICO DEL LIBRO	PORTALES PARA UN ESTUDIO A FONDO
EPÍSTOLA	**Gálatas** Pablo guardó algunas de sus palabras más fuertes y menos gratas para denunciar ciertas prácticas que se habían infiltrado en la iglesia de los gálatas, prácticas que ponían la gracia de Dios en riesgo. **Probable fecha de escritura:** 49 d.C. (en un empate con Santiago por ser el primer libro del Nuevo Testamento).	**Gálatas 3** Estudia con tus jóvenes el mismo capítulo que pudo haber encendido la mecha de La Reforma a partir del estudio de Martin Lutero sobre este capítulo. La iglesia de hoy quizás no vende indulgencias, pero aún estamos «encandilados» por la tentación de vivir según la carne y las obras, en lugar de según la gracia y la fe.

GÉNERO	LO BÁSICO DEL LIBRO	PORTALES PARA UN ESTUDIO A FONDO
EPÍSTOLA	**Efesios** No solo encontrarás la mayoría de los temas principales de la fe cristiana en este pequeño libro, sino que también hallarás formas prácticas de vivir esos temas. **Probable fecha de escritura:** 60-61 d.C.	**Efesios 5** Muchas de las cartas de Pablo siguen un patrón de este tipo: Debido a lo que Jesús ha hecho por nosotros, esto es lo que ustedes tienen que hacer. Efesios es un ejemplo clásico de este patrón. Considera Efesios 1-3 (lo que Jesús ha hecho por nosotros) antes de analizar Efesios 5 (lo que nosotros debemos hacer en respuesta a ello).

GÉNERO	LO BÁSICO DEL LIBRO	PORTALES PARA UN ESTUDIO A FONDO
EPÍSTOLA	**Filipenses** Paz. Unidad. Aflicción. Humildad. Gozo. En medio de todo, de lo bueno y de lo malo, Pablo aprendió a tener contentamiento, y les explica a los filipenses cómo lograrlo. (Pista: tiene que ver con Cristo). **Probable fecha** **de escritura:** 61-62 d.C.	**Filipenses 2** La descripción que Pablo hace de las acciones de Jesús capta la esencia de lo que significa seguir a Cristo. Mientras desenvuelves este pasaje con tus jóvenes, explora las formas en las que pueden seguir la instrucción de Filipenses 2:5: «La actitud de ustedes debe ser como la de Cristo Jesús».

GÉNERO	LO BÁSICO DEL LIBRO	PORTALES PARA UN ESTUDIO A FONDO
EPÍSTOLA	**Colosenses** Conforme avanzaba el tiempo y las personas querían describirles el fenómeno de Jesús a aquellos que no lo habían oído, muchas veces añadían o sustraían aspectos del mensaje puro del evangelio. La carta de Pablo aclara que Cristo es todo lo que necesitamos. **Probable fecha** **de escritura:** 60-61 d.C.	**Colosenses 2** Este podría ser uno de los capítulos más valiosos de la Biblia para los jóvenes, ya que los exhorta a mantenerse alejados de filosofías mundanas vacías y de leyes religiosas vanas.

GÉNERO	LO BÁSICO DEL LIBRO	PORTALES PARA UN ESTUDIO A FONDO
EPÍSTOLA	**1 Tesalonicenses** Pablo amaba a esos creyentes y esperaba verlos nuevamente. Mientras tanto, les escribió esta carta para animarlos a continuar en su constante crecimiento y en su esperanza con respecto al regreso de Jesús. **Probable fecha de escritura:** 50-51 d.C.	**1 Tesalonicenses 4** Uno de los temas principales en el Nuevo Testamento es este: ¡Jesús volverá, así que constantemente hagan lo que les gustaría que él los encontrara haciendo a su regreso! Este capítulo capta la esencia del tema y ofrece algunas grandes instrucciones acerca de cómo vivir los unos con los otros hasta que Jesús vuelva.

GÉNERO	LO BÁSICO DEL LIBRO	PORTALES PARA UN ESTUDIO A FONDO
EPÍSTOLA	**2 Tesalonicenses** Un malentendido relacionado con el regreso de Jesús fue la chispa que encendió esta carta que brinda mucha información y esperanza acerca de ese mismo retorno. **Probable fecha de escritura:** 50-51 d.C.	**2 Tesalonicenses 2** Este capítulo puede detonar más preguntas que respuestas, cosa que podría dar inicio a una travesía fabulosa para indagar con tus jóvenes sobre el regreso de Jesús. Siguiente parada, ¡el Apocalipsis!

GÉNERO	LO BÁSICO DEL LIBRO	PORTALES PARA UN ESTUDIO A FONDO
EPÍSTOLA	**1 Timoteo** Qué bueno es para nosotros que Timoteo enfrentara unos cuantos desafíos al liderar la iglesia de Éfeso. Eso dio origen a esta carta de Pablo que provee un marco de referencia con respecto a la estructura de la iglesia y al liderazgo. **Probable fecha de escritura:** 62-63 d.C.	**1 Timoteo 4** 1 Timoteo 4:12 es el pasaje al que todos los grupos de jóvenes recurren, lo que significa que quizás tus jóvenes ya estén familiarizados con él. Pero utiliza este versículo como una puerta de acceso al resto del capítulo, ayudándolos a ver por qué era necesario que se dijera eso y qué era lo que Pablo estaba requiriéndole a Timoteo.

GÉNERO	LO BÁSICO DEL LIBRO	PORTALES PARA UN ESTUDIO A FONDO
EPÍSTOLA	**2 Timoteo** Tal vez no haya un mejor manual de ministerio que 2 Timoteo. En este manual de ministerio encontramos la instrucción principal de Dios a sus ministros: Cuida del evangelio. ¿Por qué? Porque los ataques seguramente vendrán. **Probable fecha de escritura:** 63-67 d.C.	**2 Timoteo 3** Este capítulo nos ayuda a ver por qué eran necesarias las cartas pastorales (1 Timoteo, 2 Timoteo, Tito). Al explorar este capítulo con tus jóvenes, observa la atmósfera espiritual descrita, y presta atención a las instrucciones dadas con respecto a las cosas que han aprendido.

GÉNERO	LO BÁSICO DEL LIBRO	PORTALES PARA UN ESTUDIO A FONDO
EPÍSTOLA	**Tito** Esta pequeña carta hace una gran contribución en cuanto a ayudarnos a entender cómo debería ser una comunidad de fe que funcionara según los patrones bíblicos. **Probable fecha de escritura:** 62-63 d.C.	**Tito** ¿Deseas establecer (o ver crecer) un equipo de liderazgo de jóvenes? Haz que este pequeño libro sea una lectura obligatoria. Trabaja con los jóvenes para aplicar las instrucciones que aparecen en Tito al ambiente del ministerio juvenil.

GÉNERO	LO BÁSICO DEL LIBRO	PORTALES PARA UN ESTUDIO A FONDO
EPÍSTOLA	**Filemón** Al tiempo que Pablo sale en defensa de un esclavo que ha huido, vemos un cuadro práctico de la gracia. **Probable fecha de escritura:** 60-61 d.C.	**Filemón** A medida que explores este libro de un solo capítulo, confecciona una lista de situaciones de hoy en día que se relacionan con el tema de esta carta.

GÉNERO	LO BÁSICO DEL LIBRO	PORTALES PARA UN ESTUDIO A FONDO
EPÍSTOLA	**Hebreos** Los creyentes judíos sentían una presión por ser seguidores de Cristo. Esta carta les ratifica a ellos (y a nosotros también) por qué Jesús ofrece un mejor camino y por qué vale la pena la persecución. **Probable fecha de escritura:** 64-68 d.C.	**Hebreos: MEJOR** Una forma fantástica de entender Hebreos es buscar la palabra clave mejor (en la mayoría de las versiones) y ver qué puedes aprender de ella cada vez que aparece.

GÉNERO	LO BÁSICO DEL LIBRO	PORTALES PARA UN ESTUDIO A FONDO
EPÍSTOLA	**Santiago** Santiago está lleno de instrucciones prácticas acerca de cómo vivir la fe cristiana. Con simplemente poner en práctica las instrucciones de Santiago, nunca tendrás que preguntarle a Dios cuál es su voluntad para tu vida. **Probable fecha de escritura:** 45-55 d.C. (en un empate con Gálatas por el primer libro del Nuevo Testamento).	**Santiago 3** La Biblia habla bastante acerca de la lengua, pero Santiago 3 contiene la colección más grande y colorida de instrucciones y descripciones relacionadas con la lengua. Explora cada detalle: las analogías, las advertencias, los mandamientos y las enseñanzas.

GÉNERO	LO BÁSICO DEL LIBRO	PORTALES PARA UN ESTUDIO A FONDO
EPÍSTOLA	**1 Pedro** El sufrimiento no debería sorprendernos. De hecho, al describir la persecución y el sufrimiento, Pedro no dice si, sino cuando. Pero él nos asegura que vale la pena sufrir por las bendiciones que llegan luego. **Probable fecha de escritura:** 63-64 d.C.	**1 Pedro 4** Haz que tus jóvenes encuentren y marquen los por qué y el qué del sufrimiento. Este capítulo realiza un trabajo como ningún otro en la Biblia para explicar por qué a la gente buena le suceden cosas malas.

GÉNERO	LO BÁSICO DEL LIBRO	PORTALES PARA UN ESTUDIO A FONDO
EPÍSTOLA	**2 Pedro** Como muchas cartas del Nuevo Testamento, esta fue escrita para refutar las falsas enseñanzas. Pedro respaldó la necesidad de adherirse a la verdad con el recordatorio de que Jesús pronto volvería. **Probable fecha de escritura:** 63-64 d.C.	**2 Pedro 1** El primer capítulo es un gran mensaje apologético de uno de los seguidores más cercanos de Jesús, no solo en cuanto al evangelio sino en cuanto a la inspiración de las Escrituras. Explora con tus jóvenes la lista de virtudes espirituales que se les garantiza para que sean espiritualmente fructíferos.

GÉNERO	LO BÁSICO DEL LIBRO	PORTALES PARA UN ESTUDIO A FONDO
EPÍSTOLA	**1 Juan** En esta carta Juan elabora varios de los temas que ya ha explorado en su evangelio. **Probable fecha** **de escritura:** 85-95 d.C.	**1 Juan 4** Te darás cuenta de que una de las palabras aparece más veces que la cantidad de versículos que hay en este capítulo. Es bueno conocerla y obedecerla.

GÉNERO	LO BÁSICO DEL LIBRO	PORTALES PARA UN ESTUDIO A FONDO
EPÍSTOLA	**2 Juan** Aun el más fuerte y más determinado de nosotros puede caer si no guarda el más simple de los mandamientos de Dios: amarnos los unos a los otros. **Probable fecha** **de escritura:** 85-95 d.C.	**2 Juan** Compara las falsas enseñanzas que se presentaban en aquel entonces acerca de Jesús con las falsas enseñanzas acerca de Jesús de las que estamos rodeados hoy. Los jóvenes verán que no hay mucha diferencia, lo que hace a las instrucciones de este libro más relevantes de lo que tal vez ellos pensaron.

GÉNERO	LO BÁSICO DEL LIBRO	PORTALES PARA UN ESTUDIO A FONDO
EPÍSTOLA	**3 Juan** Este es el libro más pequeño de la Biblia, reducido en su tamaño debido a la alta expectativa de una visita cara a cara. Provee un panorama de la vida de la iglesia primitiva. **Probable fecha de escritura:** 85-95 d.C.	**3 Juan** Por tratarse de un libro corto, esta carta menciona muchos nombres. Hacer una pequeña dramatización con estos personajes será como asomarse a una ventana de la vida de la iglesia primitiva.

GÉNERO	LO BÁSICO DEL LIBRO	PORTALES PARA UN ESTUDIO A FONDO
EPÍSTOLA	**Judas** La amenaza de los falsos maestros era tan inminente que Judas cambió el tema de su carta para advertirles a sus lectores acerca de las enseñanzas que ya se habían deslizado adentro. **Probable fecha de escritura:** 65-80 d.C.	**Judas** Las figuras que aparecen en Judas son similares a las de Juan en Apocalipsis. Pero una de las características más asombrosas de la carta de Judas es su uso del número tres. Busca cosas agrupadas en juegos de tres a medida que analizas este libro de un solo capítulo.

GÉNERO	LO BÁSICO DEL LIBRO	PORTALES PARA UN ESTUDIO A FONDO
PROFECÍA	**Apocalipsis** Esta profecía de Juan viene en forma de carta dirigida a las siete iglesias, ofreciendo esperanza de las cosas increíbles que vendrán. **Probable fecha de escritura:** 90-95 d.C.	**Apocalipsis 1—3** El mensaje a cada una de las siete iglesias aborda un aspecto clave de la vida de la iglesia. Todos los ministerios juveniles podrían beneficiarse de las advertencias y bendiciones de estos mensajes.

Conclusión

¿Qué estás haciendo en tu ministerio juvenil que vaya a permanecer aún cuando tú ya no estés?

Al realizar los toques finales del manuscrito de *Como enseñar la Biblia con creatividad,* recibí una llamada de un tipo llamado Tim, un líder juvenil de nuestra área. Como era nuevo en el ministerio juvenil, Tim me explicaba que se acababa de convertir en el pastor de jóvenes interino de un ministerio juvenil muy próspero de la ciudad. Una de las acciones oficiales que le requería su puesto era reunirse con el equipo de liderazgo para evaluar el ministerio: ¿Qué es lo que los jóvenes quieren? ¿Qué es lo que necesitan?

Muchos asuntos se pusieron sobre el tapete, pero el «quieren» que se grabó en la mente de Tim fue esto: «Queremos saber cómo estudiar la Biblia».

Posiblemente una de las razones por las que se le grabó en la mente es porque también lo lleva clavado en sus rodillas. Tim se sentía un poco inseguro con respecto a la responsabilidad de ayudar a sus jóvenes con ese deseo. Así que me llamó.

Al recorrer con la vista las estanterías de las librerías cristianas o las páginas de Amazon.com, nosotros los ministros del ministerio juvenil muy a menudo nos encontramos con las manos vacías cuando se trata de contar con herramientas coherentes que nos ayuden a suplir una necesidad, particularmente si tiene que ver con la Biblia.

Así que lo que hacemos es tomar un poco de aquí y otro poco de por allá. Prestamos y robamos, o rellenamos el espacio con otras cosas.

Estas técnicas funcionan un tiempo, hasta por un año. Pero para emplear una analogía muy usada, este *modus operandi* no les enseñará a nuestros jóvenes a pescar. Además, no ministramos desde nuestra profundidad en Cristo, sino que tocamos la partitura de algún otro.

Mi propósito principal al escribir este libro es ofrecerle al ministerio juvenil una herramienta que le provea un punto de partida específico para ayudar a los jóvenes a profundizar con Dios a través de su Palabra.

El otro día leí un artículo de John Ortberg en el último número del diario *Leadership* [Liderazgo] (Winter 2008, pp. 37-40) sobre la importancia de «El Libro» en el ministerio. La introducción de Ortberg señala que en el día de hoy casi no se escucha hablar sobre los filisteos, los moabitas o los amalecitas, naciones y tribus de los días del Antiguo Testamento que eran similares en tamaño a Israel. Esas naciones y tribus ya no están, pero los judíos viven aún. ¿Un rasgo distintivo de Israel en contraste con esas naciones? No precisamente su riqueza, poderío o tamaño, sino la Palabra de Dios. La historia de Dios. Las Escrituras.

Como era de esperar, el artículo de Ortberg señala varios puntos muy elocuentemente, pero este es el que más me impresionó: Usando el proceso de sanidad física como una analogía, Ortberg destaca que los expertos enfatizan lo importante que es para el agente de sanidad (p.e., un doctor) creer que la sanidad realmente sucederá.

En otras palabras, debes creer que funcionará.

Ortberg señala que se produce una dinámica similar con las Escrituras: «Las Escrituras realmente son usadas por Dios en una forma única para cambiar las vidas. Sin embargo, aquellos de nosotros que las enseñamos debemos dejarnos cautivar por esta convicción. No puede ser falsa o forzada. Viene como un regalo».

Si lo pienso, esta es mi meta personal para este libro: que nos ayude a todos nosotros, los que estamos en el ministerio juvenil, a confiar en que las Escrituras harán lo que Dios dice que harán, y que la forma en que enseñamos y discipulamos, ya sea con un método avanzado a partir de este libro o de algo completamente diferente, fluya de esa convicción y confianza.

No hace mucho me topé con una de las jóvenes que formaba parte de uno de nuestros grupos de estudio bíblico. De hecho Sarah fue parte de ese primer estudio bíblico de Colosenses que describí en el capítulo uno. Ahora es maestra en una escuela pública, y está bien inmersa en la vida adulta. Recorriendo rápidamente la sección de comidas congeladas, los dos nos apresuramos a ponernos al día sobre nuestras vidas (habían pasado varios años desde que nos habíamos visto por última vez). Luego Sarah hizo una pausa y dijo: «Me encuentro muy a menudo pensando en nuestros estudios bíblicos. Quiero que sepas cuánto aprecio lo que tú y Dana me han enseñado».

Tengo lágrimas en mis ojos mientras escribo estas palabras.

Sarah había estado justo ahí, había asistido a todos los grandes eventos que uno organiza en el ministerio juvenil: viajes para esquiar, campamentos, actividades rompe-hielo alocadas. Ella pudo haber mencionado muchas cosas que apreciaba del ministerio juvenil (aunque sé que no era una gran admiradora de las actividades rompe-hielo alocadas).

Pero para mí ella captó, sin saberlo, la esencia de la travesía que había comenzado con la pregunta: *¿Qué estás haciendo en tu ministerio juvenil que vaya a permanecer aún cuando tú ya no estés?*

No espero que este libro proporcione todas las respuestas a las preguntas que tengas sobre estudio bíblico para adolescentes, ni espero haber cubierto todas las posibilidades (o casi todas ellas) que se puedan presentar cuando tomas una Biblia para estudiar con tus jóvenes.

Tampoco espero que adoptes todas las ideas o propuestas de estudio que te he presentado.

Pero sí oro para que te ayuden a iniciar un recorrido, una travesía, que culmine con todos los frutos y beneficios que provienen de derramar en la vida de nuestros jóvenes algo que va más allá de nosotros: la Palabra de Dios.

Apéndice A
Los dones de equipamiento

En el capítulo 11 vimos cinco de los puestos de liderazgo, y sus dones correspondientes, dados por Dios para el equipamiento de su pueblo: apóstoles, profetas, evangelistas, pastores y maestros.

Dentro del cuerpo de Cristo hay una gran variedad de puntos de vista sobre los dones espirituales, y nuestro propósito no es resolver los prolongados debates con respecto a viabilidad y uso de cada don espiritual mencionado en las Escrituras. Te sugiero que realices tu propio estudio inductivo sobre los dones espirituales, para que bases tus conclusiones no en lo que yo o alguien más te diga, sino en la guía del Espíritu Santo. Te sorprenderás de lo que descubras, y tu comprensión te llevará a querer ayudar a tus jóvenes a experimentar el llamado de Dios en sus vidas.

Mientras tanto aquí van unas pocas observaciones sobre los cinco dones de equipamiento mencionados en Efesios 4[65].

Apostolado

Este don aparece en primer lugar entre los dones dados por Dios en 1 Corintios 12:28 y Efesios 4:11. La palabra griega para *apóstol* significa «ser enviado, ser un enviado o embajador». Algunos ven el apostolado como un don dado por Jesús únicamente a unas cuantas personas (a los doce apóstoles y después a Pablo) y solamente por un período de tiempo. Sin embargo, debido a que la Biblia nombra a otros como apóstoles, muchos creen que este don continúa vigente hasta el día de hoy. (Observa Hechos 14:14; Romanos 16:7; Tesalonicenses 1:1; 2:6).

Ejemplos

Los apóstoles son enviados de Dios como testigos a otros (lee Mateo 10:1-7 y Hechos 2:42-43). Como Pablo y los doce, los apóstoles de hoy pueden ser misioneros y/o personas que plantan iglesias. Así como el trabajo de la iglesia en el Nuevo Testamento se estableció sobre el fundamento de los apóstoles (Efesios 2:19-

22), el ministerio de hoy y las iglesias se construyen sobre el trabajo sólido de aquellos que plantan iglesias y de emprendedores dotados espiritualmente.

Descripción

Si tú tienes este don, lo más seguro es que te sientas muy cómodo siendo enviado como un embajador del evangelio a un lugar en el que haya muy pocos o ningún cristiano, y que te emociones al compartir de Cristo con personas de otras culturas y naciones.

Profecía

El don de profecía es dado por el Espíritu Santo (1 Corintios 12:10) y por un nombramiento de Dios (1 Corintios 12:28). La palabra griega para *profecía* significa «hablar en nombre de»; específicamente, hablar en nombre de lo que Dios dice en su Palabra. Dado que se destaca como un don que debe procurarse grandemente en la iglesia porque trae edificación (1 Corintios 14:2-5), el de profecía debe ser usado en proporción a la fe de la persona dotada espiritualmente (Romanos 12:6).

Ejemplos

Hechos 13:1 menciona a varios profetas en la iglesia de Antioquía. En Hechos 13:5 y 13: 43-49 vemos a dos profetas, Bernabé y Pablo, proclamando la Palabra de Dios. Hechos 21:9 describe a las hijas de Felipe como profetisas. 1 Corintios 14:24-25 nos habla acerca de de los efectos poderosos que tiene este don sobre los no creyentes.

Descripción

Profecía no es adivinar el futuro. Muchos profetas bíblicos predijeron eventos del futuro, pero esto fue porque simplemente se basaban en las palabras de Dios habladas a su pueblo. Si tú tienes este don, es muy probable que te sientas cómodo guiando pláticas y devocionales o dando mensajes que proclaman la Palabra de Dios. El efecto de tu don es que otros son fortalecidos, animados, confortados, confrontados por la Palabra de Dios, y equipados para su servicio (1 Corintios 14:3-4, Efesios 4:11-13).

Evangelización

Efesios 4:11-13 nos dice que los evangelistas y otros líderes dotados espiritualmente son asignados a las iglesias para edificar el cuerpo de Cristo. Nota que todos los creyentes son llamados a esparcir las buenas nuevas de Jesús; resulta claro, sin embargo, que algunos son especialmente dotados en esta área.

Ejemplos

En Hechos 8:26-40 Felipe sigue un mandato del Espíritu Santo para ayudar al etíope a conocer y creer en Jesús a través de una evangelización uno a uno. Felipe también proclamó a Cristo a las multitudes en Hechos 8:5-8, y Pablo predicó el evangelio a un gran grupo de personas. Lo básico del evangelio, que hallamos en 1 Corintios 15:1-5, es lo que todo evangelista debe saber comunicar y ser capaz de hacerlo.

Descripción

El don de evangelizar es la habilidad de compartir sobre Jesucristo con confianza y claridad, ya sea uno a uno o a multitudes. Aquellos que tienen este don son típicamente descritos como personas que tienen un corazón que se duele por los que aún no creen.

Pastorear (también llamado guiar o conducir)

Efesios 4:11-12 menciona a los *pastores* como aquellos de los líderes que han sido dotados espiritualmente con el propósito de edificar el cuerpo de Cristo para que los creyentes maduren y se parezcan a Cristo. La palabra griega para *pastor* significa «el que guía; uno que cuida manadas o rebaños». Los pastores alimentan, guían y cuidan a los rebaños. Este don incluye la enseñanza y el cuidar la salud espiritual de otras personas.

Ejemplos

Jesús usó la analogía de un pastor en Juan 10:1-18 para ilustrar su cuidado por el rebaño. Hechos 20:28 dice que el Espíritu de Dios hizo que ciertas personas supervisaran, pastorearan, y cuidaran a la iglesia.

Descripción

Los pastores deben vivir como un ejemplo que otros imiten (1 Pedro 5:2-4). Es importante resaltar que mientras que la mayoría de personas del siglo XXI ven al pastor únicamente en la oficina de la iglesia, el Nuevo Testamento amplia la definición y nos ayuda entender que el don de pastorear se les da a muchas personas en la iglesia, no únicamente al pastor.

Enseñar

El don de enseñar se menciona junto con otros como un don otorgado de acuerdo a la gracia de Dios (Romanos 12:6-7) y designado por Dios (1 Corintios 12: 28-29).

Ejemplos

Apolos, Priscila y Aquila eran maestros (Hechos 18:24-26). Pedro y Juan no podían dejar de enseñar aun cuando se les ordenó que no lo hicieran (Hechos 4:18.20; 5:28). Pablo enseñaba públicamente y de casa en casa (Hechos 20:20).

Descripción

Los maestros deben tener todo un conocimiento de las Escrituras, deben ser instruidos en los caminos del Señor, hablar con fervor y enseñar las verdades de Jesús con exactitud (Hechos 18:24-26). Jesús ordenó a todo creyente que enseñara a otros a obedecer lo que él había ordenado (Mateo 28:19-20), sin embargo la persona con este don debe tener una habilidad especial (combinada con el llevar una vida diligente de estudio de la Biblia) para comunicar la verdad de modo que otros la entiendan.

Apéndice B

Cómo llegó la Biblia a nosotros

«Y abriendo su boca, les enseñaba, diciendo:» Mateo 5:2 (BLA)

Cuando Jesús abría su boca, cada cosa que salía era la Palabra de Dios. En lugar de decir: «Abran sus Biblias...», Jesús podía simplemente decir: «Abran su mente y escuchen». Así fue la transmisión de las Escrituras durante los dos a tres años del ministerio de Jesús.

Pero, ¿cómo llegaron las palabras que Jesús pronunció hasta la Biblias que hoy nos llegan a nosotros?

Rastrear la historia de las palabras de Jesús (de la transmisión verbal al libro impreso que tú y yo conocemos hoy) es rastrear la historia de la búsqueda de la humanidad por las cosas de Dios. Algunas veces la persona que llevaba el testimonio era un líder de la iglesia primitiva, desesperado porque las personas conocieran a Dios y entendieran su Palabra por sí mismos. A veces era un creyente que arriesgaba la vida por preservar la Biblia, y por ende todo el proceso de transmisión, para que generaciones después de él pudieran mantenerse en contacto íntimo con la historia del universo.

La historia de la Biblia es una ilustración de lo que es del gobierno soberano de Dios y su presencia en la creación.

La Biblia de Jesús

Los relatos de los Evangelios contienen más de cincuenta referencias al Antiguo Testamento. ¿Cómo es posible eso? ¿Acaso Jesús y sus discípulos andaban con el Antiguo Testamento en una versión de bolsillo?

Quizás eso no esté tan alejado de la realidad, aunque las Escrituras en aquel día seguramente no cabían en un bolso.

Después del exilio babilónico de los judíos, la tradición dice que Esdras lideró la tarea de recolectar los escritos que hoy constituyen el Antiguo Testamento de la Biblia cristiana. Aun en el tiempo de Esdras, un conjunto de escritos hebreos ya había sido recopilado y la gente se refería a él por todo Israel como el Libro de la ley. Con el tiempo, este grupo de libros, compuesto por los cinco libros de Moisés (de Génesis a Deuteronomio) llegó a ser conocido como la Tora.

Luego se agregaron al Libro de la ley los Profetas (libros históricos, como Josué, y los libros proféticos, como Jeremías) y los Escritos (libros poéticos, como Salmos).

Al constituirse los judíos en comunidades, surgió la gran necesidad de una diseminación más amplia de estos escritos sagrados.

Aquí entran en escena los escribas.

Los escribas tenían mala reputación en el Nuevo Testamento, mayormente por su interacción hostil con Jesús. Tal vez porque en los días de Jesús los escribas se habían convertido en algo más parecido a un abogado que a un copista. Sin embargo, antes de la llegada del Mesías, desarrollaron una función esencial al hacer que el Antiguo Testamento llegara hasta nosotros hoy.

Antes de la invención de la imprenta, que llegaría siglos después, cualquier copia de las Escrituras tenía que ser hecha a mano. Y copiar los escritos sagrados no era para cualquier débil de corazón. Simplemente consideremos algunas de las regulaciones estrictas que se les imponían a los escribas:

1. Solo podían usar piel de animales limpios para escribir y para unir los manuscritos.

2. Cada columna de escritura no podía tener menos de 48 líneas y no más de 60.

3. La tinta debía ser negra y preparada con una receta especial.

4. Debían verbalizar cada palabra en voz alta mientras la escribían.

5. Debían limpiar la pluma y lavar sus cuerpos completamente antes de escribir la palabra *Jehová*, cada vez que la escribían.

6. Se hacía una revisión dentro de los treinta días, y si tres páginas necesitaban corrección, el documento completo debía ser hecho nuevamente.

7. Las letras, palabras y párrafos debían contarse, y el documento era inválido si dos letras se tocaban. El párrafo del medio, las palabras y las letras, debían corresponderse con el documento original.

8. Todos los documentos antiguos y deteriorados tenían que ser enterrados en una ceremonia. (Esta es la razón por la que no tenemos ninguno de los documentos originales hoy).

9. Los documentos podían almacenarse únicamente en lugares sagrados.

10. Como ningún documento que contuviera la Palabra de Dios podía ser destruido, cada uno era almacenado o enterrado en un *genizah*, palabra hebrea que significa «lugar seguro». Estos eran generalmente guardados en una sinagoga o algunas veces en un cementerio judío[66].

Unos pocos siglos después de esta era de la historia judía, Alejandro Magno arrasó la tierra, trayendo con él el lenguaje y la cultura de los griegos. Muy pronto muchos judíos hablaban griego, y perdieron la costumbre de hablar en hebreo, u olvidaron por completo la lengua. En aquel entonces cualquier lectura en voz alta del texto sagrado era, en el mejor de los casos, apenas entendida, y resultaba muy aburrida en el peor de ellos.

Así que se lanzó una campaña en el año 300 a.C. para traducir los escritos hebreos a un lenguaje griego más común.

La tradición dice que seis ancianos fueron seleccionados de cada una de las doce tribus de Israel. Los setenta y dos hombres fueron aislados en la Isla de Faro, cerca del puerto de Alejandría. Allí esos académicos tradujeron el Pentateuco (los cinco primeros libros de lo que es hoy el Antiguo Testamento) en setenta y dos días, un tiempo que curiosamente correspondía al número de hombres seleccionados para este proyecto. Los que propusieron este trabajo vieron esta coincidencia como un respaldo divino ante su esfuerzo.

Circularon historias que decían que cada anciano hacía su trabajo en una habitación separada, sin tener contacto con los otros, y que todos los hombres produjeron manuscritos idénticos. (Los historiadores han encontrado evidencias de que ese relato pudo haber sido propaganda, ¿tal vez de un departamento de mercadeo demasiado celoso?, pero reconocemos su celo por el proceso divino).

El trabajo de los ancianos llegó a ser conocido como la Septuaginta, palabra en latín que indica *setenta*, y que representaba el número de ancianos que había trabajado en el proyecto, menos un par.

Desde ese entonces hasta cerca del año 100 a.C., los libros de los Profetas y los Escritos fueron gradualmente agregados a la Septuaginta. Seguramente esta fue la «Biblia» que Jesús y los escritores del Nuevo Testamento usaron.

No solamente Jesús y los apóstoles tuvieron la Septuaginta, también tuvieron acceso a otros escritos hebreos (copiados por los escribas en la misma forma minuciosa), y además al Tárgum, que era una traducción e interpretación aramea de los escritos hebreos[67]. Resulta interesante que todavía existan fragmentos de estos escritos, que datan del primer siglo a.C. y contienen extractos de Génesis, Éxodo, Levítico, Números, Deuteronomio, y los profetas menores.

La tradición oral

Durante los primeros veinte o treinta años después de que Jesús estuvo en la tierra, sus enseñanzas y acciones fueron comunicadas por transmisión oral, comenzando con los apóstoles.

Antes de que te venga a la mente el juego del teléfono descompuesto, y cómo la información se distorsiona fácilmente, recuerda que en los días del Nuevo Testamento la comunicación oral era el medio principal de comunicación. Las historias eran reverenciadas. Eran la fábrica de la cultura. Lo que les faltaba en educación literaria, lo compensaban con la memorización[68]. Podemos confiar en que la transmisión de la Palabra de Dios de la tradición oral a la escrita fue tanto exacta como confiable. ¿Por qué?

Entre veinte o treinta años es, de hecho, muy poco tiempo para la transmisión oral. Durante ese período, muchos testigos oculares del ministerio de Jesús vivían aún y podían refutar cualquier inconsistencia en los relatos de estas historias.

Durante la vida y el ministerio de Jesús, los apóstoles habían ya comenzado a contarle a la gente acerca de él y a difundir su mensaje. El hecho de que muchos ya conocieran esa información habría contribuido a preservar su integridad después de la partida de Jesús.[69]

El autor y pastor Mark Roberts señala que la reverencia que los seguidores de Jesús tenían por sus palabras los motivó a preservarlas con exactitud. Obtenemos esa fuerte sensación a partir de sus escritos[70]:

> Por tanto, todo el que me oye estas palabras y las pone en práctica es como un hombre prudente que construyó su casa sobre la roca. (Mateo 7:24)

> El cielo y la tierra pasarán, pero *mis palabras* jamás pasarán. (Marcos 13:31, énfasis añadido)

> El Espíritu da vida; la carne no vale para nada. *Las palabras que les he hablado* son espíritu y son vida. (Juan 6:63, énfasis añadido)

> ¿También ustedes quieren marcharse? —Señor —contestó Simón Pedro—, ¿a quién iremos? Tú tienes *palabras de vida eterna.* (Juan 6:67-68, énfasis añadido)

> Si permanecen en mí y *mis palabras* permanecen en ustedes, pidan lo que quieran, y se les concederá. (Juan 15:7, énfasis añadido).

Tradición escrita

Resulta muy interesante que los escritos que hoy conforman el Nuevo Testamento no comenzaran con uno de los evangelios sino con las cartas de Pablo. Se cree que Gálatas fue el primer documento del Nuevo Testamento, escrito alrededor del 49-50 d.C.

El primer evangelio escrito probablemente haya sido Marcos, entre el 57 d.C. y el 67[71].

Cada libro del Nuevo Testamento fue escrito dentro de un período de sesenta 60 años después del ministerio de Jesús. En el mundo de los documentos y la antigua literatura, un marco de tiempo así de corto era casi equivalente a un comentario paso a paso de los eventos en tiempo real.

Pero el mundo estaba hambriento del mensaje de Jesús. Un original de cada carta no era suficiente. Se necesitaban copias, y mientras no hubiera un método de producción masiva, existía la industria profesional de los escribas. Las cartas de Pablo y de otros apóstoles pronto comenzaron a ser copiadas sistemáticamente a mano para una distribución más amplia.

Oral y escrita – los años del montaje

Para el año 100 a 150 d.C., cualquier testigo ocular del ministerio de Jesús ya había fallecido. Pero los amigos de estos testigos aparecieron en escena.

No solamente estos amigos siguieron contando las historias de Jesús y sus discípulos, preservando así la transmisión oral, sino que también escribieron acerca de los escritos de los testigos oculares.

Los escritos de Papías, el obispo de Hierápolis (una ciudad cerca de Colosas), lo llevan a uno a pensar que él conoció personalmente a varios de los seguidores de Jesús[72].Él también escribió acerca de Marcos, un compañero de viaje de Pedro que «escribió exactamente todo lo que Pedro registró de las palabras y hechos del Señor, aunque no en estricto orden»[73].

Policarpo, el obispo de Esmirna, fue reportado por otro líder de la iglesia como alguien que conoció al apóstol Juan. Policarpo escribió una carta (la original aún existe hoy) a la iglesia de Filipos citando varias de las cartas del Nuevo Testamento[74].Un contemporáneo de Policarpo, Basílides, citó las cartas del Nuevo Testamento e hizo referencia a lo escrito «en los evangelios»[75].Y Clemente de Roma, obispo de la iglesia en Roma a finales del primer siglo, escribió una carta a la iglesia en Corinto que contiene varias referencias a las cartas de Pablo así como al libro de Hebreos[76]. Algunos eruditos especulan que este pudo haber sido el Clemente al que Pablo hace referencia en Filipenses 4:3, pero la mayoría dice que es muy poco probable dado que Clemente era un nombre muy común[77].

Canonización de la Biblia

Por el año 100 d.C. muchas otras cartas y escritos acerca de Jesús circulaban, incluyendo las de Papías, Policarpo y Clemente. Entre el 150 y 300 d.C., algunas personas intentaron reunir todos esos escritos espirituales en un trabajo conjunto; fueron los primeros esfuerzos por determinar cuáles de los escritos eran autoritativos y dignos de canonización. El trabajo de padres de la iglesia como Tertuliano y Orígenes dio a luz una lista de cartas y libros muy parecida a los veintisiete libros del Nuevo Testamento.

Y así comenzaron los concilios.

Con la divulgación del cristianismo se habían producido variaciones en las creencias y doctrinas. Los líderes de la iglesia comenzaron a reunirse con líderes de otras partes de la región para discutir y decidir asuntos clave en un intento por proveerles estándares y doctrinas a las personas dispersas.

El primero de estos concilios se realizó en Nicea (actualmente Turquía) y fue llamado, muy creativamente, el Concilio de Nicea. Este concilio nos dio la primera doctrina cristiana uniforme, llamada el Credo de Nicea.

Concilios subsecuentes ratificaron las discusiones y decisiones de Nicea. Pero no pasó mucho tiempo, hasta que la atención comenzó a girar hacia un código escrito uniforme en el que los creyentes pudieran confiar para obtener dirección. Resultaba evidente que la iglesia necesitaba más que una lista de cartas y libros, quizás algo con un toque más autoritativo.

Con la llegada del códice (un libro unido en forma de un solo volumen, a diferencia del rollo), esta necesidad de un canon aprobado de las Escrituras se hizo más urgente. A finales del primer siglo, los evangelios habían comenzado a circular como un códice cohesivo. De igual forma las cartas de Pablo. Empezaban a surgir preguntas acerca de qué libros debían colocarse juntos y ser aceptados por la iglesia como Escritura Sagrada.

En el año 397 d.C. se llevó a cabo el octavo de los catorce concilios en Cartago, África (precisamente llamado el Octavo Concilio de Cartago). Este concilio ratificó la decisión tomada en el Concilio de Hipona, cuatro años antes, que transmitía el canon oficial de veintisiete libros para el Nuevo Testamento.

Primeras traducciones no griegas

Recordarán por el libro de Hechos que Antioquía comenzó a emerger como un epicentro de la iglesia primitiva; los antioqueños fueron incluso los primeros que usaron la palabra *cristianos* para describir a los discípulos de Cristo (Hechos 11:26).

Aparentemente el ímpetu de Antioquía no se detuvo allí donde el libro de los Hechos lo hizo. El evangelio se arraigó de tal modo en Antioquía que surgió la necesidad de traducir los escritos de los evangelios al idioma materno de la región, el sirio. La primera traducción siria, luego llamada Peshita, fue completada entre el 300 y el 400 d.C. y representa una de las primeras colecciones serias que combina los escritos del Antiguo y el Nuevo Testamento, aunque no en el orden en el que lo tenemos hoy, ni conteniendo todos los libros.

Al mismo tiempo que se traducían las versiones sirias de las Escrituras, el idioma latín se difundía por todas partes en el Imperio Romano. Así que regiones locales se dieron a la tarea de traducir las Escrituras del griego al latín. Durante un tiempo las Escrituras fueron leídas en griego en la adoración pública y luego traducidas al latín. Se prepararon incluso manuscritos con columnas paralelas, una en griego, y la otra en latín[78].

Pronto hubo una oleada de Escrituras en latín. Debido a los diferentes dialectos regionales, estas versiones variaban significativamente de una a la otra, llevando a serias confusiones. Aun Agustín escribió en *De doctrina cristiana*: «Ya en los primeros años de la fe, cualquiera que llegaba a tener posesión de un manuscrito griego y pensaba tener cierto dominio de ambos idiomas, por muy poco que fuera, intentaba hacer una traducción»[79].

Finalmente el Papa Dámaso (305-384 d.C.) comisionó a su historiador favorito de la iglesia, Jerónimo, a producir una versión latina definitiva, usando una forma de latín común, literaria, opuesta al latín ciceroniano, más formal. Usando los mejores manuscritos griegos disponibles, al igual que la Septuaginta y los escritos hebreos, Jerónimo supervisó lo que se conoce como la Vulgata, título que se tomó de *vulgata*, que significa «común».

El impacto de la Vulgata no puede ser subestimado. La proliferación del idioma latín había pavimentado el camino para una difusión amplia de esta Biblia. Y mientras que el latín es ahora considerado una lengua muerta (oficialmente usada solo en la

Ciudad del Vaticano), ha sido de gran influencia sobre muchos de los idiomas modernos (el 60% de las palabras del inglés derivan del latín[80]. Y muchas de las palabras teológicas «pesadas» actuales vienen directamente de la Vulgata de Jerónimo: *regeneración, salvación, propiciación, reconciliación, Escritura, sacramento,* y muchas otras[81].

La Vulgata fue la Biblia durante mucho, mucho tiempo; quizás demasiado tiempo.

Sorprendentemente, lo que Jerónimo quiso lograr (la creación de un manuscrito uniforme que cualquiera pudiera leer y entender) se convirtió en un obstáculo insuperable porque al final nadie hablaba latín.

Al menos las masas, es decir, la gente común, no hablaban latín.

Oscuridad

Mientras el Imperio Romano se desintegraba, cada pueblo conquistador introducía su propio idioma: los lombardos, los godos, los sajones, y otros. El latín se convirtió en el idioma de la élite y la jerarquía espiritual.

Por el año 500 d.C. la Biblia había sido traducida a cientos de idiomas. Pero debido a que la Vulgata era altamente estimada, cerca del año 600 d.C. los líderes religiosos prohibieron a las siguientes generaciones su traducción a cualquier otro idioma que no fuera el latín, eliminando exitosamente muchas de las traducciones que ya se habían realizado.

Así el latín se convirtió en el idioma oficial de la religión, enseñado únicamente a los sacerdotes, sin que importara su idioma materno. Y de esta forma el mundo sucumbió a la más oscura de las edades, con su única fuente de luz inaccesible para las masas, para la gente común, tú y yo.

La Reforma

Y luego, un parpadeo.

A través de la Edad Media existieron varios intentos limitados de traducir la Biblia al lenguaje común. Pero fue John Wycliffe (alrededor de los años 1320-1384) el que confrontó a la jerarquía de la iglesia y dio los primeros pasos valientes para llevar las Escrituras al lenguaje de la gente ordinaria.

Para Wycliffe eso significaba al inglés.

Wycliffe y su equipo no eran eruditos en hebreo ni griego, pero sí reconocidos eruditos en latín. Así que tradujeron la Vulgata de Jerónimo. Completaron su primera versión en 1382. Revisada en 1388, la Biblia de Wycliffe creaba inmensa curiosidad entre sus lectores, causando una ola irresistible de hambre por la Palabra de Dios.

Todavía no existía la imprenta. Así que las copias tenían que ser hechas a mano. Como escribe Ken Connolly en *The indestructible book* [El libro indestructible]: «Llevaba diez meses reproducir una copia de la Biblia, y el costo de una copia oscilaba entre las 30 y las 40 libras. Se señalaba que con 2 centavos se podía comprar un pollo, y con 4, un cerdo. 40 libras eran 9600 centavos, una enorme suma de dinero. [Alguna gente] proveía toda una carga de heno por el privilegio de tener el Nuevo Testamento para leerlo *durante un día*. Algunos ahorraban por un mes para poder comprar una página»[82].

En muy poco tiempo la popularidad de la traducción de Wycliffe captó la atención no deseada de los líderes de la iglesia, que trataron de detenerla. Tuvieron éxito en perseguir y martirizar a muchos defensores de la Biblia de Wycliffe, pero no mataron su ímpetu. (Wycliffe mismo murió de un ataque al corazón antes de ser mártir).

Ahora la Palabra de Dios estaba en las manos del pueblo, y no había vuelta atrás. A pesar de un esfuerzo masivo por quemar cada copia de la Biblia de Wycliffe, continuaba la voluntad férrea de seguir copiándola, nuevamente, a mano. De hecho, unas 200 copias de las versiones de Wycliffe han sobrevivido hasta hoy.

La versión de Wycliffe representaba la primera rajadura en una puerta que pronto iba a quedar completamente abierta. Unos pocos años después, William Tyndale continuó la diseminación de la Palabra de Dios al ofrecer la primera traducción en inglés a partir del griego y del hebreo, salteando la traducción intermedia de la Vulgata de Jerónimo.

Usando el histórico y recién lanzado Nuevo Testamento en griego compilado por Erasmo en 1516 (un trabajo que evolucionó al *Textus Receptus* y luego sirvió como base para la traducción al inglés de la versión King James), Tyndale lanzó su Biblia en inglés en 1526. En 1536 se convirtió en mártir a causa de su trabajo, y fue «misericordiosamente» estrangulado en lugar de quemado en una estaca.

Mientras todo esto sucedía en Inglaterra, acontecimientos similares comenzaban a producirse en Alemania también. Martin Lutero, un monje agustino, había experimentado un avivamiento espiritual, sobrecogido por la verdad de que el justo por la fe vivirá, y no por el pago de indulgencias y otros abusos de la iglesia.

Al desafiar a la jerarquía de la iglesia, Lutero, como Tyndale, vio una gran necesidad de que la Biblia fuera colocada en las manos del pueblo y que se la comprendiera en su propio idioma. Así que se aisló en el castillo de Wartburgo, tradujo el Nuevo Testamento griego de Erasmo al alemán y lo lanzó en 1522. Unos pocos años después, agregó el Antiguo Testamento; durante los siguientes catorce años, la Biblia de Lutero tuvo trescientas setenta y siete ediciones [83].

La amplia diseminación de la Biblia de Lutero fue apoyada por algo más que se había infiltrado en Alemania: la invención de la imprenta por Johannes Gutenberg. Lo que le había llevado meses a Tyndale reproducir ahora podía plasmarse en cuestión de días.

El rastro inglés

A lo largo del siglo XVI varias Biblias históricas se produjeron, cada una contribuyendo con alguna característica que aún está en uso hoy.

En 1535 Myles Coverdale imprimió la primera Biblia completa en inglés (la Biblia Coverdale). Esta fue la primera Biblia que usó el orden de la Vulgata Latina del Antiguo Testamento (un orden que continuaron todas las versiones posteriores en inglés) y que imprimió los libros apócrifos separados en un apéndice [84].

A mediados del siglo XVI los eruditos protestantes ingleses huyeron a Suiza para evitar la persecución de la iglesia católica. Reunidos en Ginebra, se propusieron producir una nueva traducción al inglés con notas explicativas y comentarios. Esta llegó a conocerse como la Biblia de Ginebra, una Biblia que introdujo varias innovaciones: referencias por versículos, que fueron la base para las subsiguientes versiones en inglés, y cursivas para las palabras que no se encuentran en el lenguaje original. Mapas, tablas, y resúmenes de capítulos.

Estas innovaciones hicieron muy popular a la Biblia de Ginebra. Revisada anualmente entre 1560 y 1616, esta fue la Biblia que usaron Shakespeare, John Bunyan, el ejército de Cromwell, los peregrinos puritanos, e incluso el mismo Rey Jacobo (King James)[85].

De hecho, fue el disgusto y el desacuerdo del Rey Jacobo con las notas explicativas de la Biblia de Ginebra lo que lo impulsó a comisionar una nueva traducción. Por 1604 se afirmaba de un modo amplio que las actuales traducciones en inglés necesitaban corrección y revisión. Jacobo I de Inglaterra, que tenía un interés personal en el estudio bíblico y la traducción, se embarcó en el proyecto de traducción al inglés más ambicioso que se había conocido.

El proyecto implicó a un equipo de traductores que representaba a los mejores eruditos de la época. El rey estableció un conjunto de catorce reglas para los traductores. Usando el Nuevo Testamento griego de Erasmo, junto con la edición del texto masorético (una traducción hebrea del Antiguo Testamento que se remonta al noveno siglo) para el idioma hebreo, los traductores también contaron con otras versiones en inglés a su disposición para cuando estas versiones emplearan una mejor palabra en ese idioma.

La primera edición de la Biblia del Rey Jacobo (King James Bible) fue lanzada en 1611, pero contenía tantas erratas que una nueva edición se lanzó ese mismo año. Una de las más notables erratas fue la omisión de la palabra *no* en Éxodo 20:14, de tal forma que el séptimo mandamiento decía: «Cometerás adulterio»[86].

No fue sino hasta principios del siglo XIX que la traducción de la Biblia y su impresión se trasladó a través del Atlántico hasta las costas de América. Charles Thomson publicó la primera Biblia en Estados Unidos. Como secretario del Congreso Continental durante quince años, Thomson tenía un asiento de primera fila en la Revolución Americana. Fue él quien le informó a George Washington que había sido electo como el primer presidente de los Estados Unidos. Thomson tradujo el Antiguo Testamento al inglés a partir de una edición de la Septuaginta; y utilizó la versión *Textus Receptus* de Erasmo para traducir el Nuevo.

Noah Webster, famoso por su diccionario, también produjo una versión en inglés de la Biblia, revisando la versión de King James en un lenguaje más actual.

Versiones modernas

A mediados del siglo XIX una nueva era de estudio bíblico comenzó a emerger con varios manuscritos griegos prominentes, así como un nuevo estudio de manuscritos. Códices significativos como el *Alexandrinus,* el *Sinaiticus,* y el *Vaticanus* (manuscritos griegos que contenían toda la Biblia, o su mayor parte, y databan del siglo cuarto y quinto) se descubrieron y produjeron una riqueza fresca en cuanto al estudio.

Se inició un nuevo trabajo de traducción, el que resultó primero en la Versión Revisada Inglesa (English Revised Version) de Gran Bretaña y su contraparte de los Estados Unidos, la Versión Americana Estándar (American Standard Version).

En 1897, un notable descubrimiento en Egipto aportó una nueva perspectiva a los traductores bíblicos. Los arqueólogos británicos se encontraron con un antiguo depósito de basura egipcio que contenía papiros de listas de alimentos, billetes y cartas, todas escritas en griego. Lo que los estremeció fue que el dialecto griego usado en los papiros desechados difería significativamente del griego de la misma era que había sido preservado en bibliotecas y museos.

El griego del basurero era el lenguaje coloquial de los griegos comunes, no el literario y artístico. También se correspondía con el griego del Nuevo Testamento, un descubrimiento inesperado, que revelaba que los escritos sagrados habían sido escritos en el lenguaje cotidiano de la gente, no en una jerga alta espiritual[87].

¿Por qué no deberían ser así nuestras versiones modernas?, se preguntaron algunos. Así que la primera parte del siglo XX vio un incremento en las traducciones en lenguaje moderno, incluyendo la traducción de Moffatt y la Biblia Americana de Goodspeed-Smith. El movimiento también pavimentó el camino para las más recientes versiones, como la *Good News for Modern Man,* la Biblia al Día, y *The Message.*

A finales de los años sesenta un equipo interdenominacional de más de cien eruditos se propuso producir una nueva traducción contemporánea de las Escrituras basada en lo mejor del mundo académico, «una traducción exacta, adecuada para la lectura pública y privada, la enseñanza, la predicación, la memorización y el uso litúrgico»[88]. El resultado fue el lanzamiento de la Nueva Versión Internacional en 1978 y esta se convirtió en una de las traducciones modernas (en inglés) de mejor venta de todos los tiempos.

Alrededor del cambio de milenio fuimos testigos de una explosión de nuevas versiones y traducciones de la Biblia, resultante de dos fuentes dinámicas: Un mayor nivel de erudición basado en los últimos descubrimientos de manuscritos antiguos y una persistente demanda de la Palabra de Dios en lenguaje contemporáneo. Estas tendencias nos han dado muchas traducciones modernas, legibles, que también ofrecen un alto nivel de exactitud y de fidelidad a los idiomas originales.

Una nota final sobre las versiones modernas

Más de quinientas versiones de la Biblia en inglés se han producido desde la primera Biblia en inglés de Wycliffe en 1382. Docenas de versiones modernas están disponibles hoy, sin mencionar los cientos de Biblias comerciales, diferenciadas por categorías como edad, género, ocupación, pasatiempo, o etapa de la vida.

Encontrar una Biblia para comprar no es un problema. Encontrar una traducción de la Biblia que satisfaga tus necesidades y la de tus jóvenes puede ser un reto más desafiante.

Tómate algunos minutos para familiarizarte con las principales filosofías de traducción que se usan hoy. Las editoriales generalmente incluyen descripciones de la filosofía de traducción en sus primeras páginas. Examina las siguientes definiciones para comenzar.

Equivalencia formal

La frase *equivalencia formal* significa un esfuerzo de los traductores por crear una traducción palabra por palabra de los lenguajes originales, algunas veces a costa de que el texto no suene tan fluido. Un ejemplo es la versión Reina Valera. Las versiones palabra por palabra son recomendadas para un estudio más profundo de los adultos.

Equivalencia dinámica

La *equivalencia dinámica* significa un intento de parte de los traductores para crear lo que algunos han llamado una traducción pensamiento por pensamiento. Estas traducciones son generalmente más fluidas, dejando que la expresión del lenguaje traducido gane por sobre el nivel más literal. Como ejemplo, la Nueva Versión Internacional. Estas versiones son útiles para un estudio más profundo con los adolescentes.

Paráfrasis

Una paráfrasis es generalmente la interpretación que una persona hace sobre una traducción, persiguiendo mayor fluidez en la lectura y muchas veces un lenguaje más coloquial. Ejemplo de esto es la Biblia al Día. Las paráfrasis son muy buenas para la lectura casual y para adquirir otra perspectiva de un pasaje que ya has estudiado.

Notas

Capítulo 1

1. Josh McDowell y David H. Bellis, *The Last Christian Generation*, Green Key Books, Holiday, Fla., 2006, p. 13.

2. Jon Walker, Concilio Bautista del Sur sobre Reporte Anual de Vida Familiar para la Reunión Anual de la Convención Bautista del Sur 2002, http://www.sbcannualmeeting.net/sbc02/newsroom/newspage.asp?ID=261 (acceso el 17 de febrero de 2008).

3. «Most Twentysomethings Put Christianity on the Shelf Following Spiritually Active Teen Years», *Barna* Update, Barna Group, Ventura, Calif., 11 de septiembre de 2006), http://www.barna.org/FlexPage.aspx?Page=BarnaUpdate&BarnaUpdateID=245.

4. Christian Smith, *Soul Searching: The Religious and Spiritual Lives of American Teenagers*, Oxford University Press, Nueva York, 2005, p. 89.

Capítulo 2

5. Peter C. Scales, Dale A. Blyth, James J. Conway, Michael J. Donahue, Jennifer E. Griffin-Wiesner, y Eugene C. Roehlkepartain, *The Attitudes and Needs of Religious Youth Workers: Perspectives From the Field,* Search Institute, Minneapolis, 1995, p. 15.

6. El Search Institute posiblemente no repita este estudio porque ha expresado que es demasiado difícil lograr que los líderes de jóvenes respondan. Imagina eso.

7. R. Laird Harris, Gleason L. Archer, and Bruce K. Waltke. *Theological Wordbook of the Old Testament, Volume 2*, Moody Press, Chicago, 1980, p. 943.

8. Ibid., pp. 872-873.

9. «Most Adults Feel Accepted by God, But Lack a Biblical Worldview», *Barna Update* , Barna Group, Ventura, Calif., 9 de agosto de 2005, http://www.barna.org/FlexPage.aspx?Page=BarnaUpdate&BarnaUpdateID=194.

10. «Discipleship Insights Revealed in New Book by George Barna», *Barna* Update, Barna Group, Ventura, Calif., 28 de noviembre de 2000, http://www.barna.org/FlexPage.aspx?Page="BarnaUpdate&BarnaUpdateID=76.

11. «Teenagers' Beliefs Moving Farther From Biblical Perspectives», Barna Update, Barna Group, Ventura, Calif., 23 de octubre de 2000, http://www.barna.org/FlexPage.aspx?Page=BarnaUpdate&BarnaUpdateID=74.

12. The Barna Group, Ventura, Calif., Barna Group, www.barna.org, Barna by Topic, «Born Again Christians», 2007) http://www.barna.org/FlexPage.aspx?Page=Topic&TopicID=8.

13. The Barna Group, Ventura, Calif., Barna Group, www.barna.org, Barna by Topic, «Born Again Christians», 2007) http://www.barna.org/FlexPage.aspx?Page=Topic&TopicID=8.

Capítulo 3

14. Spiros Zodhiates, *The Complete Word Study Old Testament*, AMG Publishers, Chattanooga, Tenn., 1994, p. 2302 (hace referencia al 571 de Strong).

15. Ibid., p. 2317 (hace referencia al 2617 de Strong).

16. *Report Card 2002: The Ethics of American Youth*, Josephson Institute of Ethics, Los Angeles, 2002. Este fue el último año en el que esta organización hizo una distinción religiosa en su investigación con respecto a los jóvenes que asisten a escuelas religiosas.

17. «Teens Evaluate the Church-Based Ministry They Received as Children», *Barna Update*, 8 de julio de 2003, http://www.barna.org/FlexPage.aspx?Page=BarnaUpdate&BarnaUpdateID=143.

18. Smith, *Soul Searching*, p. 131.

19. Ibid., p. 133.

20. Ibid., p. 137.

21. Gary M. Burge, «The Greatest Story Never Read», *Christianity Today*, 9 de agosto de 1999, pp. 45-48.

22. George Gallup Jr., «Central Challenges to Churches: Overcoming Biblical Illiteracy», *Emerging Trends*, vol. 19, no. 2, febrero de 1997, p. 1.

Capítulo 4

23. Un estudio reciente de Barna indica que casi la mitad de todos los norteamericanos que han aceptado a Jesucristo como Salvador lo hicieron antes de llegar a la edad de 13 (43%) y que dos de tres cristianos nacidos de nuevo (64 %) hicieron un compromiso con Cristo antes de su cumpleaños número dieciocho. El Grupo Barna observa que estas figuras son consistentes con estudios similares que ha conducido durante los últimos 20 años. «Evangelism Is Most Effective Among Kids», *Barna Update*, October 11, 2004), http://www.barna.org/FlexPage.aspx?Page=BarnaUpdate&Barn aUpdateID=172.

24. Spiros Zodhiates, *The Complete Word Study New Testament*, AMG Publishers, Chattanooga, Tenn., 1991, p. 1344.

25. Ibid., p. 850.

26. Ceslas Spicq, traducido por James D. Ernest. *Theological Lexicon of the New Testament,* Volume 2, Hendrickson Publishers, Peabody, Mass., 1996, p. 285.

27. Sonja Steptoe, «How to Get Teens Excited about God», *Time*, 1 de noviembre de 2006, http://www.time.com/time/nation/article/0,8599,1553366,00.html.

28. Smith, *Soul Searching,* p. 267.

Capítulo 5

29. Dan Kimball, *La iglesia emergente*, Editorial Vida, Grand Rapids, Mich., 2009.

Capítulo 6

30. Eugene Peterson, *Eat This Book: A Conversation in the Art of Spiritual Reading*, Wm. B. Eerdmans Publishing Company, Grand Rapids, Mich., 2006, p. 4.

Capítulo 7

31. Esta es una versión simplificada de *lectio divina*, una práctica que ha generado volúmenes de escritura. Para una descripción más detallada, revisar el libro de Tony Jones, *The Sacred Way: Spiritual Practices for Everyday Life,* Zondervan, 2004.

32. context. Dictionary.com Unabridged (v 1.1). Random House, Inc. http://dictionary.reference.com/browse/context, (ingresado el 17 de febrero de 2008).

Capítulo 8

33. Peterson, *Eat This Book*, pp. 87-88.

34. Ibid., p. 53.

Capítulo 9

35. Spicq, *Theological Lexicon of the New Testament, Volume 2*, p. 595.

Capítulo 10

36. Kara Powell, «What Type of Students Are We Developing? The State of Our Seniors», Fuller Theological Seminary, The College Transition Project, http://www.cyfm.net/article.php?article=What_Type_of_Students_Are.html#_ftn2 (acceso el 17 de febrero de 2008).

37. Smith, *Soul Searching*, p. 38.

38. Our Name, Solomon's Porch, http://www.solomonsporch.com/aboutus_page_group/ourname.html (ingresado el 17 de febrero de 2008).

Capítulo 11

39. Spicq, *Theological Lexicon of the New Testament, Volume 2*, pp. 271-274.

40. Ver 1 Pedro 4:10-11 para conocer la razón por la que mucha gente divide los dones espirituales en dos grandes categorías: «dones del habla» (que tienen que ver principalmente con la comunicación de la Palabra de Dios) y «dones de servicio» (que están menos orientados a hablar y muchas veces incluyen servicio del tipo activo o detrás de la escena en el cuerpo de Cristo).

41. Ver el Apéndice A para un panorama de los dones presentados en Efesios 4. O mejor aún, realizar un estudio propio. Luego comparar las conclusiones con las mías.

Capítulo 13

42. Sonja Steptoe, «In Touch With Jesus», *Time*, 31 de octubre de 2006, http://www.time.com/time/magazine/article/0,9171,1552027-1,00.html.

43. «Most Twentysomethings Put Christianity on the Shelf Following Spiritually Active Teen Years», *The Barna Update* (Ventura, Calif.: Barna Group, 11 de septiembre de 2006), http://www.barna.org/FlexPage.aspx?Page=BarnaUpdate&BarnaUpda teID=245.

44. Sonja Steptoe, «How to Get Teens Excited about God» (1 de noviembre de 2006), http://www.time.com/time/nation/article/0,8599,1553366,00.html.

45. Colleen Carroll, *The New Faithful,* Loyola Press, Chicago, 2002, p. 10.

46. Ibid., p. 15.

47. Tony Jones, *Postmodern Youth Ministry,* Zondervan, Grand Rapids, Mich., 2001, pp. 26-27.

48. Brian McLaren, *A Generous Orthodoxy,* Zondervan, Grand Rapids, Mich., 2004, p. 159.

49. Rob Bell, *Una obra de arte original,* Editorial Vida, Grand Rapids, Mich., 2010.

50. Ibid., pp. 67-68.

51. Jones, *Postmodern Youth Ministry,* p. 211.

52. Powell, «What Type of Students Are We Developing? The State of Our Seniors», Fuller Theological Seminary, The College Transition Project, http://www.cyfm.net/article.php?article=What_Type_ of_Students_Are.html.

Capítulo 14

53. Las editoriales que publican las traducciones bíblicas, recientemente han producido concordancias exhaustivas de esas versiones. La mayoría de las herramientas de estudio bíblico están conectadas con la numeración de Strong. No todas las versiones tienen una concordancia exhaustiva, y no todas las concordancias proveen un diccionario de griego o hebreo. Strong tiene diccionario de griego y hebreo con una breve definición para cada palabra. Finalmente, la mayoría de herramientas on line usan Strong, razón por la que lo uso en estos ejemplos.

54. Spiros Zodhiates, *The Complete Word Study New Testament with Greek Parallel,* AMG Publishers, Chattanooga, Tenn., 1992.

55. Una gran variedad de diccionarios están disponibles. Algunos que me han sido de mucha utilidad son:

Vine's Expository Dictionary of Biblical Words, Thomas Nelson.

The Complete Word Study New Testament, AMG Publishers.

The Complete Word Study Old Testament, AMG Publishers.

Expository Dictionary of Bible Words, Zondervan.

Mounce's Complete Expository Dictionary of Old and New Testament Words, Zondervan.

Si conoces el alfabeto griego, uno de los diccionarios de estudio de palabras más abarcador es el *Theological Dictionary of the New Testament, 10 volumes*, Wm. B. Eerdmans Publishing Company.

56. Otros comentarios útiles incluyen: *New Testament Commentary*, Baker Books, y The *Expositor's Bible Commentary*, Zondervan.

57. Leon Morris, *The Gospel According to John: New International Commentary on the New Testament*, Wm. B. Eerdmans Publishing Company, Grand Rapids, Mich., 1995, p. 580.

58. Zodhiates, *The Complete Word Study Old Testament*, pp. 2326-27.

59. Para más detalles podrías hacer un estudio de la palabra griega que se usa para traducir el término expiación en el Nuevo Testamento.

Capítulo 15

60. Michael Yaconelli, *Messy Spirituality: God's Annoying Love for Imperfect People,* Zondervan, Grand Rapids, 2002, p. 14. Ver tambiém Génesis 9:21-23.

61. Jill Goldsmith, «People Who Need People», *Variety*, 9 de julio de 2006, http://www.variety.com/article/VR1117946434. html?categoryid=18&cs=1.

Capítulo 16

62. Irving L. Jensen, *Enjoy Your Bible*, World Wide Publications, Minneapolis, 1969, p. 115.

63.

1	2	3
4	5	6
7	8	9

10   11   12   13   14

Capítulo 17

64. Farnaz Fassihi, *The Wall Street Journal,* «Two Junior Analysts Charted the Capture Of Saddam Hussein», 18 de diciembre de 2003.

Apéndice A

65. Debido a las palabras en griego, muchos consideran al pastor/maestro como un mismo don espiritual o posición, en lugar de dos dones o posiciones distintas. Para nuestros propósitos, los abordo como dos dones separados.

Apéndice B

66. Ken Connolly, *The Indestructible Book,* Baker Books, Grand Rapids, Mich., 1996, p. 16.

67. Joel B. Green, Scot McKnight, I. Howard Marshall, Eds., *Dictionary of Jesus and the Gospels,* InterVarsity Press, Downers Grove, Ill., 1992, p. 442.

68. Mark D. Roberts, «The Telephone Game and Oral Tradition: Section B», *Are the New Testament Gospels Reliable? Further Thoughts,* posted July 24, 2006, http://www.markdroberts.com/htmfi les/resources/gospelsreliable-more.htm (acceso el 17 de febrero de 2008).

69. Green, et al., *Dictionary of Jesus and the Gospels*, p. 246.

70. Roberts, «The Telephone Game and Oral Tradition: Section B».

71. Green, *et al., Dictionary of Jesus and the Gospels*, p. 514.

72. F.F. Bruce, *The Canon of Scripture,* InterVarsity Press, Downers Grove, Ill., 1988, p. 126.

73. Connolly, *The Indestructible Book,* pp. 30-32.

74. Green, *et al., Dictionary of Jesus and the Gospels,* pp. 935-936.

75. Bruce, *The Canon of Scripture*, p. 122.

76. Ibid., p. 132.

77. Gordon D. Fee, *Paul's Letter to the Philippians: The New International Commentary on the New Testament*, Wm. B. Eerdmans Publishing Company, Grand Rapids, Mich., 1995, p. 395.

78. Bruce M. Metzger, *The Bible in Translation: Ancient and English Versions*, Baker Books, Grand Rapids, Mich., 2001, pp. 30-31.

79. Saint Augustine, «2.16» in *On Christian Doctrine*. Cited by Metzger, Ibid., p. 31.

80. Martha Wheelock and Deborah Wheelock Taylor, foreword to *Wheelock's Latin*, 5a edición, por Frederic M. Wheelock and Richard A. Lafleur, New York: HarperCollins, 1995, x.

81. Metzger, *The Bible in Translation*, p. 30.

82. Connolly, *The Indestructible Book*, p. 78.

83. Ibid., p. 98.

84. Metzger, *The Bible in Translation*, p. 60.

85. Ibid., p. 66.

86. Ibid., p. 78.

87. Peterson, *Eat This Book*, pp. 142-144 and Metzger, *The Bible in Translation*, p. 105.

88. «New International Version: Notes», Zondervan Home > Bible Translations > Stats & History > New International Version, http://www.zondervan.com/Cultures/en-US/Translations/Stats (acceso el 17 de febrero de 2008).

si trabajas con jóvenes nuestro deseo es ayudarte

Ej Especialidades Juveniles.com

UN MONTÓN DE RECURSOS PARA TU MINISTERIO JUVENIL

Visítanos en

www.especialidadesjuveniles.com

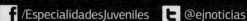 /EspecialidadesJuveniles @ejnoticias